权力尚简

《老子》的权力政治学解读

张国骥 著

岳麓書社·长沙

图书在版编目（CIP）数据

权力尚简:《老子》的权力政治学解读 / 张国骥著. -- 长沙 : 岳麓书社 , 2025. 6. -- ISBN 978-7-5538-2258-7

Ⅰ. B223.15

中国国家版本馆 CIP 数据核字第 20256EC314 号

QUANLI SHANGJIAN: LAOZI DE QUANLI ZHENGZHIXUE JIEDU

权力尚简 :《老子》的权力政治学解读

作　　者 | 张国骥

出 版 人 | 崔　灿

责任编辑 | 刘书乔　陈　秦

责任校对 | 舒　舍

书籍设计 | 山与水视觉设计

营销编辑 | 谢一帆　唐　睿　向媛媛

岳麓书社出版发行

地址 | 长沙市岳麓区爱民路 47 号

承印 | 长沙鸿发印务实业有限公司

开本 | 640mm × 960mm 1/16　印张 | 26　字数 | 350 千字

版次 | 2025 年 6 月第 1 版　印次 | 2025 年 6 月第 1 次印刷

书号 | ISBN 978-7-5538-2258-7

定价 | 88. 00 元

如有印装质量问题，请与本社印务部联系

电话 | 0731-88884129

序

清代赵翼说“国家不幸诗家幸”，而我说“国家不幸哲学家幸”。国家板荡，人民流离；哀鸿遍野，命如芦苇；或数粒而爨，或衣不蔽体。此为国家不幸。诗人感于心，发为情，形诸咏，是为诗，屈原、杜甫之作是也。此为诗家之幸。诗家只是反映、哀叹，而无所擘画，也无能擘画，故无关于救世。哲学家、思想家则不同，面对国家的不幸，不能只反映、哀叹，而要提出对策，以达到救世的目的。不同的哲学家、思想家有不同的身份，身份影响立场，立场影响观察角度，观察角度影响结论，从而产生不同的理论，提出不同的对策，以供执政者采用，以救时弊，从而成就了哲学家、思想家，造就了哲学思想之繁荣。此为哲学家之幸。

春秋战国，礼崩乐坏，战乱频仍。面对如此局面，哲学家、思想家从自己的立场出发，研究社会时局，提出了不同的政治主张，意欲使天下大治。儒、道、墨、法四家，是为荦荦大者。

儒家提出了自己的政治主张。他们认为，天下之所以乱，是因为缺乏仁爱。只要人人有爱心，则大乱可止，天下可治。

怎样才能做到人人有爱心？儒家认为，必须复古，回到西周，采用西周的思想和制度。西周政治思想的核心观念是“仁”[①]。儒家继承了这一思想观念，并加以发扬光大。他们对“仁”的内涵进行阐释，孔子认为，“仁者爱人”“克己复礼为仁”“己所不欲，勿施于人”。因而“仁”是儒家的终极追求，也是治理天下最有效的手段。[②]若以仁待人，以仁施政，则天下可定。

如何做到“仁”？儒家认为通过“礼”“乐”可以达到“仁”。“礼”就是各人所处位置的一系列安排，就是等级。所谓“守礼”，就是安于各人所在的位置，不逾越。各人安于自己所在的位置，社会即获得安定。这就是“礼”的作用。而“乐”则是让人在“仁爱”和“守礼”的过程中快乐，用一句时髦的话来说，就是“痛并快乐着”，“克己”“守礼”是痛，在痛中快乐，这就是“乐”的作用。

墨家提出了自己的政治主张。他们和儒家一样，也认为世界之所以乱，是因为缺乏爱，所以他们提出了“兼爱”。所谓“兼爱”，就是互相爱。儒家的爱是有差等的爱，墨家的爱是无差等的爱。有差等的爱，从血亲开始，推及旁人。无差等的爱，不分血亲，不分民族，不分人畜，不分动植，皆付出同样的爱。有了这种爱，就能做到“非攻”，也就是反对战争。天下都“非攻”，世界也就太平了。墨子也主张复古，但不是回到周公的时代，而是回到大禹的时代。《墨子·兼爱》多次以禹为例，证明“兼爱”“交利”的可能性和现实性。如果能做到，则如现代歌词所言：“只要人人都献出一点爱，世界将变成美好的人间。”

---

①《尚书》多次提到“仁”，见《泰誓中》《武成》《金縢》诸篇。其中《金縢》是今文《尚书》，其余诸篇是古文《尚书》，或以为古文《尚书》是伪书，不可信，但《金縢》中所提到的“仁”应该是周代的核心观念。

②《论语》对“仁”的论述主要有：“仁者爱人”“克己复礼为仁”“己所不欲，勿施于人”“居处恭，执事敬，与人忠”“恭、宽、信、敏、惠”“仁者先难而后获，可谓仁矣”。

然则如何做到“兼爱”？我付出爱而得不到别人的爱，怎么办？墨家提出了三种措施以解决这类问题。一是利益诱导。“兼相爱”就会“交相利”，互相利，整个社会的福利增加，于人、于己、于社会都有好处，用现代的话说就是双赢或多赢。二是鬼神恐吓。鬼神无处不在，具监督之功，有赏罚之能。实施兼爱，则赏之；不实施兼爱，则罚之。三是推崇统一，并统一于君主和天。统一思想，统一意志，才能统一行动，才能做到兼爱。这就是墨家的“尚同”。[①] 尚，崇尚；同，统一。“尚同”即崇尚统一。

爱或情感在小圈子内或许能起到和谐关系的作用，但用于整个社会的治理，则犹如石头入水，离中心越远，越没有影响力，越不起作用。故法家批判儒、墨两家“仁爱”“兼爱”之说，而提出了自己的主张。

法家认为，人性本恶，利害之心、算计之心、欺骗之心是与生俱来的，故不能以德和仁治国，而须以严刑峻法和权谋治国。具体措施有：

第一，刑德。韩非子说：“杀戮之谓刑，庆赏之谓德。”（《韩非子·二柄》）就是大棒加胡萝卜，大棒在先以立威，胡萝卜在后以诱人。君主的重点应以刑法治理天下。

第二，权势。韩非子说：“贤人而诎于不肖者，则权轻位卑也；不肖而能服于贤者，则权重位尊也。”（《韩非子·难势》）权势使一般人都可以统治天下，故于君主不可或缺。君主不能无权，不能

---

① 有人将“尚”解释为“上”，“尚同”即“上同”，可以理解为将“同”放在最上面，这种解释与我们的解释没有区别。但也有人在此基础上进而将“上同”解释为“同上”，则义有未安。《墨子》有《尚贤》篇，“尚贤”即推崇贤者，将贤者放在最上面，加以重用，其句法与“尚同”同。“尚贤”不能解释为“贤上”，则“尚同”也不能解释为“同上”。尽管《尚同》的上篇、中篇皆有“上同乎天子”之语，但此处的“上同”不等于篇名的“尚同”，二者的句法结构不一样，“尚同”是动宾结构，“上同乎天子”的“上同”是偏正结构，不得以彼例此。

无势。

第三，权术。就是计谋、手段。术是对权的运用。怎么用权呢？一是不能政出多门，权力必须集中在君主手里。“一家二贵，事乃无功。”（《韩非子·扬权》，下同）二是不能让臣下拉帮结派。“欲为其国，必伐其聚。”如果有帮派出现，君主必“数披其木，毋使木枝扶疏”。三是听言责实。“凡听之道，以其所出，反以为之入。”四是不能专信一人。专信一人，就会“失其都国”。

第四，明法。首先要有法规，如此，则：“人主使人臣虽有智能，不得背法而专制；虽有贤行，不得逾功而先劳；虽有忠信，不得释法而不禁：此之谓明法。”（《韩非子·南面》）其次是法律面前人人平等。所谓：“法不阿贵，绳不挠曲。法之所加，智者弗能辞，勇者弗敢争。刑过不避大臣，赏善不遗匹夫。”（《韩非子·有度》）再次是执法要严，所谓：“不赦死，不宥刑。”（《韩非子·爱臣》）

法家使秦国崛起，并统一六国，成就帝国，其功自不待言；然刻薄寡恩，难以行之久远，故秦朝二世而亡。

道家也提出了自己的政治主张。[①] 先秦诸子中，思想最深刻者应推道家。儒家、墨家、法家的政治主张都没有建立在思辨哲学的基础上，而道家的政治主张则是建立在思辨哲学的基础上。儒家、墨家、法家以人性为基础（研究人性也属于哲学范畴，但儒、墨、法三家没有对人性进行研究，而是主观性的界定，并不带思辨性），发展出政治学说和伦理学说。儒、墨认为人性善，故欲以“仁爱”“兼

① 有人认为孔子在老子前，其根据是老子批判“德”“仁”“义”“礼”，此四者是儒家学说的核心。被批判者当然在批判者前。但“德”“仁”“义”“礼”，周公已提出，孔子加以继承发扬而已，不能据此认为孔子在老子前。也有人认为老子在孔子前，其根据是孔子向老子问礼，《庄子》《吕氏春秋》《礼记·曾子问》都有记载，应该属实。据此，则老子先于孔子，可以无疑。

爱”治天下。法家认为人性恶，故欲以“法、势、术”治天下。道家以其哲学为基础，提出了自己的政治主张。道家认为，世界是从“无”产生的，所谓“无中生有”，而“无”就是“道”，“道生一，一生二，二生三，三生万物”（第四十二章）。世界也就产生了。既然世界是从“无”产生的，那么要治理世界，就得将“有”（世界的乱象）归于“无”。具体说来，就要归于原始。实际上原始并不是“无”，而是“无”的终点、“有”的起点。如此说来，老子的“归无”思想并不彻底。

既然世界的本原是“无”，则治理世界就应该用“无”的手段，即“无为”，老子说：“道常无为而无不为。”（第三十七章）也就是人们说的“无为而治”。

“无为而治”可以有两种理解：一是用无为的方法治理；二是通过无为达到治。现代人大多采用第一种理解。

“无为而治”不是什么都不做，而是让“道”自发地起作用。现代管理学大师德鲁克认为：最好的管理就是没有管理。什么意思呢？就是让制度自发地起作用，管理者不加干涉，也就是不管理。德鲁克的这个观点，得到管理学界和企业管理者的极高评价，认为是一大创新，实际上，两千多年前的老子就说过了。但如果现代有管理者说要“无为而治”，上级领导会认为他有情绪，工作不认真、不努力。如果说最好的管理就是没有管理，则认为他有学问、有高度、有深度。冤哉！老子！有其实而无其名。不过老子主张“君子无名”，求仁得仁，也无所谓了。

什么是“无为”？怎么做到“无为”？

“无为”的字面意思就是不作，即不要为了某种目的不顾客观情况而妄为，亦即顺应自然而为。现代汉语还有人说“这个人好作”，这个“作”就是不顺应自然、刻意表现，与“无为”相反。老子说：“为无为，事无事，味无味。”（第六十三章）就是“以不作为的方式作为，以不做事的方式做事，以不知味的方式体会味”。这是“无为”的真谛。

至于怎么做到“无为”，老子认为，首先要“寡欲”。有欲则有为，有多大的欲就有多大的为，要想“无为”，必须“少私寡欲”（第十九章）。欲（包括私和贪）是人类进步的动力，也是人类毁灭的催化剂。没有欲不行，太多的欲也不行，尤其是对统治者而言，太多的欲是走向灭亡深渊的根源。“欲”分名利两大类，具体而言无外乎财欲、权欲、名欲、色欲，统治者在这些方面若能节制，则其统治或能长久。

怎么做到“寡欲”？老子说：“不尚贤，使民不争；不贵难得之货，使民不为盗；不见可欲，使民心不乱。”（第三章）既然“道”是“无”，要回到“无”，就不能有“欲”，“私”和“欲”都是“有”，尽管“少”和“寡”，但还是“有”。老子的“寡欲”思想无限接近其哲学思想“无”，但并没有达到“无”，未能做到彻底的“无”。但就政治而言，统治者能够少私寡欲，对国家、百姓都是好事，避免了穷兵黩武，避免了苛捐杂税，使百姓能休养生息。汉代的“文景之治”，与“无为”和“寡欲”有极大的关联。

其次要“愚民”。寡欲必须愚民，即使民质朴简单。民的智巧一开，则欲望迭起，不愚民就不能寡欲。老子说：“是以圣人之治，虚其心，实其腹，弱其志，强其骨。常使民无知无欲。使夫智者不敢为也。为无为，则无不治。”（第三章）“古之善为道者，非以明民，将以愚之。”（第六十五章）简言之，就是使百姓吃饱喝足，心境朴质简单，从而达到“无知无欲”，进而“无为而治”。

这里需要指出的是，将“愚民”解释为“使民真朴”，“愚”是“真朴”的意思，这不合“愚”的应有词义，从训诂学上讲，“愚”自古以来都是愚蠢、痴钝之义，或假借为“遇”，但无“真朴”之义。[①]

再次要“弃智”。使民质朴简单，就必须弃智，即抛弃智巧。老子说：“民之难治，以其智多。故以智治国，国之贼；不以智治国，国之福。”（第六十五章）弃智，就是不要智巧。有人说是反智，似乎求之过深。弃智，既针对百姓，也针对统治者。老子此言，前者就百姓而言，后者对统治者而言。弃智就有百利？未必。或许是弃智则无内耗，无内耗则利在其中。但是否有百利，则难以统计。人人都是诸葛亮，未必不是好事，国家也未必就无法治理。但作为治国的手段，则未必有效，是否“国之贼”，则不一定，有多少实践意义，很难说。应该指出，“绝圣弃智”，郭店简本作“绝智弃辩”，字句有不同，但对待“智”的态度是一致的。有人认为“弃智”是“反智”，完全是危言耸听。“弃”是不要，“绝”是禁止、抛弃，“反”是对着干，意义上是有区别的。

最后要“不德”。老子的“德”有两个含义：一是道的显化、物化和世俗化。德相对于道而言，道是形而上的，德是形而下的，道是体，德是用。二是世俗中的道德规范，即仁义道德。老子的“不德”显然指后者。老子说：“上德不德，是以有德；下德不失德，是以无德。”（第三十八章）即上德之人不把道德当作道德，自然而然，因而有德；下德之人刻意恪守道德，不是顺其自然，因而没有德。

为什么不把道德当作道德，反而是有德呢？做事不斤斤计较于道德的对错，而依顺自然而行（无为），这就是有德。德者得也，得

---

① 愚民是“使民愚”的意思。使民愚在程度上可分为三等：程度深者，使人愚昧；程度浅者，使人朴素；不深不浅者，使人处于愚与朴素之间。是否使人愚昧，全看统治者实施的力度。哲学家的语言有其特殊性，在此理解为“使人朴素”，也未尝不可，这是仅就文字和语义而言。训诂学和哲学是两个不同的领域，同一字有不同的理解，也是常有之事。

之于道，形之于世也。在老子看来，世俗的道德是对人性、人的行为的约束，要做到无为，就必须不刻意遵循世俗的道德。有了道德的约束，就落入“第二义”（借用佛教语），就不可能“无为”。要做到“无为”，必须“不德”。老子说：“失道而后德，失德而后仁，失仁而后义，失义而后礼。夫礼者，忠信之薄，而乱之首。”（第三十八章）德、仁、义、礼，皆是“有”，皆是失去“道”以后的人为约束，都是道的衍生物，尤其是到了“礼”，则是祸乱的根源，欲天下大治，必须“不德”。

以上是理论层面的。在操作层面，老子也有设计。

首先要“小国寡民”。国家小，人民少，是实现“无为”的重要条件。人少，容易实施无为，阻力较少。人多嘴杂，价值观难以统一，各有各的利益需求。要实施无为，须小国寡民。所以老子说：“邻国相望，鸡犬之声相闻，民至老死，不相往来。”（第八十章）各国人民没有往来，民不知天地之大、物质之丰、器械之利，则容易寡欲，实施无为。但没有信息交流，没有物品交换，则社会难以进步，这是老子思想的局限。

其次是不折腾。老子说：“治大国，若烹小鲜。”（第六十章）煎小鱼（大鱼亦然）忌反复翻边，翻边太勤，则鱼肉碎不成形。治国亦不能折腾，折腾过甚，则民不知所之，无所措手足。说穿了，就是政策不能多变，必须实施相当一段时间，再根据情况作调整。据此，我们认为，老子并非一味地主张无为，而是在“为”与“无为”之间作合乎实情的选择。烹小鲜是“为”，不翻边是“无为”。但对于鱼来说，不翻边也是烹，即“为”。这是在“为”中实现“无为”，在“无为”中实现“为”。这是老子的高明处。

总之，《老子》一书，虽则只有五千余言，但思想深刻，内容丰富，既可从哲学的角度来研究，如世界的本原问题，世界演变的方式问题（辩证法），也可从政治学、管理学的角度来研究，还可从社会学、养生学的角度来研究。“横看成岭侧成峰”，不同的角度可以得到不同的启示。

张君国骥教授，沉稳睿智，好学深思，治《老子》多年，以《老子》自身的政治思想为基础，结合现代的政治哲学和管理学思想，以及自己的行政体验，认为《老子》一书的主要政治学思想是“权力尚简”，从而撰《权力尚简：〈老子〉的权力政治学解读》。此书分上下篇两个部分，上篇从老子其人其书其时代开始，论其人，知其世，绎其书，继而揭示“道”之谜，落实到世俗则为“以道治国”，具体表现则为“无为而治”。正如作者所说：“道法自然，道无为，落实在政治之域，也就形成了老子大道至简、柔性治国和反暴政的政治思想和政治理想。”在此基础上，作者揭示了“无为而治”的背后还有“人民自为”以及老子“以不爱为爱”的独特的爱民思想。尤其是第九章《权力的艺术》，分别从“不用之用”“至誉无誉”“审慎施政”“真朴治国”“功成身退”“动善时”六个方面论述了老子权力运用的智慧和艺术，是“无为而治”理念的具象化，很有意义。最后以“孤独而伟大的思想家”评价老子，作为此书通论的结束部分。

下篇为第二部分，作者根据陈鼓应先生的《老子注译及评介》（修订增补本）以及王弼注本为底本，结合马王堆帛书本《老子》、郭店简本《老子》，并大量吸收前人及现当代国际国内学人的研究成果，从权力政治学的视角对《老子》一书进行诠释，善者从之，不善者改之，时出己见，反映了作者坚实而深厚的学术功力和一以贯之的学术定力。

概括而言，此书至少有三大特点：

第一，视角新。从权力政治学的角度研究《老子》，虽则前人有所涉及，但如此深入、系统的研究，本人孤陋寡闻，似乎只此一家。纵使尚有别的研究者，但将老子的政治思想与近现代中西方的政治思想比较借鉴，融会贯通，成一家之言者，应只此一家。

第二，观点新。由“无为”推出“尚简”，是此书的一大贡献。老子的无为，其实就是少为。少为就是“简”，“烹小鲜”不是“为”是什么？如果真是彻底的无为，则连小鲜都不应该烹。张君将“无为”归于“尚简”，应得老子之本意，为一大发明。由“无为”推出“人民自为”，推出“不爱之爱”，皆是作者的创新。

第三，方法新。将老子与西方近现代的政治思想比较，凸显出老子思想的深刻，将自己从政多年的体会融入对老子思想的体验中，古今、中外、人己相结合，是为方法创新。

《论语·子张》：“子夏曰：‘仕而优则学，学而优则仕。’”[①] 张君执政湖南师范大学整十年，政事之余，操古史旧业。读二十四史以明理，读诸子百家以启智，读九经以守正，读诗文以怡情。有所感悟，辄书之笔端，裒而集之，则为文章。既有《〈元史·诸王表〉笺证》之作，又有《清嘉庆道光时期政治危机研究》之制，复有《权力向善：我读〈孙子兵法〉》之篇，多有创获，嘉惠学林，自不待言。今所著《权力尚简：〈老子〉的权力政治学解读》即将付梓，虽不能预言洛阳纸贵，但享誉学林则指日可待。

作为管理者，张君能仁心为政，善心决策，所执掌处，多好口碑。师大十年，崇尚学术，尊重人才，关爱师生，细化管理，以文

① 优，很多人解释为优秀，其实，先秦汉语中的“优”是优余的意思，优秀的意思是后来产生的。《说文》：“优，饶也。一曰倡也。”字从人，其本义应该是倡，就是戏子的意思。训为饶，应是瀀之假借（朱骏声说），《说文》：“瀀，泽多也。”是其证。“优胜”“优秀”之义，是从“饶多”之义引申出来的，数量上超过别人，当然优秀，但此义汉代以后才有用例。《汉书·郦陆朱刘叔孙传》：“陆贾位止大夫，致仕诸吕，不受忧责，从容平、勃之间，附会将相以强社稷，身名俱荣，其最优乎！”《论语》中还有一个“优”字，《论语·宪问》：“孟公绰为赵、魏老则优，不可以为滕、薛大夫。”优，是绰绰有余的意思，也不是优秀之义，可互相证明。

化人，以德育人，以理导人，以善待人，既成就了湖南师大十年辉煌，也成就了张君的学者品质。设不履职师大，致仕之余，能关心者，无非是垂钓杨柳下，弈棋方桌前，醺醺乎以酒为伴，悠悠乎以游为乐。今则日诵数卷，夜书百行，实现由学者而仕宦，由仕宦而学者的转变。学中仕，仕中学，与年年岁岁一床书者比，其境界、格局自有不同。学者气质，长者风范，仕宦底蕴，以之研究古代政治思想史，其谁能胜之！

是为序。

蒋冀骋

于湖南师范大学无知斋

2024 年 12 月 20 日

导　言

这本小书，是我从政治哲学或权力政治学的角度来解读《老子》一书的学习研究成果。政治学的中心问题是权力，而老子对权力进行了深入的思考，通过这种思考，形成了他独特的政治思想体系。

可以这样说，《老子》一书，通篇都在谈政治，老子的学说主要是权力政治学说。《老子》一书主要是老子对执政者的谆谆教导，是给执政者开的治国治民的药方；是一本独具道家特色，主张权力尚简的政治教科书。因此，我把这本小书叫作《权力尚简：〈老子〉的权力政治学解读》。

用权力政治学来解读《老子》，能够把《老子》一书解释通吗？能够把《老子》八十一章贯通起来吗？我的结论是：能，而且很顺畅。

说“能”的依据就是《老子》文本及老子的整体思想。

老子是道家的创始人，“道”是老子的核心概念，也是终极概念。道是什么？在老子看来，道是宇宙万物的本原，是宇宙万物的终极原因。从这个意义来看，道是一个典型的哲学概念，老子是一位典型的哲学家。

但是，我们看《老子》一书，老子并没有从道这个终极概念出发，推演出一套纯粹的哲学思想体系来，而是以道为起点和依据，结合历史和现实，发展出一套以“无为”为主要内容的政治思想体系。

老子的道没有悬在空中，老子的运思路径是从形而上的道向下落实于形而下的器，也就是说，落实于人生、社会、政治，尤其是落实于政治之域，从而形成了老子独特的政治思想体系。

所以，老子的道，始终没有停留在纯粹哲学的推演上，老子的目的，不是建立一个由道推演出来的哲学体系，而是为他的无为政治思想和政治理想找到终极依据。

对道家有精深研究的陈鼓应先生，对这一点看得很清楚，他说：

> 老子的整个哲学系统的发展，可以说是由宇宙论伸展到人生论，再由人生论延伸到政治论。然而，如果我们了解老子思想形成的真正动机，我们当可知道他的形上学只是为了应合人生与政治的要求而建立的。①

他又说：

> 老子哲学，形上学的色彩固然浓厚，但他所最关心的仍是人生和政治的问题，这种说法，可以从《老子》整本书中所着重的份量上取得论据的。
>
> 形而上的“道”如果不与人生发生关联，那末它只不过是一个挂空的概念而已。当它向下落实到经验界时，才对人产生重大的意义。这层意义的“道”——即作为人生指标的“道”，它呈现了“自然无为”“虚静”“柔弱”等特性，这些特性可说全是为了应合人生和政治的需求而立说的。②

---

① 陈鼓应：《老子注译及评介》（修订增补本），中华书局，2009 年，第 1 页。

② 陈鼓应：《老子注译及评介》（修订增补本），中华书局，2009 年，第 29 页。

学贯中西的哲学史家陈荣捷先生也看到了这一点，他说：

> 人不应当误解柔弱与空虚的理想，因而认为道家是消极性的哲学，或者是一种绝对寂静的哲学。这本书不只宣扬无为，而且也探讨到行为时的实际方略。它固然教导逊让，却极力反对压迫的政治。老子哲学不是对隐士说的，而是为圣王而发的，圣王不当遗世孤立，而当以不干扰的方式治理这个世界，道家绝不是退隐的哲学。人确实当顺从自然，但顺从自然时，他并没有被抹杀掉，相反地，他的本性反而会更加的充实饱满。①

其实，汉代的史学家对道家就是这么定性的：一方面认为道家之学（主要指老子的学说）是“务为治”的，也就是治国治民的政治学说；另一方面认为道家的政治学说的特征是崇尚简要。

这里不妨试举两位，来看看他们的观点。

第一位是司马谈。司马谈是西汉史学家、大学者，是司马迁的父亲。他写过一篇《论六家要旨》，保存在司马迁的《史记·太史公自序》中，该文是研究先秦诸子思想的一篇重要文献。文中精练概括了先秦诸子阴阳、儒、墨、名、法、道德六家学说的核心思想，尤其对道家（主要是老子的思想）作了较为详细的论述。司马谈说：“《易大传》：‘天下一致而百虑，同归而殊涂。’夫阴阳、儒、墨、名、法、道德，此务为治者也。”

在这里，司马谈给六家学说定了性，就是“务为治”，也就是

① 陈荣捷编著：《中国哲学文献选编》，杨儒宾等译，江苏教育出版社，2006年，第138页。陈荣捷（1901—1994），哲学史家。他研究中国哲学数十年，博学而思想深邃。他主编的《中国哲学文献选编》，对中国哲学的整体发展脉络探索极深，被欧美学术界誉为介绍东方哲学文化思想最完备、最周详的作品，是西方人研究中国哲学的案头必备之书。

说六家学说都是治道学说，即有关治理国家、治理天下的政治学说，只是各家所持的想法不同、路径不同，也就是对如何治理天下国家所开的药方不同，即所谓的“同归而殊涂”。

司马谈在文中还从儒、道两家的比较中得出儒家的治道是“博而寡要，劳而少功”，意思是说，儒家的治道烦琐抓不到要领，实施起来劳神费力，效果不好；而道家的治道是“指约而易操，事少而功多”，意思是说，道家的治道简约，能抓住要领，易于操作，实施起来事半功倍。

第二位是班固。班固是东汉史学家、大学者。他对道家学说的看法与司马谈的看法相当一致。班固在《汉书·艺文志》中评价道家的学说：“道家者流，盖出于史官，历记成败存亡祸福古今之道，然后知秉要执本，清虚以自守，卑弱以自持，此君人南面之术也。”

班固认为道家学说是一种有关治道的政治学说，甚至认为是帝王统治之术，即所谓“历记成败存亡祸福古今之道”“君人南面之术”。这与司马谈评价道家学说是“务为治”的政治学说是一致的。而且，班固还认为道家学说的特点是“秉要执本”，也就是说能抓住要害和根本，要言不烦。这与司马谈认为道家学说“指约而易操，事少而功多”的看法也是一致的。①

我认为，司马谈与班固两位史学家的看法是准确的：一方面准确地定性道家学说尤其是老子的学说是政治学说，另一方面以为道家的政治学说的特点与优点就是简约、简要。这是符合道家思想尤其是老子的整体思想的。

《权力尚简：〈老子〉的权力政治学解读》就是从政治哲学或权力政治学的角度来定性和诠释《老子》一书思想的一种尝试。

① 张国骥、何圳泳：《司马谈论道家的尚简政治思想》，《湖南大学学报（社会科学版）》2022 年第 1 期，第 25—31 页。

本书试图把老子的权力尚简政治思想作为一个完整的思想体系来阐释。

第一章,《老子其人其书其时代》。简要介绍老子这个人以及《老子》这本书，并对老子所处的时代作了简单介绍。思想家的思想离不开时代，基本上是时代的产物，老子也不例外，尽管老子的思想是超越时空的。

第二章,《道——众妙之门》。阐述老子“道”的意义，道既是老子哲学的逻辑起点，也是老子政治学说的逻辑起点。道是宇宙万物的本原，也是万事万物的规律，道的属性是自然无为，这自然无为又内化于宇宙万物，也内化于人生、社会、政治，也就是说，道赋予了宇宙万物和人生、社会、政治各自不同的属性。道创造万物，养育万物，但并不主宰万物，不干预万物的自然自主成长。

第三章,《以道治国》。阐述老子预设的道，是老子为自己的无为政治思想和政治理想找到依据，道最终要落实在治国之上。

第四章、第五章、第六章，从不同方面阐述老子“无为而治”的政治思想。老子心目中的政治应该是道的属性的体现和反映：道法自然，道无为，落实在政治之域，也就形成了老子大道至简、柔性治国和反暴政的政治思想和政治理想。(老子说：“损之又损，以至于无为。”“柔弱胜刚强。”“法令滋彰，盗贼多有。”)

第七章,《人民自主自为》。老子主张执政者清静无为，人民自主自为。在老子的心目中，人民有自我化育、自我管理、自我发展、自我完善的能力和禀赋。(老子说：“圣人云：‘我无为，而民自化；我好静，而民自正；我无事，而民自富；我无欲，而民自朴。’”)

第八章,《老子独特的爱民思想——以不爱爱之》。不少人认为，老子主张愚民政策，甚至视民如草芥。其实，这是误解了老子。老子“以不爱爱之”的爱民思想，是老子无为政治思想的体现，与儒家的爱民如子的思想是不同的。老子的爱民思想很独特，也很深刻，一般不被深受儒家思想影响的人所理解和接受。

第九章，《权力的艺术》。从《老子》一书的整体思想出发，阐述了老子的权力运用的艺术，一共讲了六条，当然，《老子》一书中权力运用的艺术远不止这六条。这是从道的哲学属性、清静无为的政治属性，引发出来的权力运用的艺术。老子的权力艺术，其实质是一种反艺术的艺术，所反映的是老子对权力自我节制的政治思想。

第十章，《孤独而伟大的思想家》。老子及老子思想对中国乃至世界产生了深远影响，我们要永远记住这位思想家，向这位孤独而伟大的思想家表达敬意和谢意。

读懂了《老子》，会开阔我们的视野，引导我们从“道”的高度，来观察宇宙万物和人生、社会、政治，让我们认识到不一样的宇宙万物和人生、社会、政治。尤其是从“道”的视角看政治，使我们看到了与儒家、法家不一样的政治：儒家主张爱民如子的仁政，法家主张严刑峻法的刑政。道家老子主张执政者清静无为、人民自主自为的简政，与仁政、刑政的理念大异其趣。

就实际而言，也可以看到，中国几千年的传统政治治理模式，除了儒家的仁政、法家的刑政，还有第三种不一样的模式，那就是简政。可惜的是，这样的模式，在政治实践的历史长河里，仅仅是几朵并不起眼的小小浪花，形成惊涛骇浪的主要是刑政，仁政也不过是装饰门面而已。

简政是最值得我们继承和发扬的中华优秀传统政治文化思想。

老子是一位对政治权力有深入思考的思想家，尤其对权力的危害有着深刻而沉痛的感受，于是他得出结论：大道至简。用老子的话说，就是：“损之又损，以至于无为。”也就是说，权力不要干扰或者尽可能少干扰百姓的生活，让百姓自主自为，如此，则百姓安居乐业，天下太平。

认真听听两千五百多年前，一位智慧老人关于政治权力的教诲，对从政者或者准备从政者，有权者或者无权者，无疑都是很有益处的。

《老子》是一本难读难懂的书，不仅仅是因为文字难，也是因为老子的思维与我们的思维不同。他看待宇宙万物和人生、社会、政治的视角，与我们大不相同。我们受儒家思想、法家思想的影响太深，也受世俗的功利思想影响太深，以致我们难以理解老子的思维，以及他思考问题、观察问题的方式方法。

怎样才能读懂《老子》？关键在于仔细去“领悟”。

第一，站在老子的角度领悟《老子》。这包括：了解老子要思考的问题，如他思考的问题始终是怎样治国治民，是政治问题；熟悉老子的术语，比如“道”“无为”“柔弱”等，这些术语与约定俗成的含义不同；理解老子的思路，比如他如何将形而上的道，落实于形而下的人生、社会、政治，尤其是落实于政治领域。在以上基础上，完整地去理解老子的思想。

第二，借助自己的经验和他人的研究成果去领悟《老子》。这包括：有鉴别地汲取他人研究《老子》的成果；从中国历史上找到《老子》政治思想的实践案例，这些案例能启发我们读懂《老子》，比如汉文帝时期施行黄老之术的政治实践；从西方哲学和政治思想史的角度，来审视老子的政治思想；用自己的人生、社会、政治经历和经验去领悟老子思想。

我以为，以上两个“领悟”，是读懂《老子》的有效方法，也是读懂一切经典的有效方法。

我认为，五千言的《老子》，充满了不少深沉的智慧，尤其是政治智慧，值得我们好好去领悟。

德国哲学家尼采曾经对自己所写的《查拉图斯特拉如是说》一书十分满意，他说：

> 在我的著作中，我的《查拉图斯特拉如是说》占了一个特殊的地位。我以这著作给人类以空前伟大的赠礼。这本书，声音响彻千古，它不仅是世界上最高迈的书，山顶雄风最真实的书——整个现象以及人类都远在它的下面——而且也是最深邃的书，从最丰富的真理中产生；一个永不枯竭的源泉，满载宝藏，放下汲桶唾手可得。①

我想，用尼采的这段话来评价《老子》一书，也是很合适的。

让我们拿起《权力尚简：〈老子〉的权力政治学解读》这本书，去领略老子的政治智慧吧！

①［德］尼采：《看，这个人》，转引自陈鼓应《悲剧哲学家尼采》，中华书局，2015 年，第 24 页。

目 录

上篇 权力尚简

下篇 《老子》诠释

上篇

权力尚简

损之又损，以至于无为。——《老子》第四十八章

既曰损之又损，则无为之第一义为减少政府之功用，收缩政事之范围，以至于最低最小之限度。盖天下之事，若听百姓自为，则上下相安，各得其所。若强加干涉，大举多端，其结果必至于治丝益棼，庸人自扰。此非危词耸听，而有人类之经验以为佐证。——萧公权《中国政治思想史》

第一章　老子其人其书其时代

颂其诗，读其书，不知其人，可乎？是以论其世也。——《孟子·万章下》

第一节　老子其人

老子即老聃，姓李，名耳，字伯阳，春秋末期、战国初期人。

这里存在一个问题，即老子到底叫老聃还是叫李耳？其中涉及“老子”“老聃”“李耳”三者的关系是怎么一回事。

关于“老子”的意思有两种说法：一说“老”是尊称，“老子”即后人所谓“老先生”的意思；一说“老”是姓氏，春秋战国时期称“子”的，如孔子、墨子、孟子、庄子、荀子等，都在姓氏下面加“子”字，故老聃或当姓老。古有老姓而无李姓，据学者考证，春秋二百余年的历史中，无李姓的人，在先秦典籍中也没有提到过“李耳”。

有学者认为，“李耳”也许是由“老聃”两字转出来的，因为“耳”和“聃”字义相应，“聃”是大耳朵的意思；“老”和“李”古同音，“李”姓也许是由“老”姓转出，如战国末期荀卿的“荀”转出“孙”，又称孙卿一样。

这样一来，老子、老聃、李耳三者的关系也就说清楚了："老"是姓，老子即老聃，又名李耳。这一说法基本被大家所接受。

司马迁《史记·老子韩非列传》中说，孔子曾向老子请教礼，老子比孔子年长，大概也比孔子长寿，而孔子的生卒年，今天认定的是公元前551至前479年。因此，我们只能从这里推断老子生活的大概年代。

老子当过周朝藏书室的史官，也就是周朝的图书馆（兼档案馆）馆长。大家要注意的是，春秋战国时期的周天子有天子之名，无天子之实。这时期的周朝，建都于洛阳（今河南洛阳东北部），只是一个被诸侯驱使的小国。

老子是什么地方的人？司马迁《史记·老子韩非列传》中说，老子是楚苦县厉乡曲仁里人。苦县即今天的河南鹿邑县，苦县原属陈国，陈国是春秋时期的诸侯国，在今河南淮阳县及安徽亳州市谯城区一带。陈国在春秋末年被楚国所灭。所以可以说，老子是陈国人，也是楚国人。

第二节　老子的时代特征

中国历史上的周朝分为西周和东周，东周又分为春秋和战国两个时期。老子生活的年代，大约是春秋末期、战国初期。

老子生活的这个年代，有什么特点？概括起来主要有四点：

第一，政治混乱。司马迁曾经描述春秋时期，弑君三十六，亡国五十二，可见春秋时期是一个政治混乱的时代。

第二，战争频繁。战国时期的孟子说："春秋无义战。彼善于此，则有之矣。"（《孟子·尽心下》）意思是春秋这个时期，各诸侯国战争频繁，你打我，我打你，但都不是什么正义战争。一国的君主比另一国的君主好一点，那是有的，但谈不上谁正义，谁不正义。到了战国时期，战争就更是频繁了。

第三,百家争鸣。春秋战国这一时期，产生了道家、儒家、墨家、法家、兵家、农家、阴阳家、杂家、名家和纵横家等思想学说流派，他们畅所欲言，互相辩论。同时，各家学派的代表人物及其弟子们纷纷游说诸侯，推销自己的思想和主张，各诸侯国国君大体上也尊重他们，虽然不一定采纳他们的意见，但都愿意倾听。这样就形成了春秋战国时期诸子百家争鸣的思想文化繁荣局面。

第四，有限分权时代。周朝是继商朝而起的王朝。从政治权力的角度来看，商和周都是比较集权的朝代，但商、周都有一定的分权，当然是有限的分权。大体上说：商朝分权于神，周朝分权于诸侯国（贵族）。以后到了秦朝，秦始皇建立了一个以皇帝为中心的中央集权制度，神权基本退场，贵族完全退场，皇权高度集中，没有分权，皇权无限。因此，从这一点上说，周制与秦制是有所不同的。

这一点不同很重要，了解了这一点，就会明白为什么春秋战国时期会出现百家争鸣的思想文化繁荣局面，就会理解为何会产生像老子这样的思想家。因为在政治权力对思想加以严控的情况下，不可能有百家争鸣。

第三节　《老子》其书

有关《老子》一书，有很多争论，在此不作赘述。

《老子》今本分上下篇，五千余言。一般认为，从第一章到第三十七章，称为《道经》，第三十八章到第八十一章，称为《德经》，合称《道德经》。其实，不必这样分开，因为这样分，容易引起人们的误解，以为前三十七章是专门讲“道”的，后四十四章是专门讲“德”的。其实不然，《道德经》是一个整体，上下篇如影随形，是不可分离的。

《老子》的版本很多，世传本主要有汉河上公与魏王弼二家注本。还有出土的马王堆帛书本和郭店简本，这两个版本，一般读者可以拿来参照。今人校注的版本也很多，比如陈鼓应先生的《老子注译及评介》（修订增补本）。以下对这五个版本作一简单介绍。

第一，河上公注本。全称《老子道德经河上公章句》。最近有王卡点校本《老子道德经河上公章句》，由中华书局出版。河上公，相传为西汉人，姓名不详。他在河滨结草为庵，因以为号。《史记》称“河上丈人”，他精研老子学说。时汉文帝推崇道家，经常派使者向河上公请教《道德经》经义。相传河上公曾为老子《道德经》作注，但后世学者认为这有可能出于后人的伪托。

第二，王弼注本。王弼《老子道德经注》是流传很广的一个版本。王弼（226—249）是三国时期魏国的山阳高平人。他是少年天才哲学家，十余岁就笃好《老子》和《庄子》，去世时年仅二十四岁，他开魏晋玄学之先声。今有中华书局出版的《老子道德经注》，由楼宇烈先生校释，2011 年 1 月出版。

第三，马王堆帛书本。1973 年 12 月，湖南长沙马王堆三号汉墓出土有帛书《老子》两种写本，现在分别称为甲本和乙本。甲本字近篆体，据专家推算，抄写的年代，约在公元前 206 年至前 195 年间。乙本字体为隶体，抄写的年代比甲本略晚，约在公元前 194 年至前 180 年间。这两个抄本，都是《德经》在前，《道经》在后，故有人说《道德经》应称为《德道经》。读者要注意的是，帛书本《老子》的讹误、脱字、衍文不少，参看专家校释的本子即可。

第四，郭店简本。这是目前可见的最早版本。1993 年，在湖北荆门郭店楚墓出土的竹简《老子》，共有三种《老子》摘抄本，比马王堆帛书本早了上百年，并于1998年5月汇编成《郭店楚墓竹简》，由文物出版社出版。这是目前所见最古老的《老子》抄本。专家将多种简文《老子》分成甲、乙、丙三组，这三组《老子》摘抄本字数约当今本三分之一，章次安排与今本大不相同。专家认为甲组文意接近《老子》祖本，它的抄写年代，距离老子逝世较近。对于这个本子，就像看帛书本《老子》一样，参看相关专家的整理本即可。

第五，《老子注译及评介》（修订增补本）。这是陈鼓应先生整理注释的版本，由中华书局出版。陈先生是海内外知名的大学者，道家研究专家。这个版本是陈先生以王弼本为主，参照马王堆帛书本、郭店简本，以及其他各种古本进行校释而整理出来的版本。我写的这本书，就是以陈先生整理注释的这个版本为基本依据的。

为什么老子能写出《老子》这样一本有特色的书？我认为主要有四个因素：

第一，老子是“国家图书馆馆长”，能读到当时的不少图书，尽管那个年代的图书十分有限。

第二，时代政治混乱，战争频繁，天下动荡，人民生活艰苦，对老子的心灵产生了巨大震动，启发了这位敏感思想家的思考。

第三，老子是一位天才思想家。他对历史、对社会、对政治、对人生、对宇宙万物有着不同寻常的观察力和洞察力。

第四，老子应当受母国陈国文化的影响。老子既是楚国人，也是陈国人。陈国的文化崇拜母性与月亮，尚阴柔。老子应当受到母国陈国文化的熏陶与影响，故《老子》一书有着对母性阴柔之美的歌颂，这也是他主张清静无为思想的一个原因。这是《老子》一书的一大特色。比如《老子》第六章就很有代表性，他用母性意象来描写道，说明道为产生天地万物的始源，即所谓“玄牝之门”“天地根”；用母性孕育万物而繁衍不息来形容道的功能，即所谓“绵绵若存，用之不勤”。

第二章　道——众妙之门

玄之又玄，众妙之门。——《老子》第一章

老子是道家学派的创始人，《老子》又名《道德经》，“道”是老子的核心思想，老子的思想体系是由他预设的道为起点而展开的。因此，搞清楚老子的道，是搞清楚老子整体思想的关键。

那么，什么是道呢？

第一节　道的基本意义

第一，作为本体意义的“道”，是一个真实的存在。请看《老子》以下三章：

视之不见，名曰“夷”；听之不闻，名曰“希”；搏之不得，名曰“微”。此三者不可致诘，故混而为一。（第十四章）

道之为物，惟恍惟惚。（第二十一章）

有物混成，先天地生。寂兮寥兮，独立不改，周行而不殆，可以为天下母。（第二十五章）

老子说，有一个浑然一体、恍恍惚惚的东西，在天地形成以前就存在着。这个“道”是无条件的永恒的真实存在。

第二，道不可名。

> 道隐无名。（第四十一章）
>
> 吾不知其名，强字之曰“道”。（第二十五章）

“道”幽隐而未形，自然不可名。相对于具体事物的有形而言，道是无形；相对于具体事物的有名而言，道是无名。这个东西不知道它的名字，无法用语言文字来指称它，勉强叫它“道”，叫“道”只是为了方便而已。

老子提出“道”的概念，第一次赋予了“道”新的内涵，故表达起来有困难，不好描述。为了说明不可言说的“道”，老子往往迫不得已用不同的词来说明“道”，比如用“无”“有”和“一”来指称“道”，用“母”“众甫”“无名”“朴”来比喻“道”。

第三，道是天地万物的创造者。如《老子》以下四章就表达了这个意思。

> 无，名天地之始；有，名万物之母。（第一章）
>
> 道冲，而用之或不盈。渊兮，似万物之宗。（第四章）
>
> 天下万物生于有，有生于无。（第四十章）
>
> 道生一，一生二，二生三，三生万物。（第四十二章）

这就是说，道是本原，道是一切存在的根源，也是一切存在的始源，天地万物是由道产生的。

第四，道长而不宰。

生而不有，为而不恃，长而不宰。（第五十一章）

道创造了天地万物，而且内附于天地万物，但道并不因为创造了天地万物，而占有、主宰天地万物，而是在创造天地万物后，任由万物根据各自的内在禀赋，自然而然地生长发展。

第五，道独立不改。（第二十五章）

较之世间万物的杂多和相对，道则是唯一的、绝对的，它本身是永久长存的，不会随着外物的变化而消失，也不会因外在的力量而改变。

第六，反者道之动。（第四十章）这句话至少包含了以下意思：

首先，道是运动体。老子认为道体是恒动的，周流不息地运转着。

其次，道的运动是有规律的。由“反”的概念，说明“道”和“道”所作用的事物，依循着这样的规律：一、事物向相反的方向运动；二、循环运动，返回原点。

讲到老子的道，我们还要搞清楚一个问题，也就是老子的“道”与西方的本原说、创世说相比有何不同，与中国历史上一些神话传说有何不同。搞清楚这一问题，对于我们理解老子的思想是很有帮助的。

第一，本原意义上的“道”与西方哲学的“本原”概念有所不同。西方哲学中的“本原”一词，有两个含义，一是开端，二是主宰。老子的“道”作为本原也有开端之意，道创造宇宙万物，是一切存在的根源和始源，但没有主宰之意，所以老子说道“长而不宰”。

第二，“道”与基督教的上帝不同。西方的创世说中的上帝，是神；老子的创世说中的“道”，不是神。上帝创造宇宙万物（包括人），并主宰宇宙万物；而“道”创造宇宙万物（也包括人），但并不主宰宇宙万物。

第三，有人说，中国历史上的神话如“盘古开天地”“女娲补天”也是创生天地说，与“道”创生天地没有什么不同。我认为，“道”创生天地与“盘古开天地”“女娲补天”也是不同的。

所谓盘古开天地，是说天地未开，混沌一团，盘古把混沌不分的天地劈开。因此，盘古并未创造天地，天地已有，盘古只是开天辟地。

所谓女娲补天，传说古时出现天崩地裂，女娲炼五色石以补天，断鳌足以立四极。由此可见，女娲并未创造天地，只是天缺了，地裂了，女娲用青石补天，用鳌足做柱子撑起地。且女娲像盘古一样也是神。

因此，老子创世说的“道”与中国神话的“盘古开天地”“女娲补天”也是不同的，有着本质的区别：老子的创世说中的“道”，不是神，且“道”存在于天地之先，并创造了天地。

第二节　道的特性

根据《老子》一书的描述，“道”主要有以下一些特性。

第一，道有无穷的活力。

道创造了天地万物，本身就说明道的潜能和创造力。道又内附于万物，辅助万物生生不息、欣欣向荣，也可见道有无穷的活力。

第二，道内附于万物。

《老子》第五十一章说：

> 是以万物莫不尊道而贵德。……故道生之，德畜之；长之育之；亭之毒之；养之覆之。

“道”创生万物以后，还要使万物得到培育，使万物成熟，使万物得到覆养。因此，“道”不只是创生万物就完事了，它还要内附于万物，以畜养万物、培育万物，辅助万物成熟。

第三，道常无为而无不为。（第三十七章）

“无为”是指顺其自然、不强作妄为。“无为而无不为”是说顺其自然、不强作妄为，就没有什么事情做不成的。“无不为”是说没有一件事不是道所为的，这是由于“无为”所产生的效果。张岱年先生说：“道是自然的，故常无为。道生成一切，故又无不为。”①

第四，道法自然。（第二十五章）

“自然”就是自己如此，自然而然。所谓“道法自然”，就是说：道纯任自然，道以自然为归；道的本性就是自然。如庄子所云：“天不得不高，地不得不广，日月不得不行，万物不得不昌，此其道与！”

庄子是在解释道的自然性：天高地广，日月运行，万物繁盛，都是自然而然的，这就是道啊。

第五，大道简朴。

“道常无名、朴。虽小，天下莫能臣。”（第三十二章）

朴是未加工成器的木料，老子以朴喻道，说明老子心目中的道是简朴的、质朴的、自然的。

第六，弱者道之用。（第四十章）

“道”有无穷的作用，但道的作用是柔弱的、柔和的，是非强制的、非暴烈的。陈鼓应先生说：“‘弱者道之用。’道创生万物辅助万物时，万物自身并没有外力降临的感觉，‘柔弱’即是形容道在运作时并不带有压力感的意思。”②

---

① 张岱年：《中国哲学大纲》，中国社会科学出版社，1982 年，第 18 页。

② 陈鼓应：《老子注译及评介》（修订增补本），中华书局，2009 年，第 220 页。

第三节　道与德的关系

什么是德？道与德又是什么关系？总的说来，“道”和“德”是二而一的，“德”是“道”的作用，也是“道”的显现，即道本是幽隐而未形的，它的显现，就是“德”。

我们可以从老子下面的两句话来认识德，以及德与道的关系。

一是“孔德之容，惟道是从”（第二十一章）。

德离不开道，德是服从于道的。道是无形的，是不可感知的，它必须作用于万事万物（包括人生、社会、政治），通过万事万物的媒介而得以显现它的功能。道所显现于万事万物的功能，称为“德”。

二是“道生之，德畜之”（第五十一章）。

这句话说明了在万物成长过程中道与德的关系：万物由道产生；道生万物之后，又内在于万物，成为万物各自的本性，也就是道分化于万物即为“德”；万物依据各自的本性而发展个别独特的存在。“道”“德”不干涉万物的成长活动，而是顺任各物自我化育，自我完成，丝毫不加以外力的限制与干扰。

陈荣捷先生说：

> “德”原意为德性，但当与“道”并提时，“道”个殊化于事物中者即为“德”。“德”之古训为“得”，“德”是潜在于事物之中的力量，然而此一力量并不意味道德上的优越性。[①]

① 陈荣捷编著：《中国哲学文献选编》，杨儒宾等译，江苏教育出版社，2006年，第137页。

如果用一个西方哲学的概念来比照老子的“德”的概念，则苏格拉底所讲的“德性”一词与之有相同之处。“德性”，在希腊语中原指事物的特性、品格、特长、功能，即使一事物成为该事物的本性。

由此可见，老子的“道”与“德”是不能分离的，是融为一体的。道是体，德是用；道是隐，德是显；道是主，德是从。离开道讲德，德是无源之水、无本之木；离开德讲道，道的作用则无法落实，也无法显现。

说到这里，我们应该回应一下本章开始的问题，对这一章作点总结。

学习《老子》的读者特别要注意，“道”是老子头脑中预设的对象，且是思维的对象，不是感官认识的对象。“道”是老子哲学的最高范畴，是老子思考的逻辑起点。有了这个“道”的预设，有了这个逻辑起点，老子就开始了他的运思，由此推演出一套独特的思想体系，且主要是政治思想体系。要问老子预设这个“道”有何意义，其意义就在于此。

从这里可以看出，老子从“道”观照宇宙万物，观照人生、社会、政治，所站的位置是很高的，视野是开阔的，思维是有高度的。当然，老子所看到的是不一样的宇宙万物和人生、社会、政治，尤其是不一样的政治。

老子说道是“众妙之门”。这个妙，是奥妙，美妙，奇妙，微妙，精妙；是看得见的妙，看不见的妙；是想象中的妙。这一切的妙构成众妙，这些妙包括政治之妙，都是从道这里出来的。

所以，理解了以上这些内容，我们对《老子》第一章所说，就会有比较深入的理解：

道可道，非常道；名可名，非常名。

无，名天地之始；有，名万物之母。

故常无，欲以观其妙；常有，欲以观其徼。

此两者，同出而异名，同谓之玄。玄之又玄，众妙之门。

第三章　以道治国

以道莅天下。——《老子》第六十章

我在上一章中集中分析了老子的“道”，说明了老子道的意义和道的特性。从中可以看出，老子的“道”，有着浓厚的哲学色彩。我也讲到，老子预设这个“道”，是为了由道出发，推演出他的一套思想体系。

我们要进一步追问，老子要推演出一套什么样的思想体系？

老子所预设的“道”，尽管有着浓厚的哲学色彩，却并非要从道出发，推演出一套纯粹的哲学思想体系来，而是要推演出一套政治思想体系来。老子的“道”，不是悬空之物，而是要以道来观照宇宙万物、人生、社会，尤其是以道来观照政治，融入政治，把道落实于政治之域，“道”成为老子治国治民的政治思想的最高依据。一句话，老子的“道”，主要是用来治国的。

这样说的依据何在？依据就是《老子》其书。

“道”是用来治国的，是《老子》一书的重点所在。《老子》一书，似乎在讲道，其实，通篇都在讲政治。

《老子》（王弼本）一书共有81章，有37章谈到“道”。我们可以确知，在一章、四章、二十一章、二十五章、三十二章、三十四章、四十二章、五十一章，共8章所说的“道”，是指形而上的真实存在的意义之道，是哲学意义上的道。其余的八章、九章、十四章、十五章、十六章、十八章、二十三章、二十四章、三十章、三十一章、三十五章、三十七章、三十八章、四十章、四十一章、四十六章、四十七章、四十八章、五十三章、五十五章、五十九章、六十章、六十二章、六十五章、六十七章、七十三章、七十七章、七十九章、八十一章，共29章所说的“道”，是就人生和政治方面而立说的。因此，老子的道论，表现出浓厚的政治哲学或政治学说色彩。

为了说明老子的“道”主要是用来治国的，我们不妨选取《老子》的一些章节，分成三组，加以分析说明。

第一组：

> 执古之道，以御今之有。（第十四章）
> 是以圣人执一为天下式。（第二十二章）
> 以道莅天下。（第六十章）

上述第二段引文中的“一”即指“道”。第十四章的意思是：把握着早已存在的道，来治理当前的国家。第二十二章的意思是：所以圣人坚守大道作为天下事理的范式。第六十章的意思更直截了当：用道治理天下。

这一组的中心意思是：“道”的功用在治国。老子的意思是：我所预设的这个道，是用来治国治天下的，执政者要好好地用道来治理天下国家。

这与《周易》上所说的“道”的功用是相似的：“形而上者谓之道，形而下者谓之器。化而裁之谓之变，推而行之谓之通，举而措之天下之民谓之事业。”意思是说：这个形而上的道，是要落实或转化为形而下的器，去完成治国治民的伟大事业。

第二组：

> 大道废，有仁义；六亲不和，有孝慈；国家昏乱，有忠臣。（第十八章）
>
> 故失道而后德，失德而后仁，失仁而后义，失义而后礼。夫礼者，忠信之薄，而乱之首。前识者，道之华，而愚之始。是以大丈夫处其厚，不居其薄；处其实，不居其华。故去彼取此。（第三十八章）

第十八章是老子在进行比较，用什么来治理国家、治理社会最好。在老子看来，用仁义、忠孝、慈爱来治国治民，不如用“道”的效果好。

这里，老子并不反对儒家用仁义、忠孝、慈爱来治理国家与社会，而且“慈”还是老子所说的“三宝”之一，而只是说大道兴隆的时代，仁义、忠孝、慈爱等美德就自然而然行于其中，没有必要特意倡导。到了大力倡导仁义、忠孝、慈爱等美德时，也就是大道式微之时。正如庄子所说，困在陆地上的鱼，相濡以沫，却无济于事；还不如返回江湖之中，不再记得彼此。[①]《老子》第三十八章也是在进行比较，用道（德）治国的效果最好，用仁、义、礼治国，效果就依次递减。

老子以道观察德、仁、义、礼四者，把治国治民之道从高到低分成四个层次，即“德”“仁”“义”“礼”。以德为上，即以德治国的效果最好；到了以礼治国，效果就很不好了。

其实，这里的以德为上，就是以道为上，因为在道与德的关系

①《庄子·大宗师》：“泉涸，鱼相与处于陆，相呴以湿，相濡以沫，不如相忘于江湖。与其誉尧而非桀也，不如两忘而化其道。”

中，道为体，德为用，德是道的作用，也是道的显现，二者的关系是二而一的。因此，四个层次也即“道”“仁”“义”“礼”。

在老子那个时代，礼已演化为繁文缛节，束缚人心，并且为争权者所用，成为窃取名位的工具，所以，老子抨击礼是“忠信之薄，而乱之首”。

归根到底，老子主张治国之根本在舍弃虚华，回归厚实。人为地预设种种规范，不过是追逐虚华，是愚惑的开始。因此，大丈夫立身敦厚，而不居于浇薄；存心笃实，而不居于虚华。

老子在这里告诫人们，尤其是那些握有治理国家权力的人，要做“大丈夫”：取“道”之实而居“德”之“厚”，不取“道”之“华”而落于由“仁”“义”降格至“礼”之“薄”。[①]

其实，还有一个层次，老子在这里没有讲，即老子还反对以智治国。他说：“以智治国，国之贼；不以智治国，国之福。”（第六十五章）

老子这里所说的“智”，当然不是指智慧，而是指机心、伪诈、权谋。“以智治国”，就是以伪诈、权谋、机心治国，这是老子坚决反对的。

应该说，还有一个层次，就是“法”。法主要指的是法令、刑罚、严刑峻法。老子在这里没有讲到“法”，但在别的地方讲到了，如：“法令滋彰，盗贼多有。”（第五十七章）“民不畏死，奈何以死惧之？”（第七十四章）在老子看来，用严刑峻法治国，就到了民不聊生、民不畏死、社会极其不安定而不可救药的地步了。

从《老子》第十八章、第三十八章以及老子整个思想来看，老子从比较中得出一个结论，就是：道（德）、仁、义、礼、智、法，以道治国的效果是最好的，然后其他效果依次递减，到了以礼、智、

① 黄克剑：《老子疏解》，中华书局，2017 年，第 389 页。

法治国，就是民不聊生，国将不国，天下大乱。因此，老子主张以道治国。

第三组：

> 执大象，天下往。往而不害，安平太。（第三十五章）
>
> 道常无为而无不为。侯王若能守之，万物将自化。化而欲作，吾将镇之以无名之朴。无名之朴，夫亦将不欲。不欲以静，天下将自正。（第三十七章）
>
> 侯王得一以为天下正。（第三十九章）

引文中的“大象”是指“道”，“大象”就是大道；“无名之朴”也指道，“一”也指道。

第三十五章的意思是说：执政者持守自然无为的大道，就能使人民平居安泰。第三十七章与第三十九章的意思是说：执政者（侯王）如果能持守道，用道来治国治民，百姓就会安定，天下就会太平。这三章的中心意思是：以道治理天下、国家，就能使天下、国家自然安定，人民就能安居乐业。

所以，老子的治国理想，是以道治国：执政者要遵循自然无为之道，去施行无为而治之政，以达到无为而民自化的自然境界，从而使天下安定太平、百姓安居乐业。

所以说，老子的道论思想，最终表现为一种政治哲学的品质。也就是说，老子的整个哲学系统的发展，是由宇宙论延伸到人生论，再由人生论延伸到政治论，由形而上学渐渐落实到人生和政治层面。若了解老子思想形成的真正动机，就知道他的形上学只是为了应合人生与政治的要求而建立的。[1]

---

① 陈鼓应：《老子注译及评介》（修订增补本），中华书局，2009 年，第 1 页。

老子从道出发，提出了许多重要的观念，用以作为实际人生尤其是政治的指引。那么，具体有哪些政治指引呢？

老子认为自然无为，致虚守静，生而不有，为而不恃，长而不宰，柔弱，不争，居下，取后，慈，俭，朴等观念，都是“道”所表现的基本特性与精神。

其中“自然无为”的观念，成为《老子》一书的中心思想，其他的重要观念都是围绕着这个观念而开展的。道的“自然无为”的基本特性和精神，落实于政治之域，就形成了老子独特的无为而治的政治思想和政治理想。

我们将分三章来阐述老子的无为而治的政治思想和政治理想，那就是：大道至简，柔性治国，反暴政。

第四章　无为而治（上）——大道至简

妙言至径，大道至简。——［五代］陶埴《陶公还金术》

即使是一心为民造福的权力，其范围也是应当受到严格限制的。——［英］哈耶克《致命的自负》

根据《老子》一书整体的政治思想来看，我认为老子的“无为而治”的政治思想是一种“尚简政治思想”。所谓“尚简政治”，就是崇尚简易之治，老子是极其崇尚简易之治、向往简易之治的思想家。

由此，我把这一章的标题叫作《大道至简》，把这本书的书名叫作《权力尚简》。“大道至简”，表明老子的政治思想是他的道论在政治之域的延伸和落实；“权力尚简”，表明老子政治思想的核心是权力运用的简易和简约。

这个“简”，可以理解为“简易”“简明”“简约”“简朴”“简单”等，为了行文方便，下文基本统一用“简易”来表述。

第一节　损之又损，以至于无为

要说清楚老子的无为政治思想就是尚简政治思想，首先须对老子的“无为”含义作全面的分析。

所谓无为而治，主要包括三个方面：一是不妄为，二是少为，三是为而不争。

这里有三点需要说明：

首先，老子的“无为”思想带有浓厚的政治色彩。《老子》一书中，除了第三十七章中以“无为”来描述“道”以外，其他凡是谈到“无为”的地方，都是从政治的立场而发的。①

其次，这三个方面的前提和基础是顺任自然，自然无为是老子政治哲学和政治思想的基础。

再次，老子是针对权力主体来说的，不是针对权力客体来说的。也就是说，他是针对执政者或者他预设的“圣人”（老子心目中最理想的治理者）来说的：治理天下、治理国家最理想的执政者，是不妄为，是少为，是为而不争。

下面，我们对此一一加以分析。

一、不妄为。“无为”的第一个含义就是不妄为，这是对执政者施政的起码要求。“不妄为”的正面是“无为”，反面就是妄为。《老子》一书中，说到“有为”“有事”“敢”之类的词时，大多指的是妄为。老子特别告诫执政者如果妄为，其政治后果是十分严重的。

老子说：“为者败之，执者失之。是以圣人无为故无败，无执故无失。”（第六十四章）执政者强作妄为就会败事，执意把持就会失去。执政者要向老子预设的“圣人”学习，圣人不妄为，因此不会

① 陈鼓应：《老子注译及评介》（修订增补本），中华书局，2009年，第32页。

败事，不把持就不会丧失。

统治者的妄为，以及妄为所造成的严重后果，我在本书的第六章《无为而治（下）——反暴政》中有详细的阐述，在此不多说，读者可参看这一章。

二、少为。老子主张执政者要为，但极力主张少为，不仅妄为的施政绝对不要做，即使是不妄为的施政，也要少做，以便尽可能让百姓自主自为。

老子说："为学日益，为道日损。损之又损，以至于无为。无为而无不为。取天下常以无事，及其有事，不足以取天下。"（第四十八章）这里，老子主张执政者要有求"道"的精神，即"为道日损，损之又损，以至于无为"。"损"就是减少，就是简，"损之又损"，就是减少又减少，也就是简之又简。老子认为，治理国家要常清静不搅扰，如果政举烦苛，就不配治理国家了。可见，老子主张执政者之施政，不是不为，而在于简易，且越简易越好。

我们知道，一切执政者施政的主要形式是发号施令。那么，老子对此是如何看待的呢？老子并不完全反对执政者发号施令，但他极力主张执政者要少发号施令，也就是要行简易之政。

《老子》一书中有关执政者的发号施令叫作"言"，"言"就是声教政令，就是发号施令。关于这一点，老子说了六条，根据逻辑关系排列如下：

希言自然。（第二十三章）

行不言之教。（第二章）

不言之教，无为之益，天下希及之。（第四十三章）

悠兮其贵言。（第十七章）

言善信。（第八章）

多言数穷。（第五章）

这六条有关“言”的原文，表述了老子怎样的政治思想呢？

第一是“希言”。希言，从字面上看就是少言，少说话，希言不是不言，而是少言，也即少发号施令。

老子也讲到“不言”，从《老子》全书来看，老子还是主张少言的，而不是主张不言。而且事实上，老子也明白，执政者之施政，不可能一言不发，“不言”只是老子对少言极而言之的说法。

第二是“贵言”。贵言有希言的意思，还有慎言的意思。其意在于：好的执政者不轻易发号施令，既要少发号施令，又要慎重发号施令。“贵言”比希言更进了一步。

第三是“言善信”。指说话要遵守信用，尤其是执政者发出的声教政令要兑现，要言而有信。老子极力反对轻诺寡信（第六十三章），尤其是执政者对百姓不可言而无信。“言善信”，又比“贵言”更进了一步，其落脚点在于对人民信守诺言，兑现诺言。

第四是“多言”。少言的反面就是多言，多言就是政令烦苛。老子认为政令烦苛不但不会达到天下大治，反而会加速败亡，所以说“多言速穷”。这是老子对执政者以烦苛之政扰民、不行简易之政所提出的严重警告。

老子极力主张少言、贵言、遵守诺言，反对多言，这是老子无为政治思想即尚简政治思想的重要内容。老子这一政治思想被后世概括为“为政不在多言”，这成为中国历史上不少政治家的施政格言。

三、为而不争。除了不妄为、少为，老子还要求执政者之施政要为而不争。

从《老子》一书来看，老子主张执政者要为，要少为，而且反复强调要“为而不争”。老子反复讲到“不争”。他说：

圣人之道，为而不争。（第八十一章）

> 是以圣人为而不恃，功成而不处，其不欲见贤。（第七十七章）
>
> 生而不有，为而不恃，长而不宰，是谓“玄德”。（第五十一章）
>
> 是以圣人处无为之事，行不言之教；万物作而不为始，生而不有，为而不恃，功成而弗居。（第二章）

这里的“不恃”“不处”“不有”“不宰”“不为始”“弗居”等，都有“不争”之意。结合“为而不争”和《老子》其他章节，可以看出此思想主要落实于政治之域，这是老子简易政治思想的重要内容。

“为而不争”至少有三层意思。

第一，老子的“为而不争”，主要是针对有权的执政者而言的，不是对普通百姓而言的。

第二，“为而不争”的落脚点是“不争”，但前提是“为”，可见执政者要“为”，如果不为，也就不存在争与不争了。不少人把“无为”理解为执政者“不为”“不作为”，是不符合老子思想的。

第三，老子主张执政者“为”而有了功劳成绩时，不要居功，不要炫耀，更不要与百姓争功、抢功。

为了切实做到“为而不争”，老子主张执政者学习两种精神：

一是遵“道”之精神。“道”是老子哲学思想的最高范畴，老子的思想体系几乎就是从“道”这个终极预设推演出来的。老子设想的“道”，落实到政治之域，品质之一就是“不争”。他说：“大道泛兮，其可左右。万物恃之以生而不辞，功成而不有。衣养万物而不为主，常无欲，可名于小；万物归焉而不为主，可名为大。”（第三十四章）

在这里，老子借“道”来阐扬顺应自然而“不辞”“不有”“不为主”的精神，亦即“不争”的精神，意在节制执政者的占有欲与支配欲。

二是学习水之品性。老子认为大自然中的水，最具有“为而不争”的优良品质。他说：“上善若水。水善利万物而不争。”（第八章）水是生命之源，没有水就没有生命，但水的品性就是甘于处下，从来不争。老子主张人尤其是执政者，要学习水这种“善利万物而不争”的品质。

老子把执政者的“不争”看得非常之重。他说：“功遂身退，天之道也。”（第九章）“是谓不争之德，是谓用人，是谓配天，古之极也。”（第六十八章）从这里可以看出，老子把“不争”从时空两个维度提到了极高的地位：

第一，“不争”符合天道。老子指出执政者在完成功业之后，要“身退”，不把持，不据有，不露锋芒，不咄咄逼人，他认为这是符合“天道”即自然规律的。

第二，“不争”是最高准则。老子认为“不争”的品德既符合天道，又是自古以来的最高准则。

老子对宇宙、社会、人生及政治，洞察入微，他主张“不争”，当然有告诫执政者功成身退、明哲保身的深意在，也在于他认为一个合格的执政者必须要做到不与民争功、争利、争名，不把一己之意志、一己之欲望强加给人民，使人民感觉不到权势之重压。执政者的有功而不争，也成为老子简易之治的政治思想的重要内容。

如果说“不妄为”是老子从施政的反面来阐述自己简易政治思想的话，那么，老子的“少为”“为而不争”则是从施政的正面来阐述自己的简易政治思想的。

老子的“无为而治”思想，反映了老子对权力的自我节制的政治思想，也反映了他对有权者的权力运用持十分审慎的态度。

不妄为，是老子对执政者的施政进行的质的规定，执政者不要胡作非为，不要折腾，而妄为会造成严重的政治后果。

少为，是老子对执政者的施政进行量的制约，作为执政者要为，但要少为，甚至越少越好，哪怕是自以为所做的是好事。

为而不争，是老子对执政者的辅助性与百姓的自主性之间的主次关系进行确定。真正好的政治，百姓是主体，百姓的自为才是主要的，而执政者的施政是辅助性的，执政者只是顺着百姓的自然好恶而辅助之。

简易之治的政治思想，是老子鉴于政治权力对于民众的逼迫和重压，从量和质两个方面来制约政治权力运行，尽可能地削减或限制政治权力的负面作用。

第二节　大音希声，大象无形

老子崇尚简易之治。那么，要简易到什么程度呢？老子提出了自己的独到看法，那就是：不留痕迹，百姓不知道有执政者的存在。用老子的话语来表示，就是：“大音希声，大象无形。”（第四十一章）执政者之施政要像“道”的运行那样不见其形，不闻其声。

第一，执政者的施政之简，要简到不留痕迹。

老子说：“善行，无辙迹；善言，无瑕谪；善数，不用筹策；善闭，无关楗而不可开；善结，无绳约而不可解。”（第二十七章）陈鼓应先生对此评论说：“‘善言’、‘善行’，就是指善于行不言之教，善于处无为之政。‘善数’、‘善闭’、‘善结’各句，都是意义相同的譬喻，意谓‘以自然为道，则无所容力，亦无所着迹’（引林希逸语）。且譬喻有道者治国，不用有形的作为，而贵无形的因仍。”[①]

老子又说：“至誉无誉。是故不欲琭琭如玉，珞珞如石。”（第三十九章）最高的称誉是无须夸誉。因此不愿像玉那样华丽，宁可如石块般坚实、质朴。这里反映了老子主张执政者之施政不声不响，不必留下什么痕迹的思想。

老子还主张要像“道”和他所预设的“圣人”之施为一样，是辅助性的，而不是主宰性的：“夫唯道，善贷且成。”（第四十一章）意思是说“道”善于辅助万物并使它完成。又像圣人之施为：“学不学，复众人之所过，以辅万物之自然而不敢为。”（第六十四章）圣人学众人所不学，补救众人的过错，以辅助万物的自然变化而不加以干预。这些都是执政者施行简易之治的体现。

第二，执政者的施政之简，要简到百姓不知道有执政者的存在。

老子进一步认为，简易施政最后达到百姓根本不知道有执政者的存在，达到简易施政之极致，这才是最好的政治。

老子说：“太上，不知有之；其次，亲而誉之；其次，畏之；其次，侮之。信不足焉，有不信焉。悠兮其贵言。功成事遂，百姓皆谓：‘我自然。’”（第十七章）

这段话，集中体现了老子的简易之治的政治思想。

首先，老子把百姓对执政者的态度从高到低分为四个层次：最好的世代，人民根本感受不到执政者的存在；其次，人民亲近他、赞美他；再其次，人民畏惧他；更其次，人民轻侮他。第一个层次意味着最好的政治。

其次，一切事情的成就，让百姓感到是自己做成的。最好的执政者，不轻易发号施令，事情办成功了，百姓都说：“我们本来就是这样的。”执政者顺应百姓之心去做，故百姓觉得自己完成了一切，

① 陈鼓应：《老子注译及评介》（修订增补本），中华书局，2009 年，第 172 页。

自己本来如此，是自然而然的，与当权者关系不大，甚至不知道有当权者的存在。这样，百姓感受不到政治权力的半点干预和重压。这有点像《击壤歌》所说："日出而作，日入而息。凿井而饮，耕田而食。帝力于我何有哉？"

陈鼓应先生对老子这一思想作了恰当的评述：

> 处身于权势的暴虐中，脚踏于酷烈的现实上，老子向往着"帝力于我何有哉"的时代，向往着在那时代里，没有横暴权力的干扰而人民自由自在的生活情境。老子理想中的政治情境是：一、统治者具有诚朴信实的素养。二、政府只是服务人民的工具。三、政治权力丝毫不得逼临于人民的身上。①

这就是老子的简易之治思想的主要内容。用五代陶埴的话说，叫作"大道至简"；用我的话说，叫作"权力尚简"；用老子自己的话说，就是："损之又损，以至于无为。"

无为而治（简易之治）是老子十分向往的理想政治，在老子看来，无为而治是最好的政治。

---

① 陈鼓应：《老子注译及评介》（修订增补本），中华书局，2009 年，第 130 页。

第五章　无为而治（中）——柔性治国

柔弱胜刚强。——《老子》第三十六章

弱者道之用。——《老子》第四十章

第一节　柔弱胜刚强

老子所讲的柔弱，不只是狭义的柔弱，它还应该包括《老子》书中的虚、静、卑、下、曲、枉、洼、少、雌、牝、贱、损、啬、退等含义。而对这些含义的肯定，是《老子》全书的骨干，反映了老子贵柔戒刚的思想。

贯穿于《老子》全书的贵柔思想，落实于政治之域，用于治国，便是老子“柔性治国”的思想。在老子看来，这种柔性治国，不是一般的官场技巧，而是一种治国方略，是老子无为而治思想的重要内容。

老子认为，柔弱比刚强好，柔弱胜过刚强。这样的哲学思想落实于政治之域，就是柔性治国比刚性治国好。老子坚定地选择柔性治国，反对刚性治国。

值得注意的是，老子心目中的柔弱，不是懦弱，不是软弱；相反，柔弱是一种柔韧、坚韧，是一种弹性，是一种力量。所以老子说“守柔曰强”，守柔才是真正的强。

老子反复以水为喻，以说明“柔弱胜刚强”的道理。他说：“天下莫柔弱于水，而攻坚强者莫之能胜，以其无以易之。弱之胜强，柔之胜刚，天下莫不知，莫能行。”（第七十八章）“天下之至柔，驰骋天下之至坚。”（第四十三章）

在老子看来，水至柔，但无坚不摧，“至柔”可以驾驭“至坚”。以水性为喻，形象地阐明了他柔性治国的政治思想。

老子的柔性治国思想，意味着反暴政，他说：“飘风不终朝，骤雨不终日。”（第二十三章）飘风骤雨喻示着暴政，而暴政是不会持久的。

柔性治国，也意味着反对战争。老子认为战争是统治者逞强的表现，他警告战争的发动者：“兵强则灭。”用兵逞强、恃强凌弱，最终将自取灭亡。关于这一点，我在本书第六章中有详细的阐述，这里不必多说。

第二节　知其雄守其雌

是不是老子不知道“强”，只知道“柔”，而主张守柔呢？不是的，老子既知道强，也知道柔，他是在两者的比较中选择了柔。所以，他说：“知其雄，守其雌，为天下谿。”（第二十八章）“知雄守雌”，是老子对柔性治国思想的进一步发挥。

雄，就是雄强；雌，就是雌柔。知雄守雌，就是说并非不知雄强而守雌柔，而是在雄强与雌柔的比较中，选择了雌柔；在强力与柔弱的比较中，选择了柔弱。在雄雌的对待中，对于“雄”的一面有透彻的了解，而后处于“雌”的一方。守雌的“守”，自然不是退缩或回避，而是含有主动性在里面。因而，“知雄守雌”实为掌握全面情况后，选择了雌柔。[①]

老子鉴于当时社会抢先贪夺、暴戾刚愎，以及柔性不足、刚性有余所带来的弊端，建议处于高位的执政者要守柔。

老子柔性治国的思想，核心在于执政者顺应万物包括人的自然之性，坚守无为之道，以达到天下之治。

我们注意到，老子的思想中充满了母性色彩，常用母、雌、牝之类的词。老子十分推崇母性，他从对大自然和人类社会的观察中，发现刚强的脆弱，“坚强者死之徒”（第七十六章）。同时发现母性的柔韧，母性具有强大的生命力，“柔弱者生之徒”（第七十六章）。

老子原是陈国人，陈国后来被楚国所灭，陈并入楚。陈国的文化有个特点，就是崇拜母性与月亮，崇尚阴柔。老子这种“知雄守雌”、主张柔性治国的思想，应受到母国陈国文化的熏陶与影响，这也成了老子思想的一大特色。因此，有学者指出，老子哲学是一种女性哲学。他的“知雄守雌”的柔性治国思想，既是这一女性哲学的体现，也是陈国文化崇拜母性与月亮，崇尚阴柔的反映。

第三节　弱者道之用

老子主张柔性治国，这一主张有没有依据？回答是肯定的。柔性治国的哲学依据最终还是他的“道”。

他说：“弱者道之用。”（第四十章）又说：“上善若水。水善利万物而不争，处众人之所恶，故几于道。”（第八章）

老子认为，世间一切事物，都是正反互变，政治也是如此。他

① 陈鼓应：《老子注译及评介》（修订增补本），中华书局，2009 年，第 177 页。

提出了“道”的法则之一，即“弱者道之用”。而且老子用水性之柔来比喻用柔性治国是最接近于道的。所以，“弱者道之用”一语，可以说是老子政治哲学的基础，是柔性治国的哲学依据。

老子认为，正反固然互变，祸福固然无常，但在这变化无常的情况下，有一种永恒不变的法则，那就是一切强大的都要被淘汰，被摧毁。所谓：“强梁者不得其死。”（第四十二章）“坚强者死之徒。”（第七十六章）反之，那些柔弱的反而能留存、能出头。所谓：“柔弱胜刚强。”（第三十六章）“柔弱者生之徒。”（第七十六章）

所以，老子要我们处弱守柔，因为“守柔曰强”（第五十二章）。守柔之所以能强，那是由于“道”以弱为用的关系。守柔就是遵守“道”以弱为用的法则，所以能强。[①]

老子认为，道创生万物、辅助万物生长时，万物自身并没有外力降临的感觉，也就是道在运作时并不带有压力感。道的运用不以暴烈的方式进行，道的作用是自然柔和的，正如杜甫在《春夜喜雨》中所说：“随风潜入夜，润物细无声。”

所以，道运行时的“柔弱”，落实到政治领域，就形成了老子的柔性之治。柔性之治的特点，就是使百姓感觉不到权势的挤压和权力的逼迫。老子反对飘风骤雨般的暴烈施政，而主张和风细雨般的温和施政。这种柔性治国的本质，归根到底，是由道的功用决定的。

柔性治国，是老子无为而治政治思想的内容之一，反映了老子独特的治国之道。老子认为柔性治国可以达到天下之治，而且，这种天下之治是持久的。所以，老子说：“侯王得一以为天下正。”（第三十九章）“得一”就是“得道”之用。从这里也可以看出，老子对政治的思考是深刻的，已经上升到了哲学的高度。

① 余培林：《新译老子读本》，三民书局，1975 年，第 20 页。

柔性治国，反映了老子对治国之道的一种价值选择。

柔性治国，反映了老子对暴烈政治的强烈不满和厌弃。在老子看来，暴烈政治几乎无一例外地把国家引向混乱，把人民带向灾难。

柔性治国，体现了老子治国思想的谦下、融通、包容和弹性。而正是这种谦下、融通、包容和弹性，才是有效化解各种暴力冲突乃至战争的良方，才是促进社会良性变革和进步的动力。

柔性治国，同时也体现了老子对待人民的温情。

对于这份优秀的政治遗产，我们应该认真地继承和发扬。

第六章　无为而治（下）——反暴政

飘风不终朝，骤雨不终日。——《老子》第二十三章

国家愈糟，法网愈密。——［古罗马］塔西佗

老子反暴政的思想，贯穿于《老子》一书之中，是老子无为而治的政治思想和政治理想的重要内容。

老子说："飘风不终朝，骤雨不终日。"（第二十三章）

老子把暴政比作自然界的狂风暴雨，老子警告统治者，暴政不可持久。

老子心目中的暴政，包括刑政、苛捐杂税和战争，反暴政就包括反刑政、反苛捐杂税和反战这三个方面。

第一节　反刑政

老子心目中的刑政，指的是统治者的烦细残酷之政，是严刑峻法之政，是任意杀戮之政。

老子生逢春秋末世，周王室衰落，礼崩乐坏，政治混乱，战争频繁，刑政横行，民不聊生。老子身处其世，目睹其事，亲历其事，对刑政有着深切的感受，他反复警示统治者不可以刑政治国治民。

第一，刑政违反天道，违反人道。

他说："天下多忌讳，而民弥贫；民多利器，国家滋昏；人多伎巧，奇物滋起；法令滋彰，盗贼多有。"（第五十七章）

老子是在警示统治者：刑政治国，只会导致民贫国乱、社会风气败坏、盗贼纷起。

老子提醒统治者："国之利器不可以示人。"（第三十六章）

他还说："勇于敢则杀，勇于不敢则活。……天网恢恢，疏而不失。"（第七十三章）

这是对统治者提出的严重警告：不可在民众面前炫耀威权，不可用严刑峻法恐吓人民。刑政必定自取灭亡，这是不可逃避的天道。

特别值得注意的是，老子从"人是神器"的独特视角反刑政。他说："天下神器，不可为也，不可执也。为者败之，执者失之。……是以圣人去甚，去奢，去泰。"（第二十九章）

老子在进一步警示统治者：人是神圣之物，不可以刑政对待，以刑政对待人民，必将失败。老子极力规劝统治者去掉一切过分之政举。

老子把人提到神的地位，这在中国古代思想中，前无古人，后无来者。从人是神物的高度来反刑政，反映了老子独特的反暴政思想，也反映了老子独特的人道精神。

第二，刑政必然导致人民反抗。

老子说："民不畏威，则大威至。无狎其所居，无厌其所生。"（第七十二章）

老子对统治者提出警告：暴政逼迫，使用恐怖手段压制人民，人民到了不能安居、不能安生的时候，就会铤而走险、奋起反抗了。

老子认为，人民有两条底线是不可触碰的：一是安居。家庭以血缘人伦为纽带，是普通百姓最后的避风港，统治者一旦侵害到家庭，人民就会与你拼命。二是安生。活着是人的首要考虑，是人的头等大事，一旦统治者威胁到人民的生活，人民就会与你拼命。

老子向统治者发出愤怒的呐喊："民不畏死，奈何以死惧之？"（第七十四章）

统治者惯用的手段是以死亡震慑人民，恐吓人民，使人民害怕。但老子警告统治者，以死来威胁人民是没有用的：人民一旦被严刑峻法逼得无法活下去的时候，也就不怕死了。人民一旦不怕死，用死亡去恐吓人民就没有什么用处了。

老子对于当时的严刑峻法，逼使人民走向死亡之途的情形，提出了沉痛的抗议。同时，老子认为，官逼民反，人民有反抗暴政的权利。

老子规劝统治者，不可与民结怨。他说："和大怨，必有余怨。报怨以德，安可以为善？"（第七十九章）

老子认为，统治者用重赋来榨取百姓，用刑政来压迫大众，都足以构怨于民。

传统政治的一大特点，是人民畏惧统治者，而统治者也认为只有人民畏惧自己，自己不必畏惧人民，这是传统专制政治下统治者的心理常态。但老子提醒统治者也要畏惧人民，他说："人之所畏，亦不可以不畏人。"（第二十章）老子劝告君主，君主为众人所畏惧，君主也不可不畏惧众人，不可肆意妄为，无法无天，因为众人也不是好惹的。

此外，值得注意的是，老子既反对暴君的暴政，也反对暴民的暴力。君主的暴政虐民，暴民的暴力也同样危害社会。

老子反刑政，认为刑政不可行。那么，如何治国治民？我在本书的第四章《无为而治（上）——大道至简》和第五章《无为而治（中）——柔性治国》中，有详细的阐述，读者可以参看。这里不妨再作一点简单的介绍。

老子从无为而治的思想出发，提出了三点治国主张。

第一，以清静无为治国。他说："无为而无不为。取天下常以无事，及其有事，不足以取天下。"（第四十八章）又说："以正治国。"（第五十七章）

第二，以柔性治国。他说："守柔曰强。"（第五十二章）又说："柔弱胜刚强。"（第三十六章）柔性治国，是清静无为治国的进一步引申和发挥。这体现了老子对人民的温情。

第三，以"慈"治国。他说："我有三宝，持而保之。一曰慈，二曰俭，三曰不敢为天下先。"（第六十七章）老子把"慈"放在三宝之首，以慈治国，以慈待民，这同样体现了老子对人民的温情。

总之，老子以道法自然、清静无为为依据，对刑政进行了沉痛的控诉和激烈的抨击。老子认为，理想的政治应顺任自然，因势利导，舍弃一切过度的措施，去除一切酷烈的政治举措，切实践行他无为而治的政治思想，实现他无为而治的政治理想。

第二节　反苛捐杂税

老子主张执政者无为而治，以清静无为治国，自然包括对苛捐杂税的抨击，对贪婪腐败政风的批评，对统治者骄奢淫逸生活方式的批评。

他认为，统治者骄奢淫逸，政风腐败，必然导致苛捐杂税，盘剥百姓，使人民不堪重负。而且还认为，这是造成百姓苦难、社会动乱的原因，这也是一种暴政。

老子对此主要讲了以下观点：

第一，批评腐败的统治者是强盗头子。老子说："朝甚除，田甚芜，仓甚虚；服文彩，带利剑，厌饮食，财货有余。是谓盗夸。非道也哉！"（第五十三章）

老子抨击当时政风腐败。统治者凭借强力，搜刮榨取，过着奢侈糜烂的生活，弄得农田荒芜，仓库空虚，导致下层民众陷于饥饿。老子气愤地斥骂这样的统治者为“强盗头子”。

第二，人民的苦难、社会的不安定，是统治者造成的。老子说：“民之饥，以其上食税之多，是以饥。民之难治，以其上之有为，是以难治。民之轻死，以其上求生之厚，是以轻死。”（第七十五章）

人民的饥饿，是统治者的沉重赋税造成的；人民不好治理，是统治者的多事妄为造成的；人民的不怕死，是统治者的生活奢靡造成的。总之，老子认为，人民的苦难，是统治者造成的；人民铤而走险、不怕死，是统治者逼迫的。

老子站在人民的立场，为民众的苦难呐喊，为民众的反抗辩护。历代注家对老子这一思想作了很好的诠释：

王弼说：“民之所以僻，治之所以乱，皆由其上，不由下也。”

张松如先生说：“人民的饥荒，是统治者沉重的租税造成的；人民的反抗，是统治者苛酷的措施造成的；人民的轻生，是统治者无厌的聚敛造成的。这种说法，当然同贯穿《老子》书中的‘无为’思想相通着。”①

任继愈先生说：“这一章警告统治者不要逼得人民活不下去，不要剥削过重。人民造反是统治者逼出来的。老子警告那些统治者不要只顾保养自己的生命，不管人民的死活。先秦诸子中，只有老子对农民生活最关心，批评当时的统治者最激烈。孔、孟学派也同情农民，他们劝告国君发善心，施仁政，为君主着想得多。孔、老殊途同归，立场有差别。法家把农民当作耕田、作战的工具，与老子、

① 张松如：《老子校读》，吉林人民出版社，1981 年，第 404 页。

孔子有根本的差异。”[①]

第三，好的政风可以带动好的民风。老子说：“不尚贤，使民不争；不贵难得之货，使民不为盗；不见可欲，使民心不乱。”（第三章）

老子认为，统治者的节俭朴实政风，会促成人民“不争”“不为盗”“心不乱”的淳朴民风。相反，统治者的贪婪奢侈政风，会导致为盗争利、人心混乱的浇薄民风。

在反对骄奢淫逸和苛捐杂税的问题上，老子对统治者进行了反复规劝。

第一，他规劝统治者要恬淡节俭、少私寡欲。老子说：“见素抱朴，少私寡欲。”（第十九章）“恬淡为上。”（第三十一章）“治人事天，莫若啬。”（第五十九章）老子力劝统治者“贵身”，反对“厚生”。厚生，即厚养生命，就是过一种骄奢淫逸的生活；贵身，就是过一种节俭简朴的生活。

第二，他规劝统治者要知足、知止。老子说：“是以圣人去甚，去奢，去泰。”（第二十九章）“知足不辱，知止不殆，可以长久。”（第四十四章）“咎莫大于欲得，祸莫大于不知足。”（第四十六章）

苛捐杂税、骄奢淫逸就是甚、奢、泰，而甚、奢、泰，就是不知止、不知足的表现。老子规劝甚至警告统治者要知足、知止，以此来遏制统治者骄奢淫逸的生活方式，从而消减他们对人民苛捐杂税的盘剥。

第三，他规劝统治者遵循天道、圣人之道。他说：“天之道，损有余而补不足。人之道，则不然，损不足以奉有余。”（第七十七章）“圣人不积，既以为人己愈有，既以与人己愈多。天之道，利而不害；圣人之道，为而不争。”（第八十一章）

---

① 任继愈：《老子绎读》，国家图书馆出版社，2015 年，第 165 页。

老子认为，天道是“损有余而补不足”，圣人之道就是“与人”，就是“不争”。骄奢淫逸和苛捐杂税既违反天道，也违反圣人之道。

中国传统政治史证明，统治者骄奢淫逸，从来就不只是个人的生活方式问题，更是政治问题；统治者的苛捐杂税也不只是一个经济问题，更是政治问题：统治者骄奢淫逸的生活必然加重百姓的赋税，百姓不堪重负，又必然活不下去而造反。尤其在传统农业社会，赋税来源单一，这一点更是明显。中国历史上不断爆发的农民起义，也充分证明了这一点。

因此，老子认为，统治者的苛捐杂税对人民来说就是暴政，而暴政是与老子清静无为的政治理想相违背的。

第三节　反战

反战是老子的一贯主张，他希望没有战争，天下太平，人民安居乐业。他反复说：“师之所处，荆棘生焉。”（第三十章）“夫兵者，不祥之器，物或恶之，故有道者不处。”（第三十一章）“兵强则灭。”（第七十六章）

老子生逢春秋末世，战事频仍，战争给人民带来了巨大苦难。老子是一位悲天悯人的哲人，对战争有着深切的感受，这促使他从道法自然、清静无为的思想出发，对战争进行深入思考，提出了系统的反战思想。老子的反战思想是独特的，也是全面而深刻的，有以下八个方面：

第一，从道的视角反战。老子说：“以道佐人主者，不以兵强天下。其事好还。……物壮则老，是谓不道，不道早已。”（第三十章）。

老子在这里警告君主的辅佐之臣，要用道辅佐君主治理天下，不要以武力逞强于天下。否则，终将自食其果，自取灭亡，是会得到报应的。

老子的思想核心是“道”，而自然无为是道的主要属性。战争是一种极端的暴力，完全违反了道的自然无为的基本精神。

第二，从柔弱之道反战。老子说：“坚强者死之徒，柔弱者生之徒。是以兵强则灭，木强则折。强大处下，柔弱处上。”（第七十六章）老子还说过：“弱者道之用。”“柔弱胜刚强。”

贵柔戒刚是老子的一贯思想，老子认为战争是完全违反柔弱原则的极端暴力行为，这种暴力行为的结果只能是自取灭亡，死路一条。

第三，从战争造成的灾难反战。老子说：“师之所处，荆棘生焉。”（第三十章）又说：“天下有道，却走马以粪。天下无道，戎马生于郊。”（第四十六章）

战争的惨烈，令人触目惊心：田园荒芜，杂草丛生；白骨露于野，千里无人烟。

老子认为，天下有道，就是没有战争，牛马用于生产，人民安居乐业；天下无道，就是发动战争，牛马用于战争，生产遭到破坏，人民流离失所，民不聊生。

战争是人类最愚昧、最残酷的行为，战争没有赢家。失败者自然伤残累累，国破家亡；胜利者所付的代价也是极其惨重的。老子对此有非常深刻的认识。

第四，从慈爱的原则反战。老子说：“我有三宝，持而保之。一曰慈，二曰俭，三曰不敢为天下先。……夫慈，以战则胜，以守则固。”（第六十七章）

老子身处乱世，目击战争暴力的惨烈。在老子看来，战争是非常不仁慈的极端暴力行为，是人与人之间缺乏慈爱心的表现。老子呼唤“慈”，是想通过唤起人们的慈心来减少战争，消减暴力，减少杀戮，以减轻百姓的苦难。

第五，从“不争”的角度反战。老子说：“善为士者，不武；善战者，不怒；善胜敌者，不与；善用人者，为之下。是谓不争之德，是谓用人，是谓配天，古之极也。”（第六十八章）

“武”“怒”就是侵略的行为，是暴烈的表现，老子要统治者“不武”“不怒”，意即要统治者不可逞强，不可暴戾，不要发动战争。

“不争”是老子清静无为思想的内容之一。在老子看来，战争是“争”的极端表现，完全违反了“不争”的基本精神。如果遵循“不争”原则，就可遏制战争，消减战争暴力。

第六，从知足的角度反战。老子说：“天下有道，却走马以粪。天下无道，戎马生于郊。咎莫大于欲得，祸莫大于不知足。故知足之足，常足矣。”（第四十六章）

老子认为，引起战争的主要原因之一，是侵略者的野心勃勃，贪婪不知足，以致侵人国土，夺人财产，伤人性命，给百姓带来灾难。

老子认为要遏制或减少战争，统治者的知足是很重要的。所以，老子对统治者提出了劝告，也是警告，千万要知足，不要贪婪：“咎莫大于欲得，祸莫大于不知足。”

第七，从战争是不祥之器的角度反战。老子说：“夫兵者，不祥之器，物或恶之，故有道者不处。”（第三十一章）

老子认为，战争是不吉祥之事，战争带来了凶灾，带来了祸害，“物或恶之”，人人讨厌战争。

第八，从老子的理想社会反战。老子的理想政治是“无为而治”，理想社会是小国寡民。在小国寡民的社会里，百姓都能感到满足和幸福：“甘其食，美其服，安其居，乐其俗，邻国相望，鸡犬之声相闻，民至老死，不相往来。”（第八十章）他描绘的理想社会，百姓过的是一种宁静安适、自给自足的田园生活。

在这小天地里，没有兵战的祸难，没有重赋的压力，没有暴戾的空气，没有凶悍的作风。

在这小天地里，民风淳朴、真实简单，人们没有焦虑、不安的情绪，也没有恐惧、失落的感受。

在这样的理想社会里，是不可能有战争的，战争会破坏老子心目中的理想社会。因此，老子说：“虽有甲兵，无所陈之。”在这样的社会里，并不是没有武器，而是用不上，不需要武器，因为没有战争。

老子从八个方面表达了他的反战思想，归纳起来，老子的反战，主要举起了两面旗帜：

一是“道”的旗帜。道法自然，道常无为，弱者道之用，战争违反了道的基本精神。

二是“人”的旗帜。战争给百姓带来苦难。战争既不符合老子悲天悯人的人文情怀，也不符合老子以人为本的人本精神。

老子坚决反战，但春秋时期，战争频繁，在迫不得已卷入战争、不得不应战的情况下，怎么办？他对此也作了深入的思考。

第一，不挑衅。老子说：“不敢为主，而为客；不敢进寸，而退尺。”（第六十九章）老子主张为客不为主，采取守势，不挑起事端。

第二，不侵略。老子说：“行无行，攘无臂，扔无敌，执无兵。”（第六十九章）其意是说，有制敌的力量，但不轻易使用，不侵略别人。

第三，不轻敌。他说：“祸莫大于轻敌，轻敌几丧吾宝。”（第六十九章）“吾宝”有三，其一为“慈”。老子认为轻敌是好战的表现，出师轻敌则多杀，多杀则伤慈。

第四，“以奇用兵”（第五十七章）。老子并不迂腐，他强烈反战，有着天下无战的理想，但一旦不得已而应战，就得遵循战争规律，讲究战争艺术，主张“以奇用兵”，出奇制胜。

第五，不以杀人为乐。战争是一部绞肉机，尤其是冷兵器时代的战争。好战分子以杀人为乐，以杀人多为荣。老子对此十分反感。他说：“胜而不美，而美之者，是乐杀人。夫乐杀人者，则不可得志于天下矣。……杀人之众，以悲哀泣之，战胜以丧礼处之。”（第三十一章）

在老子看来，即使打了胜仗，也不要得意扬扬，不要庆贺，要用丧礼来表示哀悼。否则，就是乐于杀人。

由此可见，老子不是一位坐在书斋里空想的思想者，而是既有理想又有现实感的思想家：他主张“无为”，反对战争，希望天下太平。但一旦不得已而应战，他又主张认真对待战争，遵循战争规律。

考察先秦思想家，还有不少是主张反战、慎战的，比如儒家从仁爱思想反战：孔子倡仁，说仁者爱人；孟子倡仁政，说仁者无敌。墨家从兼爱思想反战：主张“兼相爱，交相利”，主张“非攻”。兵家孙武主张慎战甚至反战：“兵者，国之大事，死生之地，存亡之道，不可不察也”，“非危不战”，“不战而屈人之兵，善之善者也”。[①]

比较而言，老子高举“道”和“人”两面旗帜反战，是反对战争的终极思考，比起以上三家而言，显得更全面、更深刻、更有高度。

讲到这里，我不禁陷入了沉思。历史上不少野心家、好战分子，频繁发动战争。在中外历史的舞台上，战争的惨剧上演了几千年，以致战争的规模越来越大，甚至发展到世界大战。直到如今，人类

① 参见《孙子兵法》中的《计》篇、《火攻》篇和《谋攻》篇。

也并没有完全从历史中吸取多少教训。

这让我想起了唐代杜牧和德国哲学家黑格尔的话。杜牧说:“秦人不暇自哀,而后人哀之;后人哀之而不鉴之,亦使后人而复哀后人也。”黑格尔说:“人类从历史中吸取的唯一教训就是从历史中没有吸取任何教训。”

总之,老子的反暴政思想是全面而深刻的,是有哲学高度的。

老子的反暴政思想,给后世很多启迪,开启了反暴政的新思路、新途径。

老子的反暴政思想,虽然和孔子反暴政的角度不同,老子是从清静无为的角度反暴政,孔子是从仁政爱民的角度反暴政,但两者有异曲同工之妙,都成为中华传统思想文化中反暴政的思想源头。

在中国古代两千多年的君主专制统治中,老子和孔子的反暴政思想犹如闪烁于漫漫长夜的两盏明灯,虽然微弱,但指示着中华政治文明前进的道路,使人们看到了政治文明的光芒。

第七章　人民自主自为

圣人云："我无为，而民自化；我好静，而民自正；我无事，而民自富；我无欲，而民自朴。"——《老子》第五十七章

严复也将老子关于统治者"无为"的思想解释为：好的统治者应使人民自为。在人民的体力、智力和道德力充分发展的地方，富强必将实现。——［美］史华慈《严复与西方》

第一节　人民自主自为是自然而然的

老子的理想政治在于执政者"无为"，人民"自为"，二者是相辅相成的。这一思想贯穿于《老子》全书，集中体现在《老子》第三十七章和第五十七章中。

> 道常无为而无不为。侯王若能守之，万物将自化。化而欲作，吾将镇之以无名之朴。无名之朴，夫亦将不欲。不欲以静，天下将自正。（第三十七章）
>
> 圣人云："我无为，而民自化；我好静，而民自正；我无事，而民自富；我无欲，而民自朴。"（第五十七章）

在第三十七章中，老子指出：人民自为，即人民自化，人民自正；统治者要“无为”，即“静”“朴”“不欲”。也就是说，执政者如能做到清静、真朴、不贪，对人民如能做到不干扰，让百姓自主自为，天下自然太平，百姓自然安居乐业。

在第五十七章中，老子借圣人之口，进一步发挥了执政者无为、人民自为的思想。“好静”“无事”“无欲”都是指执政者“无为”的意思；“自化”“自正”“自富”“自朴”，都是指人民“自为”的结果。这一章是说：“我无为，人民就自我化育；我好静，人民就自然上轨道；我不搅扰，人民就自然富足；我没有贪欲，人民就自然朴实。”

这两章集中反映了老子的人民自为思想：

第一，老子的理想政治在于人民自为。

第二，老子完全相信人民能够自为。

第三，无为与自为的关系是：百姓自为的前提是统治者的“无为”。如果统治者“有为”，百姓就无法做到自为；如果要百姓做到自为，统治者就必须无为。百姓做得不好，是统治者的“有为”即干预搅扰、强作妄为、胡作非为造成的。

从这里看出，老子相信百姓有能力把自己的事情做好，倒是很不相信统治者能把百姓的事情做好。老子认为，统治者与其把百姓的事情搞糟，还不如无为，让百姓自为。冯友兰说：“道家认为，国君就应当以道为法，自己无为，而让大众各尽其能。”[①]

老子对统治者的“有为”是十分警惕的。在现实中，他看到执政者的所作所为，并没有给国家带来安定，给百姓带来好处。相反，执政者的所作所为，往往导致政治混乱，国家动乱，人祸频发，民不聊生。有权者打着各种各样漂亮的旗号，名为爱民，实则害民；

① 冯友兰：《中国哲学简史》，赵复三译，新世界出版社，2004 年，第 89 页。

名为治国，实为乱国。

在老子看来，百姓能把自己的事情做好，这是自然而然的：谁能知道哪些事情对百姓最重要？当然是百姓自己；谁最关心百姓的事情？当然是百姓自己；谁最能做好百姓的事情？当然还是百姓自己。所以，老子说，事情办成了，百姓都说："我自然。"

为什么人民能够"自为"？老子认为，人具有自为的潜能和禀赋，这种潜能和禀赋是道赋予人的，人能够根据道所赋予的潜能和禀赋，自我化育，自我管理，自我发展，自我完善。在老子看来，这是自然而然的事情。

这一点，一些学者也看到了。

史华慈（Benjamin Isadore Schwartz）引用严复的话说："严复也将老子关于统治者'无为'的思想解释为：好的统治者应使人民自为。在人民的体力、智力和道德力充分发展的地方，富强必将实现。"

日本汉学家福永光司说："老子的无为，乃是不恣意行事，不孜孜营私，以舍弃一己的一切心思计虑，一依天地自然的理法而行的意思。在天地自然的世界，万物以各种形体而出生，而成长变化为各样的形态，各自有其一份充实的生命之开展；河边的柳树抽发绿色的芽，山中的茶花开放粉红的花蕊，鸟儿在高空上飞翔，鱼儿从深水中跃起。在这个世界，无任何作为性的意志，亦无任何价值意识，一切皆是自尔如是，自然而然，绝无任何造作。"[①]

"自然"是老子哲学的基本精神。道法自然，道以自然为归，道的本性就是自然。老子把这种哲学的基本精神由天地延伸到人，认为人（民）自为的潜能和禀赋是道赋予的，是自然而然的。

①［日］福永光司：《老子》，陈冠学译，转引自陈鼓应《老子注译及评介》（修订增补本），中华书局，2009年，第63页。

第二节　人民自主自为的人性依据

老子认为人民能够自主自为，能够把自己的事情做好，还涉及老子怎样看待人（民），即人（民）在老子心目中的地位是怎样的。从《老子》一书来看，人（民）在老子心目中的地位是崇高的。

这里，对“人”和“民”的含义作点说明。老子讲到“人”时，偏重于人的自然性；当讲到“民”（百姓）时，是相对于政府或执政者而言的，偏重于人的社会性或政治性。老子使用这两个概念时，没有完全区分，有时“人”就是“民”，“民”就是“人”，因为人本来就是自然性与社会性的结合体。

“人”或“民”在老子心目中，有着特别重要的地位。历来研究老子思想的人，忽略了“人”“民”在老子哲学思想和政治思想中的地位。比如，陈鼓应先生的《老子注译及评介》（修订增补本）后面附录的《老子重要概念索引》中，就没有把“人”“民”“百姓”这样重要的概念列进去。

实际上，一部《老子》，就是在讲道与人的关系，讲圣人与民（百姓）的关系，讲当政者与民的关系，讲政府与社会的关系，讲统治者无为与人民自为的关系，等等。

我认为，怎样看待“人”，可以看出一个道德哲学家思想境界的高度；怎样看待“民”，可以看出一个政治哲学家思想境界的高度。

“人”在老子心目中的地位，主要集中表现在《老子》第二十五章和第二十九章之中：

> 故道大，天大，地大，人亦大。域中有四大，而人居其一焉。（第二十五章）
>
> 天下神器，不可为也，不可执也。（第二十九章）

从这两章中可以看出，“人”在老子心目中的地位是崇高的。

第一，宇宙间有道、天、地、人四大，人与道、天、地并提并列，是四大之一。

老子的时代，人们是十分尊敬天和地的。而道，在老子哲学中有着终极的地位，是创生宇宙天地的万物之母。老子把人与道、天、地并列为“四大”，可见“人”在老子心目中的地位是崇高的，是伟大的。

第二，人是高贵神圣的。在老子看来，人是天下神物，人乃万物之灵。

老子由道论人，体现了老子对人的尊严的肯定和推崇，体现了老子伟大的人本精神，这在中国古代思想史上是有独特贡献的。所以，哲学家张岱年先生说：“哲学家中，最初明白的说人有卓越位置的，是老子。”①

老子对人的高度肯定，不禁让我们想起欧洲文艺复兴时期的哲学家和文艺家对人的歌颂。意大利诗人但丁说：“人的高贵，就其许许多多的成果而言，超过了天使的高贵。”英国剧作家、诗人莎士比亚在戏剧《哈姆雷特》中说：“人是多么了不起的一件作品！理想是多么高贵！力量是多么无穷！仪表和举止是多么端正，多么出色！论行动，多么象（像）天使！论了解，多么象（像）天神！宇宙的精华！万物的灵长！”②

比较而言，欧洲文艺复兴时期哲学家和文艺家是从反神学的角度来肯定人的，老子是从道、人本身的神圣性的角度来肯定人的，虽然角度不一样，但二者有异曲同工之妙，且老子早了近两千年。

---

① 张岱年：《中国哲学大纲》，中国社会科学出版社，1982年，第168页。

② 但丁和莎士比亚的文字，均转引自邢贲思《欧洲哲学史上的人道主义》，上海人民出版社，1979年，第29—30页。

第三，人是目的，不是手段。

在《老子》一书中，有一个重要的思想，即人（民）是目的，而不是手段。比如，《老子》第五十七章说“民自化”“民自正”“民自富”“民自朴”，很显然，老子是把民作为目的而不是作为手段来看待的：民是自主自为之民，自我完善之民。又比如，第二十九章说：“天下神器，不可为也，不可执也。”认为人是天下神物，不能用任何强制力去治理，去把持，去压制。很显然，在这里，老子也是把人作为目的而不是作为手段来看待的。

再如，老子的理想社会是“小国寡民”，他对物质文明有强烈的否定，很有返回原始社会的思想倾向。以我们今天的眼光看，在这样的社会里，人民的生活很落后，很原始。但是，我们如果仔细体味，在这样的社会里，不是没有物质文明，而是有物质文明而不用。生活在这种社会中的民（人），是自主自为的，是为自己而活的，民是目的而不是手段。这与德国古典哲学家康德所发出的呐喊是一致的：要把人当作目的看待，决不要把人当作手段使用。①

冯友兰先生说：“世界上最不道德之事，就是以别人为工具，而达他自己的目的。德国哲学家康德（Kant）也说：‘道德就是不能以人为工具。’”②

在先秦诸子中，各家都纷纷给统治者开出治国治民的药方，提供各种各样的治国模式，如儒家主张仁政，法家主张刑政，道家主张简政。而在各种治理模式下，民的地位是不一样的：仁政之下，民是资源；刑政之下，民是工具；简政之下，民是目的。

这里可以看看法家代表人物商鞅的思想。商鞅完全把人民作为

① ［德］康德：《道德形而上学的基础》，转引自北京大学哲学系外国哲学史教研室编译《西方哲学原著选读》下卷，商务印书馆，1982 年，第 317 页。

② 冯友兰：《哲学论文集》，见《冯友兰文集》第十卷，长春出版社，2008 年，第 75 页。

工具和手段对待。他提出了驭民五术：壹民、弱民、愚民、疲民、贫民。以此来保证全国只有一种民，即所谓“耕战之民”，他们平时为国家种地，战时为国家打仗，一体而二用。除此之外，民什么都不是；除此之外，民也没有存在的理由。这与老子心目中的民，完全是两回事。

老子心目中的人（民）是崇高伟大的，是高贵神圣的，是目的而不是手段。这种对人（民）的高度肯定，是老子主张人民自主自为的人性依据：人民的自主自为是可能的，是自然而然的，也是应该的、必须的。

第八章 老子独特的爱民思想——以不爱爱之

爱民治国，能无为乎？——《老子》第十章

虽曰爱之，其实害之；虽曰忧之，其实仇之。——［唐］柳宗元《种树郭橐驼传》

老子主张执政者无为、人民自为，是不是意味着老子主张执政者什么都不干，任由百姓自生自灭？是不是意味着老子没有爱民思想可言？

不少人就是这么认为的，证据就是《老子》第五章所说的："天地不仁，以万物为刍狗；圣人不仁，以百姓为刍狗。"可见老子视民如草芥，丝毫没有爱民思想。这是误解了老子，其实，这是老子"无为"思想的反映。关于这一点，可参看本书下篇第五章的注释，在此不作赘述。

我的研究结论恰恰相反，老子有着深厚的爱民思想，只不过爱民的方式很不同，尤其与儒家爱民如子的思想不同，他的爱民思想是独特的，即以"无为"的方式爱民，用北宋政治家王安石的话说，就是："以不爱爱之。"

《老子》第十章云："爱民治国，能无为乎？"王安石对这一句的解读是：

爱民者，以不爱爱之乃长；治国者，以不治治之乃长。惟其不爱而爱、不治而治，故曰无为。①

王安石是从“无为”的视角来理解老子爱民思想的。就是对于爱民，以不爱为爱；对于治国，以不治为治。其意在告诫执政者不干预或者尽可能少地干预百姓生活，让百姓在比较自由的环境中自主自为。

有着丰富政治经验的政治家王安石，对老子这一思想的理解是准确而深刻的，他体悟到了老子爱民治国思想的本质。

老子对现实政治有着深刻的认识，他看透了当时统治者所谓“爱民治国”的种种虚伪，比如：有的打着爱民治国的幌子，行一己之私利，名为爱民，实为害民，名为治国，实为乱国；有的虽有着爱民治国的真心，但没有能力把事情做好，心有余而力不足；有的有爱民之心，但方法不对，违反人的自然天性，不能做到顺天致性，正如柳宗元所说的：“虽曰爱之，其实害之；虽曰忧之，其实仇之。”

因此，在老子看来，统治者不管是有心还是无心，大都不能把百姓的事情办好，还很可能把事情办糟，现实政治就是如此。与其这样，还不如让百姓自为，让百姓自己去办好自己的事情。老子的这种爱民思想，恰恰抓住了爱民的本质。

从《老子》一书的整体看，老子从“道”出发，借圣人之口，以“无为”的视角，从多方面阐发了他独特的爱民思想。

第一，无弃人，无弃物。他主张：“是以圣人常善救人，故无弃人；常善救物，故无弃物。”（第二十七章）老子的意思是说，圣人

---

①［宋］王安石：《老子注》，见熊铁基、陈红星主编《老子集成》第2卷，宗教文化出版社，2011年，第564页。

看待世间的人与物，了解人各有才，物各有用。各因其性，人尽其才，所以说“常善救人”“无弃人”；各因其性，物尽其用，所以说“常善救物”“无弃物”。老子人尽其才、物尽其用的思想，体现的正是老子爱民爱物的情怀。

第二，圣人常无心，以百姓心为心。老子认为，理想的执政者不会执着于自我的成见与意欲，而是认真去体认百姓需求，顺应百姓好恶，以百姓心为心，以辅助者的姿态去帮助百姓自主自为。老子认为，这才是最好的政治，这才是真正的爱民。春秋时管子治齐的思想与之相似：

> 政之所兴，在顺民心；政之所废，在逆民心。民恶忧劳，我佚乐之；民恶贫贱，我富贵之；民恶危坠，我存安之；民恶灭绝，我生育之。

管子顺百姓之心治齐，使齐国大治，民富国强。这才是真正的爱民。在这一点上，战国时期孟子的思想与老子的思想也是相通的，孟子说：

> 桀纣之失天下也，失其民也；失其民者，失其心也。得天下有道：得其民，斯得天下矣；得其民有道：得其心，斯得民矣；得其心有道：所欲与之聚之，所恶勿施尔也。

伟大的政治家之所以伟大，在于他具有众人之心，并顺众人之心，行众人之政，成众人之事，而且有功而不居。

“以百姓心为心”，这既是当政者与民众良性互动的基础，也是老子爱民思想的本质体现。

第三，引导人民达到淳朴之境。《老子》一书中，贯穿着老子的理想和向往：人人向善，人人守信，人人淳朴。不少人认为，老子要造就的是“愚民”，主张的是愚民政策。证据就是《老子》第六十五章所说：“古之善为道者，非以明民，将以愚之。”其实，这里的“愚”是淳朴、朴质之意。这句话的意思是说：“从前善于行道的人，不是教人民巧诈，而是使人民淳朴。”（参见本书下篇《老子》第六十五章注释）

老子一再讲，最好的人民，甚至最好的执政者，就像婴儿（赤子），纯朴自然，简单真实。

老子还认为，政风决定民风。《老子》第五十八章说“其政闷闷”“其政察察”。“其政闷闷”即指清静“无为”之政，“其政察察”即指烦苛“有为”之政。老子崇尚清静“无为”之政，认为宽厚（闷闷）的政风，可引导社会风气敦厚，人民淳朴诚实。老子反对烦苛“有为”之政，认为严苛（察察）的政风，将导致社会风气浇薄，人民狡黠伪诈。（参见本书下篇《老子》第五十八章注释）

我认为，苛政之下，大体上会产生三种民：一是顺民，二是狡诈之民，三是暴民。几乎不可能产生淳朴之民。

老子反对人民成为顺民，更反对人民成为狡诈之民和暴民。老子主张通过当政者的宽厚政风，去引导人民成为自为之民、淳朴之民，让人民享受幸福宁静的生活，过安然自在的日子。这体现的也正是老子的爱民情怀。

第四，长而不宰。《老子》一书至少有三章讲到“长而不宰”的思想：

> 生而不有，为而不恃，长而不宰。（第五十一章）
>
> 生之畜之。生而不有，为而不恃，长而不宰，是谓“玄德”。（第十章）

> 是以圣人处无为之事，行不言之教；万物作而不为始，生而不有，为而不恃，功成而弗居。（第二章）

这三章由道到人，从道到政治，阐述了老子“长而不宰”的思想。

老子认为，“道”创造了天地万物，而且内附于天地万物，但道并不因为创造了天地万物，而占有、主宰天地万物，而是任由天地万物根据各自的内在禀赋，自然而然地生长发展。

将“道”的精神落实到政治之域，就是执政者施无为之政，功成不居，功成不恃，不干预百姓，不占有百姓，不主宰百姓，尽可能让百姓自主自为，自己做好自己的事情。

老子认为，“道”和圣人对物对人都是“长而不宰”，其作用只是“辅”，辅就是辅助、帮助。

> 夫唯道，善贷且成。（第四十一章）
>
> （圣人）以辅万物之自然而不敢为。（第六十四章）

“贷”就是辅。这两章的意思是说，万物都有着自己的禀赋天性，道和圣人的作用是辅助万物而不干预万物，让万物自然生长，自我完成。

可见，老子“生而不有，为而不恃，长而不宰”，“以辅万物之自然而不敢为”，是其道法自然的哲学精神落实于政治之域的表现，所体现的是老子清静无为的治国思想和爱民治国的人文情怀。

在中国传统政治中，世人深受儒家思想的影响和熏陶，习惯以儒家爱民如子的思想作为标准，来衡量、评价政治的优劣。而老子从“无为”思想出发，提出“以不爱爱之”、让人民自主自为的爱民思想，难于被世人理解和接受。但如果从古今中外政治历史及其发展趋势来看，老子的这种爱民思想是独特的、深刻的，是符合现代政治文明发展趋势的，对现实政治仍然具有启示意义。

第九章　权力的艺术

治大国，若烹小鲜。——《老子》第六十章

把权力的艺术理解为一种权谋、一种权术，这是老子极力反对的，他明确提出："以智治国，国之贼；不以智治国，国之福。"（第六十五章）这里的"智"，就有权谋、巧诈之意。老子主张清静无为，主张少用权力、慎用权力，主张权力不干预百姓或尽可能少地干预百姓，让百姓自主自为。这体现了老子自我节制权力的思想。

老子心目中的权力艺术，与世俗官场所津津乐道的权谋是不同的，甚至是相反的。

老子是根据"道法自然"的哲学理念和"清静无为"的政治思想，而发展出自己的权力的艺术。用老子自己的话说，这种权力的艺术，就是："治大国，若烹小鲜。"（第六十章）这句治国名言可以作多方面的理解，其要在：治理国家要不妄为，不扰民，不烦苛，不折腾；为政要清简，要审慎小心，要恰到好处。

据此，我把老子主张的权力的艺术归结为六条，即不用之用，至誉无誉，审慎施政，真朴治国，功成身退，动善时。

第一节　不用之用

在传统政治史中，几乎人人都渴望拥有权力，千方百计去谋取权力。有了权力之后，又千方百计巩固权力，企图把权力用到极致。不管是以权谋公，还是以权谋私。

但老子的想法不同，他主张有权者有权而不用，至少是少用、慎用，哪怕是利用权力做好事，也以少用为佳。《老子》一书通篇所讲的清静无为，不争，功成身退，处下，少私寡欲，等等，从权力政治学的角度理解，都包含着权力的不用之用之义。

老子说："国之利器不可以示人。"（第三十六章）又说："（事情做成了）百姓皆谓：'我自然。'"（第十七章）

第一句是说权力不可随便使用，不要让百姓感觉到权力的逼迫。第二句是说让百姓自为，事情办好了，百姓感觉到自己本来就是这样做的，自然而然的，不是外力要我做的，也不是外力替我做的。

老子的这些话道尽了权力是一种艺术，是一种与世俗权谋不同的艺术，即不用之用、不用之妙的艺术。

老子主张"无为而无不为"，从政治学的角度理解就是：有权者无为，百姓自为，事情就会办成、办好。无为是因，无不为是果。

老子不用之用的权力艺术，其政治思想的依据就是他的"无为而无不为"，其哲学思想的依据就是他的"有之以为利，无之以为用"。"有之以为利，无之以为用"是"无为而无不为"的哲学表述，而"无为而无不为"则是"有之以为利，无之以为用"的政治表述。

说到权力的不用之用，这让我想起了一个故事。2011 年，大约两个月时间，我在美国芝加哥大学做高级访问学者，学习公共管理学和工商管理学。一位教授给我们上课，我问了一个问题：公共管理与工商管理有何不同？

他说，有两种鹰，一种是大自然的鹰，一种是神鹰，神鹰在大自然中是没有的。大自然的鹰的特点是不停地在高空中盘旋，鹰眼扫视着四方，寻找猎物，一旦发现猎物，就俯冲而下，抓住猎物。这种鹰就如工商管理，工商管理的特点就是不断地去发现商机，犹如鹰在空中盘旋，不断地去发现猎物。

神鹰的特点是蹲在高处，一动也不动，两只眼睛盯住下面，一旦发现下面有违规的情况，就马上飞过去，给予纠正。纠正好了，马上又飞回到原处，继续蹲在那里看。如果下面没有违规，神鹰是不会动的。这神鹰就如公共管理，公共管理的特点是只纠正违规行为，不做别的事，也不管别的事，不随便动，更不乱动。

工商管理在于动，动的目的在于捕捉商机、追求利润；而公共管理在于静，静的目的在于不干扰、不干预社会，只有社会出现违规时才动，动的目的在于依法维持秩序，仅此而已。

公共管理的神鹰比喻，说明现代公共权力不可滥用，须有边界，须依法依规，须谨慎小心。老子的权力的不用之用的思想，已经触及这个问题。老子对权力的思考是深刻的。

老子的想法当然是好的，他对权力十分警惕，看到了权力的危害，这在《老子》一书中被反复提及。在人类社会，既然权力无法避免，那就限制权力。老子想到的办法就是有权而不用、少用、慎用，对权力进行自我节制，来避免或减轻权力的危害。

但是，世俗对老子的思想很难理解，只知道权力的有用之用，不知道权力的不用之用。正如庄子所说："人皆知有用之用，而莫知无用之用也。"

因此，人们自然会发出疑问：古今中外的一切有权者，能够这样做吗？有权者有权不用，可能吗？

是的，这在民主制度确立之前的历史中，尤其是在传统专制时代，几乎是不可能的。

孟德斯鸠说：“自古以来的经验表明，所有拥有权力的人，都倾向于滥用权力，而且不用到极限绝不罢休。”[①]

阿克顿勋爵也说：“权力趋于无限扩张，并超越任何国际国内的约束现象，直到遇上更神圣的原则、更强大的力量的阻挠，才会停止下来。”[②]

有没有有权不用或少用、慎用的君主和国王呢？有，但少。而且这是近代以来才有的事，君主立宪制国家的君主，如英国女王伊丽莎白二世就是这样。2022 年 9 月 8 日，伊丽莎白二世逝世，享年 96 岁，在位 70 年，就是有权不用的典型代表。

一般认为，女王具备咨询权、褒奖权及警告权。女王在政治上仍有着重要影响力，特别是在政治危机中，女王往往发挥稳定和平衡的作用。女王是立法程序中的重要组成部分，她与上议院和下议院共同构成了完整的英国议会。女王能够合法地批准或否决法案，但是女王从来没有否决过法案。在每年的议会开幕仪式上，女王也按惯例发表讲话，勾画该年度的立法议程，但是这些讲稿都是由她的大臣们负责撰写的。英国女王伊丽莎白二世有权不用或尽可能少用、慎用，使她成为一位伟大的政治家。

寄希望于当权者有权不用，以防止权力的危害，从历史上看，除了少数情况外，往往落空。人类吃尽了权力滥用的苦头。如果人类没有办法不要权力，又要防止权力的危害，只有一条路可走：以权力制约权力，权力分立，相互制衡。

实际上，英国的君主之所以有权不用，或者尽可能少用、慎用，主要靠的是君主立宪制，这种制度限制了君主的权力。当然，做得

---

①［法］孟德斯鸠：《论法的精神》上卷，许明龙译，商务印书馆，2012 年，第 185 页。

②［英］阿克顿：《自由与权力：阿克顿勋爵论说文集》，侯健、范亚峰译，商务印书馆，2001 年，第 344 页。

这么好，也离不开英国君主们对权力的透彻理解，以及所受良好教育培养出来的谦逊品质。

防止权力的危害，路径有两条：一是划定权力边界，限制权力的使用范围，这个范围越小越好；二是权力分立，相互制衡。

第一条路，老子已经触及，那就是老子反复讲的“无为而治”，“损之又损，以至于无为”。老子的这条路，与西方自由主义的路有点相似。自由主义思想中，政治的范围尽可能小，自由主义名言：管得越少的政府是越好的政府，最小的政府才是最好的政府。

第二条路，是当今世界的政治主流，即实行民主共和制、君主立宪制等，其最主要的特点是：限制公权力，保障私权利。

这两条路结合起来，把权力关进制度的笼子里，才是治本之道。

因此，两千多年前，老子的权力的不用之用的思想是深刻的，是超越时空的，虽然带有理想色彩，但理想不等于空想，他已经从一个方面，在一定程度上，触及如何约束权力、防止权力危害这样一个人类政治史中的千年难题。

第二节　至誉无誉

对怎样的政治算是最好的政治，老子主要讲了两句话：

> 至誉无誉。（第三十九章）
>
> 太上，不知有之。（第十七章）

这是两条标准：第一条是说，对执政者最高的赞誉就是无须赞誉，不赞誉就是最高的赞誉；第二条是说，最好的世代，人民感觉不到执政者的存在。其实，第二条是第一条的延伸和发展。

老子的政治观与世俗流行的政治观确实是不一样的。世俗的政治观是要统治者极力得到人民的赞美，彰显执政者的功劳和地位。老子的政治观恰好相反，他认为人民不赞誉就是最高的赞誉，人民感觉不到执政者的存在，就是最好的政治。

老子这样的看法，与老子的道法自然、清静无为、谦卑施政的哲学观是一致的。

第一，“至誉无誉”符合道的精神。道的本性就是“自然”，所谓“道法自然”。这个自然不是指大自然，是指自己如此、自然而然的意思。把道的自然本性落实在政治上，就是为政者自然而然地施政，百姓自然而然地生活，谁也用不着感谢谁和吹捧谁。这正如春夏秋冬四季运行的规律一样：春天草长莺飞，夏天草木葱郁，秋天天高气爽，冬天雪花飘飘。一切都是自然而然的。

老子认为，侯王治国在于得道，用道治国，就会使天下安定，所谓“侯王得一以为天下正”（第三十九章）。相反，如果侯王不能得道以治国，不能保持清静，难免要颠覆败亡。

大道幽隐不现，所谓“大音希声”“大象无形”（第四十一章）。幽隐的道落实于政治，就是“至誉无誉”。

第二，“至誉无誉”符合谦卑处下的精神。老子告诫统治者，贵以贱为本，高以下为基，侯王应践行道的卑下精神，即为政者要能处下、居后、谦卑，所以最高的称誉是无须夸誉的，因此不必像玉般华丽，光彩夺目，宁可如石块般粗糙，朴实无华。

一个谦卑处下的君主，并不希望也不在乎人民赞誉他、吹捧他。有了成绩，则功成不居；有了过错，则自己承担。让百姓感觉不到是执政者的功劳，也感觉不到执政者犯过什么错误。百姓感觉自己本来如此、自然而然。这就是老子所说的：“功成事遂，百姓皆谓：‘我自然。’”（第十七章）

由于执政者所做的一切，是在不知不觉、顺其自然之中完成的，人民感觉不到执政者的存在，所以，“至誉无誉”就是很自然的政治境界。正如庄子说：“相濡以沫，不如相忘于江湖。”

“至誉无誉”，反映了老子的权力的艺术。执政者无为，让百姓自为，国家治理好了，天下太平，人民安居乐业，而且不声不响，不露痕迹，人民感到一切是自然而然的。在老子看来，这样的政治就是最好的政治，这样的执政者就是最好的执政者。

第三节　审慎施政

老子告诫当政者施政要十分审慎，他说：“豫兮若冬涉川，犹兮若畏四邻。”（第十五章）又说：“治大国，若烹小鲜。”（第六十章）

第一句是说为政须小心审慎，像冬天涉足江河；要警惕，像提防四周的围攻。其意在提醒为政者应时刻有戒惧之心，如履薄冰，如临大敌。

第二句是老子的治国名言，可以作多方面理解。比如小鱼在烹煎时会因为翻动而支离破碎，国家在治理中会因为烦苛之政而趋于危乱。也可表述说，治理一个大国犹如烹煎小鱼，不可多翻动、乱翻动，以此比喻治理大国须清静无为、审慎小心。

老子告诫审慎为政的话还有不少，如：

“重为轻根，静为躁君。……轻则失根，躁则失君。”（第二十六章）这是老子在告诫为政者，立身行事要静重稳健，不可轻浮躁动，草率盲动。

“使我介然有知，行于大道，唯施是畏。”（第五十三章）这是老子在告诫为政者须小心审慎，就像在大道上行走，唯恐走入了邪路。

“和大怨，必有余怨；报怨以德，安可以为善？”（第七十九章）

老子是说，为政者与民相处，要特别小心谨慎，不可与民结怨。一旦与民结怨，再以德来和解怨，仍会有余怨，这不是好办法，最好是根本不和人民结怨。

总之，老子反复告诫执政者：为政须清静无为，须十分审慎。审慎有谨慎之意，但比谨慎要求更高、更深刻、更理性。

老子为什么反复告诫为政者施政须审慎呢？

老子生活的年代，战争频繁，政局动荡，民不聊生，老子认为这些都是为政者随心所欲、轻举妄动、滥用权力所造成的，也就是为政者施政不审慎造成的。

在中国传统政治中，国家的安危，百姓的祸福，往往系于国君一人。老子深感君主之施政必须审慎小心，要如履薄冰，如临深渊，否则，一着不慎，祸国殃民。

当政者如何做到审慎施政？老子认为当政者要做到两点：一是谦卑，二是勇于不敢。

一、谦卑施政。《老子》一书贯穿着谦卑的思想，这种谦卑思想落实于政治，就形成了老子独特的谦卑施政的政治思想。

老子从道法自然、清静无为的思想出发，反复告诫人们尤其是当权者要谦卑，类似的说法有：后其身，身退，不争，不欲盈，为天下谿，处下，为天下谷，不敢为天下先，等等。这些教导，当然可以从多方面理解其意义，但都包含了一个共同的意思：谦卑。

值得注意的是，老子讲谦卑，对象主要是执政者。老子认为，人们都应该谦卑，而执政者尤其要谦卑，谦卑不仅仅是执政者个人的人格修养，更是执政者非常重要的政治品质。老子甚至把谦卑上升为一种施政方略和施政原则。在老子看来，执政者是否谦卑，深刻地影响着政治的得与失。

老子的谦卑施政思想有如下几个要点：

第一，执政者是否谦卑，决定了执政者的施政风格和施政方法。

谦卑的执政者的施政风格和施政方法是怎样的呢?

谦卑的执政者的施政风格是和风细雨式的。此风格重视柔性施政，顺其自然，所谓随风潜入夜，润物细无声。这种风格使百姓感觉不到权力之逼迫，甚至感觉不到施政之痕迹。用老子的话说，就是“太上，不知有之”(第十七章)，最好的政治，就是人民感觉不到统治者的存在。

谦卑的执政者的施政方法是渐进式的。其方法不求整体推进、全面突破，而是由小到大，由易到难，日积月累，积少成多，久久为功。所以老子说:“合抱之木，生于毫末;九层之台，起于累土;千里之行，始于足下。”(第六十四章)这种施政方法可控，扎实稳妥，能行稳致远。

那么，不谦卑的执政者的施政风格和施政方法又是怎样的呢?

不谦卑的执政者，其施政风格一般是狂风暴雨式的，是刚性的，用老子的话说，就是“飘风骤雨”式的。这种风格使百姓深感权力之重压，苛政之严酷。

不谦卑的执政者喜好全面突击式的施政方法。他渴求全面推进，整体突破，毕其功于一役。这往往是一种激进方法，甚至是冒进方法。这种施政方法不可控，不稳妥，不可持久，且效果难如人意。

老子主张和风细雨式的施政风格和渐进式的施政方法，他认为这样符合道法自然、清静无为的精神，可以持久，并且效果好。老子反对狂风暴雨式的施政风格和全面突破式的激进方法，他认为这样是违反道法自然、清静无为精神的，是不能持久的，对治国治民有害无益。

第二，谦卑施政，就像水性:处下、包容、不争。

老子说:“上善若水。水善利万物而不争。”(第八章)又说:“江海之所以能为百谷王者，以其善下之，故能为百谷王。”(第六十六章)

谦卑的执政者，具有处下、包容、不争的政治品质，在施政过程中，对人民不会形成咄咄逼人的压迫感，使民众不会感到权力的盛气凌人。

第三，谦卑的执政者会有自知之明，会承认自己的无知。

有自知之明、承认自己无知，对于执政者的施政是很重要的。在传统政治中，当权者权力在握，堂上一呼，阶下百诺。这容易使人产生一种权力的傲慢和幻觉，即我什么都懂，什么都能办得到，甚至认为自己的道德水平、能力水平和知识水平都高人一头。

有一句成语叫“利令智昏”，其实，比利令智昏更严重的是“权令智昏”。

阿克顿勋爵说：“权力导致腐败，绝对权力导致绝对腐败。”[①] 我说：“权力使人愚蠢，绝对权力使人绝对愚蠢。”

老子是一位对权力有着深入思考的思想家，他深知权力最容易使人傲慢无知，而权力的傲慢无知会导致严重的政治后果。所以，老子反复教导人们尤其是有权者要谦卑，要有自知之明，要承认自己的无知。

从政治史来看，执政者的谦卑会赢得民众的内心尊敬。这几乎是一条政治定律，看来，老子深谙这条政治定律。

此外，从近代政治来看，有权者谦卑，承认自己的无知或者有所不知，是国家和社会达致民主、自由的条件之一。有权者谦卑，才有可能尊重别人的意见，尊重民众的意见。假如认为自己无所不知，无所不能，就很有可能不在乎别人的意见，甚至压制别人的意见。这样就很难形成民主、自由的氛围，更难形成民主、自由的制度。

① [英] 阿克顿：《自由与权力：阿克顿勋爵论说文集》，侯健、范亚峰译，商务印书馆，2001 年，第 342 页。

二、勇于不敢。这一思想集中体现在《老子》第七十三章之中："勇于敢则杀，勇于不敢则活。""天网恢恢，疏而不失。"

老子借助"天""天道""天网"以规劝世人尤其是当政者要"勇于不敢"。对于"不敢"，老子还说过几次，如：

> 使夫智者不敢为也。（第三章）
>
> 以辅万物之自然而不敢为。（第六十四章）
>
> 不敢为天下先。（第六十七章）

老子并不反对"勇"，但他认为"勇"有两种：一种叫"勇于敢"，一种叫"勇于不敢"。世俗看重"勇于敢"，以为"敢"才是勇；而老子主张"勇于不敢"，"不敢"才是勇，才是真正的勇敢。

细细体味，老子"勇于敢则杀，勇于不敢则活"这句话中的"勇于敢"，有胆大妄为之意；"勇于不敢"，有谨慎小心之意。而且，这句话不是针对无权者说的，而是针对有权者说的。

老子为什么对有权者这样说呢？

我在上文说过，人一旦大权在握，最容易产生权力的傲慢和幻觉，认为自己无所不知，无所不能，无所不正确，于是什么都想干，什么都敢干，甚至肆无忌惮，对权力毫无敬畏之心。

在中外政治史上，有多少统治者穷兵黩武，恃强凌弱，而自取灭亡！有多少统治者施行暴政，而被人民推翻！有多少滥用权力者，而身败名裂！这充分证明老子的话是对的："勇于敢则杀。"

"勇于不敢"这一思想，与老子一贯强调的"守雌""守柔""不争"思想相呼应，反映了老子对于权力的敬畏和审慎。

"勇于不敢"的依据是什么？

在老子看来，"勇于不敢"符合天道，即符合自然的规律。老子认为，自然的规律是柔韧不争的，人类的行为尤其是当政者的行为，应取法自然的规律而力戒逞强好斗。“勇于敢”是逞强贪竞，无所畏惮；而“勇于不敢”则是柔韧哀慈，慎重行事。所以，老子说：“天网恢恢，疏而不失。”天网浩大无边，看似稀疏却不会遗漏。

那么，不会遗漏什么呢？我的理解是：浩大无边的天网看上去稀疏宽缓，但对于“勇于不敢”的成全和对于“勇于敢”的惩罚，都是不会有所遗漏的。这就是天道，而天道难逃啊。

“天网恢恢，疏而不失”这一名言，几千年来，深深地影响了中国人的观念，今日尚有“苍天有眼”“人在做，天在看”“举头三尺有神明”之说。

今天，从政治学上如何看待老子的“勇于敢”和“勇于不敢”？其实，老子之深意在告诫我们：

第一，当政者之施政，不可胆大妄为，要十分谨慎小心。要敬畏权力，审慎用权。

第二，政治是一门需要把握好度的艺术，而这个度，是只可意会、不可言传的。

关于审慎施政，我们还可以把视野扩大一些。世界上有不少思想家、政治家都在思考这个问题，其中有两位思想家值得我们好好学习。

第一位是埃德蒙·伯克（Edmund Burke,1729—1797）。他是英国政治家和政治思想家，现代保守主义的创始人，英国保守主义之父，对英国政治影响深远。他从自己几十年的政治经验和英国的政治实践中，总结出一条政治原则：指导政治的最高原则是审慎。[①]这一条指导原则贯穿英国几百年的政治实践，事实证明英国所走的政治道路是稳健的，是成功的。

① 参见［爱尔兰］埃蒙德·伯克：《伯克文集》，廖红译，北京理工大学出版社，2014年。

第二位是哈耶克（Friedrich August von Hayek，1899—1992）。他是英籍奥地利经济学家、政治学家，诺贝尔经济学奖获得者。他认为，人类的自以为无所不知的自负，是导致人类灾难的主要原因之一。承认人类的无知，是人类达致自由的前提条件。[①]

因此，我们可以说，审慎是政治的最高美德，是一条普遍的最高政治原则，是当政者必须具备的政治品质，也是需要当政者掌握的权力的艺术。

老子关于审慎施政的教诲，是中华文明宝贵的政治遗产，值得我们继承和发扬。

第四节　真朴治国

“朴”是老子很重要的思想，《老子》一书反反复复讲“朴”。

> 敦兮其若朴。（第十五章）
>
> 见素抱朴，少私寡欲。（第十九章）
>
> 朴散则为器。（第二十八章）
>
> 道常无名、朴。虽小，天下莫能臣。侯王若能守之，万物将自宾。（第三十二章）
>
> 化而欲作，吾将镇之以无名之朴。无名之朴，夫亦将不欲。不欲以静，天下将自正。（第三十七章）
>
> 我无欲，而民自朴。（第五十七章）

什么是“朴”？朴至少有三义：纯真，简朴，自然。

① ［英］哈耶克：《致命的自负》，冯克利等译，中国社会科学出版社，2000 年。

老子甚至用“朴”喻道，因此，“朴”还是道的属性。这种“朴”的属性落实于政治，便是一种理想治国者的政治品质，又是一种治国理念，也是老子所向往的一种政治状态或社会状态。

老子生逢乱世，感于世乱的根源在于有权者贪得无厌，钩心斗角，尔虞我诈。因此，老子呼吁统治者取法自然，返璞归真。

老子针对乱世开出的救治之方就是真朴，以真朴矫正智巧伪诈的时弊，他大声疾呼：为政之要在于真朴，真朴治国就能实现完善的政治。

第一，统治者自身要真朴。老子要求统治者首先应以真朴自砺，所以，《老子》第二十章有“我愚人之心也哉”的话，这里的“愚”不是愚蠢之意，而是真朴的意思。老子认为一个理想统治者应该是真朴的，真朴是理想统治者的人格修养的崇高境界。

第二，统治者要导民真朴。统治者只有真诚朴质，才能造就良好的政风，有了良好的政风，才会有好的民风，社会才能趋于安宁。如果统治者机巧黠滑，就会产生败坏的政风。政风败坏，人们就互相伪诈，彼此伤害，而社会将无宁日了。

基于这个观点，老子主张为政者用真朴治国，并导民于真朴，以达到一个真朴的理想社会，由此他必然反对巧诈，反对权谋治国。所以，老子说：“以智治国，国之贼；不以智治国，国之福。”（第六十五章）老子主张执政者治国要抛弃智辩、伪诈、巧利，就是抛弃“以智治国”。老子认为这三者全是巧饰的，不足以治理天下。

老子对时代的伪诈感到很沉痛，对其作了详尽的揭露与批判。老子告诫执政者治国治天下要奉行见素抱朴、少私寡欲之道，这样人民才会得到百倍的好处，才会恢复孝慈的天性，盗贼才会消失，社会才会安定。他认为统治者若能带头示范，形成好的政风，弃绝智辩、伪诈、巧利，才可能使社会恢复到纯真简朴的自然状态。

老子经常用“婴儿”“赤子”来比喻他理想中社会的真朴状态，

婴儿最能代表纯真、简朴、自然。老子所向往的社会，就是“复归于婴儿”（第二十八章）的社会。

老子以“朴”治国的思想，其根据是“道”的真朴属性，实际上是用道之“朴”治国。老子说：

> 道常无名、朴。虽小，天下莫能臣。侯王若能守之，万物将自宾。（第三十二章）
>
> 道常无为而无不为。侯王若能守之，万物将自化。化而欲作，吾将镇之以无名之朴。无名之朴，夫亦将不欲。不欲以静，天下将自正。（第三十七章）

老子从“道”的真朴属性，来说明治国之道应该真朴。他说，真朴的道分散成万物，这样万物就具有真朴的属性，而治国之道就在于最高执政者顺应万物具有的真朴，也即顺应万物自然之性而治国。谁这样做好了，就可以为百官之长，即成为君主。为政者（侯王）若能持守无名之朴的道，亦即持守道的自然无为，人民便能安然自适，各遂其生，各安其性，就可以达到天下之治。

总观老子“朴”的治国思想，他希望统治者真朴，也希望人民真朴。统治者真朴，可以使人民真朴；统治者狡诈，也可导致人民狡诈。统治者狡诈，国家会乱；人民狡诈，社会会乱。统治者狡诈，人民也狡诈，上下相互狡诈，则天下大乱矣！

可以说，真朴治国，反对权谋治国，也是老子的权力的艺术。

第五节　功成身退

老子一再告诫世人，尤其是当权者，要功成身退，适时而止，也就是说功成一定有我，功成不必在我，功成而不居。老子说：“功遂身退，天之道也。”（第九章）认为功成身退是符合天道的，是顺其自然的。

纵观中国历史上的“身退”，有多种形式，如：

退居山林，做隐士。他们并没有身居官位，或者本就不想进入官场，这种人历代都有。这是一种。

辞去官职，退居家中。这个家，可能在闹市，也可能在农村，如陶渊明。这又是一种。

辞去官职，浪迹江湖，如范蠡。这又是一种。

并不辞官，而是放弃权力，闭门修道，如张良。这又是一种。

值得注意的是，老子主张“身退”，并不是要人做隐士，而是主张超世而不避世。老子的权力哲学，并没有遁世思想。老子只是在告诫人们，尤其是有权者，在功业做成之后，不要贪功自傲，而要功成不居。

所以，老子看重的是上述张良、范蠡式的“身退”，尤其看重张良式的“身退”，因为张良是功成不居的典范。

张良（？—前 189），字子房，是刘邦的重要谋士，汉初大臣。他帮助刘邦推翻秦王朝，击败项羽，建立西汉王朝，功勋卓著。之后，他功成不居，闭门辟谷修道。

范蠡是春秋末年越国大夫，帮助越王勾践灭吴兴越。他功成后，觉得越王勾践只可共患难，不可同安乐，于是辞官而去，浪迹江湖，并经商做生意，成为“陶朱公”，富甲一方。

范蠡是辞官而去，张良并未辞官，他只是有大功而不居功，居大位而不贪权。范蠡的功成身退，也符合老子的“功遂身退”的思想，但比较起来，张良的“功遂身退”更为典型，更符合老子的本意。

在中国古代历史上，对功成而不居感悟得较深的是唐代将军王真。王真将军说：“身退者，非谓必使其避位而去也，但欲其功成而不有之耳。”[①]

王真是唐宪宗手下的一员大将，曾拥有极大兵权。王真对老子“功遂身退”的理解是到位的，他认为“身退”，不是说一定要辞官而去，而是功成而不有。

另外，做隐士也是一种“身退”，他们担心权力束缚人的自由，故不愿意拥有权力，不愿意成为权力的牺牲品，对这一点领悟得最深的思想家是庄子。司马迁《史记·老子韩非列传》讲了一个故事：

战国时，楚国的国王久闻庄子大名，很想聘请庄子去做楚国的卿相，派使者带着重金去请他。庄子笑着对使者说：“千金，的确是一笔厚礼；卿相，也确实是高官。但是，您难道没见过用于祭祀的大牛吗？喂养它好几年，到头来给它披上彩绸，把它送进太庙。到那时，这头大牛即使想做一只小猪，还能办得到吗？”庄子接着说：“您赶快离去，不要玷污了我。我宁愿在小泥沟里游戏，自得其乐，也不愿受君王的束缚。我愿意一辈子不做官，以求得自己的轻松愉快。”

对“功成身退”没有半点领悟而导致身败名裂的，是秦朝丞相李斯。

司马迁《史记·李斯列传》对此记载得很详细。李斯，辅佐秦

---

①［唐］王真：《道德经论兵要义述》，见熊铁基、陈红星主编《老子集成》第1卷，宗教文化出版社，2011年，第566页。王真是一位了不起的手握兵权的反战将军。他紧紧抓住老子“无为”“不争”的思想核心，给《老子》一书作注。他认为为政者若能停止战争，不兴兵戈，社会就会安定，人民就会安宁。他向唐宪宗建议，停止发动战争。

王嬴政统一六国，建立秦王朝。当他做秦朝丞相时，集富贵功名于一身，显赫不可一世，最终遭赵高陷害，成了阶下囚，被秦二世胡亥杀害。当他临刑时，对二儿子说："我现在想与你像当年在老家一样，再牵着黄狗，一起出上蔡东门打猎，追逐野兔，还可以吗？不可能了啊！"李斯说罢，父子抱头痛哭，走向刑场。

老子的"功成身退"的思想，源于对权力的深刻领悟，也是一种权力自我节制的艺术。

第六节　动善时

老子说："动善时。"（第八章）

"动善时"就是行动善于把握时机。从政治学的角度讲，老子讲的"动善时"，也可以说是一种权力的艺术：善于待时而动，适时而止。动静进退能够恰到好处，不早不晚。

"动善时"，关键是这个"时"。"时"有适时、合于时宜之义，又有时势、时局之义，也有时机、时运之义。

中国传统智慧很讲究"时"，许多成语就浓缩了这种智慧：把握时机，待时而动；机不可失，时不再来；适时而止；与时俱进；时势造英雄，英雄造时势；时乎命也；此一时，彼一时；识时务者为俊杰。孔子还被孟子称为"圣之时者"。

"时"很重要，也很难把握。要做到"动善时"，要有丰富的知识，丰富的人生经验和社会阅历，要有智慧，有远见，有判断力，还要有一叶知秋的洞察力。

优秀的政治家和军事家，都能做到"动善时"，优秀的企业家也能做到"动善时"。

历史上，有些天才，似有天助，将"动善时"运用得炉火纯青，其妙处只可意会、不可言传。

这里再讲一讲张良“动善时”的故事。

张良的祖父和父亲相继为韩国五世相。秦灭韩后，他图谋复国，结交刺客，在博浪沙（今河南原阳东南）狙击秦始皇未中。传说他逃亡下邳（今江苏睢宁北）时，遇黄石公，得《太公兵法》。也有人说，黄石公就是老子的化身，他传给张良的并不是一般所说的《太公兵法》，而是《素书》。张良得《素书》后，用心苦读，从中吸取智慧。此后，他帮助刘邦灭秦兴汉，成就绝代之功，且位极人臣。在刘邦大杀功臣之际，他功成身退，闭门修道，明哲保身，善始善终。

这里引用《素书·原始章第一》中的一段话，看看“动善时”之妙：“贤人君子，明于盛衰之道，通乎成败之数，审乎治乱之势，达乎去就之理。故潜居抱道，以待其时。若时至而行，则能极人臣之位；得机而动，则能成绝代之功。”

不管是动还是静，是进还是退，张良都是一位把握了“动善时”的大智者。读者可参看司马迁《史记·留侯世家》，细细体悟张良“动善时”的智慧。

顺便一提，中国历史上有两位智者，一直为人所推崇：一位是张良，一位是诸葛亮。他们虽然都是智慧的化身，但二者智慧的底色有所不同：诸葛亮的智慧底色是儒家的，张良的智慧底色是道家的。

第十章　孤独而伟大的思想家

吾言甚易知，甚易行。天下莫能知，莫能行。——《老子》第七十章

我的时间尚未来到；有些人要死后才出生。——［德］尼采

老子是孤独的，人们不理解他，甚至误解他，故而孤独。老子又是伟大的，他的思想深刻地影响了中国，也影响了世界，故而伟大。他是一位孤独而伟大的思想家。

第一节　孤独的思想家

老子既是一位历史的总结者，又是一位历史的预言家。几千年来，老子又是一位孤独的思想家。

他的思想，不但不少人不理解，还遭到不少人误解，至于践行者就更少。他感叹，他的话容易懂，也容易行，且行而有益，但世人就是听不懂，莫能行，甚至嘲笑他。他感到深深的寂寞和孤独，并多次提到这种寂寞与孤独。他说：

下士闻道，大笑之。（第四十一章）

不言之教，无为之益，天下希及之。（第四十三章）

吾言甚易知，甚易行。天下莫能知，莫能行。（第七十章）

从历史上看，老子的感叹并非无病呻吟，而是饱含酸楚沉痛的喟叹！因为执政者的所作所为，与他的无为政治理想背道而驰，越走越远，以致是非颠倒，把邪路当成正道，把正道当成邪路。

首先，人们对老子产生了许多误解。比如：依据“圣人不仁，以百姓为刍狗”，认为这是老子视民如草芥。依据“古之善为道者，非以明民，将以愚之”，认为这是老子主张愚民政策。依据“不争”“不敢为天下先”，认为老子思想是消极的，消减人的进取心。认为老子主张“无为”就是主张什么事都不做，甚至认为老子讲退是为了进，讲后是为了先，讲无私是为了自私，这是老子的阴谋论，老子是阴谋家。

其次，除了误解，更多的是对老子的不理解。比如：众人讲有为，老子讲无为。众人喜欢复杂，老子讲大道至简。众人讲文饰，老子讲淳朴。众人讲进取，老子讲退让。众人讲争，老子讲不争。众人讲刚强，老子讲柔弱。众人喜欢统治者爱民如子，老子说最好是以不爱爱之，爱民反而害民。以众人的功利思维来看老子，根本无法理解老子。尤其是绝大多数的执政者，并不接受老子无为而治的治国之道，更不会让百姓自主自为，也根本不相信百姓能自主自为。

从儒、法、道三家在政治领域的实践来看，除了极少数君主对老子学说有点兴趣外——如汉文帝施行过有限的黄老思想，在绝大多数情况下，老子思想并不被看好，老子思想在几千年的君主政体下，始终处于边缘境地，以致后人把《老子》一书边缘化为隐士之书，养生之学。

儒家倡导仁政，主张爱民如子；法家倡导刑政，主张严刑峻法；道家倡导简政，主张大道至简。中国传统政治，影响上层政治的是法家和儒家，刑政令人畏惧，仁政令人喜爱，但真正实行的是法家之术，儒家往往是装点一下门面而已，正所谓“外儒内法”。而道家尤其是老子倡导的简政、自然无为、虚静柔弱、见素抱朴，多被执政者束之高阁。在传统的政治环境下，有几个大权在握的执政者喜欢清静无为、有权不用呢？

再次，老子本人所追求的境界，也不是一般人所能理解的。在《老子》第十五章中，老子描述了体道行道之士的修养和风貌，写出了体道行道者的形态和心境：慎重、戒惕、威仪、融和、敦厚、空豁、浑朴、恬静、飘逸等。

这些可以看作老子本人的夫子自道，是老子本人的投射，是老子自己的人格精神。

世人世俗功利，贪欲熏心，无法体悟道。庄子说：“其耆（嗜）欲深者，其天机浅。”道则精妙深玄，恍惚不可捉摸。体现在体道之士身上，自然静谧幽沉，难以测识。老子为人，微妙深奥，特立独行，所以说：“深不可识。”因此，老子自然与世俗有一种疏离感。从这一点来看，老子不被人理解也有必然性。

一是误解，二是不理解，加之世人的功利，老子深感孤独。后世不少学者，读懂了老子内心的孤独感。

任继愈先生说：

> 老子深为他曲高和寡感到苦闷。这是古今哲人常有的孤愤心态，因为他们提出问题，在当时一般人的见识尚未达到他的境界，不被理解。孔子一生遭遇也很不顺利，被嘲笑，被围攻。墨子到处游说，没有多少人相信他。也有的哲学家生前被埋没，死后若干年才被重视起来，如汉代的王充，西方的斯宾诺莎等。

这也算古今哲人见识超前共同的苦闷。[①]

日本学者福永光司先生说：

> 老子的“我”是跟“道”对话的“我”，不是跟世俗对话的“我”。老子便以这个“我”做主词，盘坐在中国历史的山谷间，以自语着人的忧愁与欢喜。他的自语，正像山谷间的松涛，格调高越，也像夜海的荡音，清澈如诗。[②]

何止是老子孤独，在人类历史上，一切伟大的人物都是孤独的。比如说在中国：

孔子是孤独的：惶惶然如丧家之犬。

屈原是孤独的：屈原放逐，游于江潭，行吟泽畔，颜色憔悴，形容枯槁。

李白是孤独的：花间一壶酒，独酌无相亲。举杯邀明月，对影成三人。

曹雪芹是孤独的：满纸荒唐言，一把辛酸泪。都云作者痴，谁解其中味？

他们的思想，都是时代的空谷足音，是超越时空的。

他们的作品，都是用血泪、生命写成的，也是超越时空的。

超越时空，就一定会承受时空落差造成的孤独和寂寞。

但这些伟大人物，有一个共同的特点，就是自信。他们虽然孤独，但都相信自己的作品和思想日后会被人理解。

---

① 任继愈：《老子绎读》，国家图书馆出版社，2015 年，第 156 页。

②［日］福永光司：《老子》，陈学冠译，转引自陈鼓应《老子注译及评介》（修订增补本），中华书局，2009 年，第 140 页。

老子说："上士闻道，勤而行之；中士闻道，若存若亡；下士闻道，大笑之，不笑不足以为道。"（第四十一章）"不笑不足以为道"，就是老子的一种自信。

司马迁说："要之死日，然后是非乃定。"这是史学家的自信。

德国哲学家尼采说："我的时间尚未来到；有些人要死后才出生。"[①] 这是哲学家的自信。

第二节　伟大的思想家

伟大的人物都是孤独的，尤其是伟大的思想家，比如老子。但这并不影响老子及《老子》一书对中国乃至世界的影响。

第一，《老子》塑造了中华文明的精神底色。

1949 年，德国哲学家雅斯贝斯在《历史的起源与目标》一书中，提出了"轴心时代"。他认为，在公元前 800 年至公元前 200 年之间，在北纬 30 度附近的地区，各个文明都出现了伟大的精神导师：古希腊有苏格拉底、柏拉图、亚里士多德，以色列有犹太教的先知们，古印度有释迦牟尼，中国则有老子、孔子等先秦诸子。

轴心时代的标志是文化宗师纷纷出现，终极关怀开始觉醒。他们提出的思想原则塑造了不同的文化传统和精神底色，至今仍影响着人类的生活观念。

老子和孔子就是轴心时代的东方圣人，《老子》与《论语》就是塑造中华文明底色的两本书，以《论语》为代表的儒家思想和以《老子》为代表的道家思想，是中国古代哲学思想的两个源头。二者刚柔并济，共同描绘着世世代代中国人的精神世界，于进退之间步

① 陈鼓应：《悲剧哲学家尼采》，中华书局，2015 年，第 58 页。

履从容，成败之下面色坦然。[①]

哲学史家陈荣捷先生说：

> 假如没有《老子》这本书的话，中国文化与中国人的性格将会截然不同。事实上，连作为中国历史与思想主流的儒家，也会不同。因为它并没有逃过道家的影响，佛家的情况也是一样。假如不能真正领会这本小书里的玄妙哲思，我们就不能期望他可以理解中国的哲学、宗教、政治、艺术与医药。[②]

老子从“道”的高度来看待宇宙万物，看待人生、社会、政治，他使中华民族的视野大为开阔，他对世俗的功利、鼠目寸光和坐井观天时时刻刻在发出警示。

幸好，中华民族有了道家老子，我们才有了思维的深度、视野的广度和精神的高度。

第二，《老子》被誉为“万经之王”，其影响遍及世界。

讲几个小故事。

2000 年 12 月 13 日，《人民日报》刊登了一篇文章，讲的是著名数学家陈省身在美国结识爱因斯坦的故事。陈先生到爱因斯坦家里做客，看到爱因斯坦的书架上的书并不多，但有一本书却引起了他的注意，这就是德文译本的《老子》。

俄国大文豪托尔斯泰说：我良好的精神状态，要归功于阅读《老子》。

---

① 参见《读书的力量》编辑出版委员会编：《读书的力量》，长江文艺出版社，2017 年。

② 陈荣捷编著：《中国哲学文献选编》，杨儒宾等译，江苏教育出版社，2006 年，第 137 页。

著名历史学家汤因比评价说：在人类生存的任何地方，道家哲学都是最早的哲学。

著名英籍奥地利经济学家，诺贝尔经济学奖获得者哈耶克也受到《老子》的影响。1966年9月，他在佩勒兰山协会东京会议上的发言稿《一个自由主义社会秩序的原则》中引用了老子的话："难道这一切如此不同于《老子》第57章中的诗句：'我无为也而民自化，我好静而民自正。'"[①]

美国前总统里根，在1988年的《国情咨文》中，引用了《老子》的原话："治大国，若烹小鲜。"一时引得美国多家出版社争相出版《老子》。

《老子》对康德、尼采、罗素、海德格尔都有着不同程度的影响。

《老子》影响了不少思想家、哲学家、历史学家、科学家、文学家、政治家，又通过这些杰出人物的传播，影响到各国的社会、经济和政治，影响了各国民众。

据统计，到目前为止，可查到的各种《老子》的外文版本已有一千多种。据联合国教科文组织统计，被译成外国文字发行量最多的世界文化名著，除《圣经》以外，就是《老子》了。

因此，《老子》这本书，老子的思想，不仅是对中国，而且对世界，都产生了深远的影响。

一方面，老子是孤独的；另一方面，老子又不孤独。伟大的思想家生前寂寞，死后一段时间也可能会寂寞，但一定不会永远寂寞。他们的思想一定会被一些先进人物所接受，然后慢慢被大众所

① 引自雷奥纳多·P. 里奇欧为哈耶克《自由宪章》一书所写的《导言》。见［英］哈耶克：《自由宪章》，杨玉生等译，中国社会科学出版社，2012年，第7页。

接受。

在人类历史中，这些哲人虽然很少，但不能没有他们。他们的思想是空谷中的一声足音，是荒原中的一声呐喊，是黑夜中的一道闪电。他们使人类看到了前进的路，看到了希望，看到了未来！我们应该对这些孤独而伟大的思想家，致以深深的敬意！

下篇

《老子》诠释

悠然心会，妙处难与君说。——［宋］张孝祥《念奴娇·过洞庭》

说　明

我是抱着一种旧经典、新解读的心态，来对《老子》一书进行诠释的。在此，须作几点说明，可能有助于读者了解我的想法。

一、之所以叫《老子》诠释，意思是除了对《老子》文本的一般性注释之外，还侧重对《老子》一书的思想义理进行阐释，并与上篇《权力尚简》的思想相呼应，从而把握老子思想的一贯性和整体性。

二、对《老子》一书进行诠释时，我把握了两条主线：一是“道”(包括“德”)，“道”是老子思想的核心，老子的思想体系是建立在“道”的基础之上的；二是从政治哲学或权力政治学的角度来解释《老子》一书，以此诠释老子的“道”落实于人生和政治领域，尤其是落实于政治领域所形成的独特的政治学说。

三、《老子》一书的语言很有特色。主要是两点，即强为之名、正言若反。把握了《老子》一书的语言特色，对于理解《老子》的思想是有帮助的，这一点也是读者须加以注意的。

四、为了读懂《老子》，我尽可能用老子的话解读文本，即“以老解老”，从整体上去把握老子思想，使老子思想前后贯通起来。

五、我引用了南宋词人张孝祥“悠然心会，妙处难与君说”这句词，意在表达三层意思：

(一)《老子》是一本富含妙理的书，尤其是饱含政治大智慧。

（二）对《老子》的诠释，虽然借助了不少学者的研究成果，但毕竟属于我个人领悟所得，故说“悠然心会”。

（三）我领悟到的《老子》的思想妙处，已尽可能地把它表达出来，但也有一些是难以用语言文字完全表达出来的，故说“妙处难与君说”。

六、《老子》一书版本很多，故原文有异。本书采用的是陈鼓应先生校订的版本，即由中华书局出版的《老子注译及评介》（修订增补本）。这个版本，是陈鼓应先生以王弼通行本为底本，参照众多古本进行精心校释而成的，其中包括了1973年湖南长沙马王堆汉墓出土帛书甲乙本《老子》，1993年湖北荆门郭店村楚墓出土的三种竹简《老子》摘抄本。我认为陈先生校订的这个版本是很不错的一个版本。

七、对《老子》的诠释融入了我多年的学习研究所得，也吸取了不少前人以及当代学者的研究成果，尤其是陈鼓应先生的研究成果。陈先生是研究道家的大家，读他的书深受启发和教益。但本书毕竟是我自己的选择和思考所得，其中一切错误均由我本人负责。

第一章

【题解】

本章通篇讲“道”，是《老子》一书的总纲。

道是什么？道是老子预设的创生宇宙万物的本原，是老子对宇宙万物起源的终极追问。这是逻辑起点，故第一章论“道”。

道是难以言说的，只可意会，不可言传，这反映出老子哲学表达的困难。从道的高度来观照宇宙万物和人类社会，会得出一系列洞见。

【原文】

道可道，非常道[1]；名可名，非常名[2]。

无，名天地之始；有，名万物之母。[3]

故常无，欲以观其妙；常有，欲以观其徼。[4]

此两者，同出而异名，同谓之玄。[5]玄之又玄，众妙之门。[6]

【译文】

道是可以说得出来的，但说得出来的道，就不是永恒的道；道是可以命名的，但可以命名的道之名，就不是永恒的道之名。

无是天地的本始，有是万物的根源。

所以，常从无中，去观察道的微妙；常从有中，去观察道的边际。

无和有这两者，同一来源而名称不同，都可说是很幽深的。幽深又幽深，是一切微妙的门径。

【注释】

［1］第二个“道”字是动词，言说的意思。第一个“道”字和第三个“道”字是老子哲学中的专有名词，指宇宙的本原，亦即创生天地万物的总原理或原动力。“道”是永恒存在的，故而称为“常道”，“常”为真常、永恒之意。

“常”，1973年湖南长沙马王堆汉墓出土的帛书甲乙本《老子》（以下简称“马王堆帛书《老子》”）均作“恒”，汉代为避汉文帝刘恒讳，改为“常”。

［2］第二个“名”字是称谓的意思，是动词。第一个“名”字和第三个“名”字是名词，指道之名。“常名”，指永恒的道之名。

老子之道，看不见，摸不着，无形无象，故不可名。只是为了申说方便，不能没有一个称呼，所以勉强用一个“道”字来称呼它。张岱年先生说：“道非感官所能觉察，故亦不能用一般名言来叙说。普通的名言都由感觉经验来，而道则超乎感觉经验，所以实没有恰当词字可以形容道。”①

［3］这段话有两种断句：一、“无，名天地之始；有，名万物之母。”如王安石注。二、“无名，天地之始；有名，万物之母。”如王弼注。两种断句都有依据，前者理由更充足一些，今取前者。

余培林先生说：“自王弼以来，古人多以‘无名’、‘有名’

① 张岱年：《中国哲学大纲》，中国社会科学出版社，1982年，第19页。以下引用张先生的引文，皆引自此书。

为读，直至王安石才以‘无’、‘有’为读。按名自形生，有形始有名，道既无形，如何有名？且既有名，如何能为万物之母？今不取王注，而从荆公的断法，以‘无’、‘有’为名词，‘名’为动词。”①

无、有：都指道。从道无法感知来看，是“无”；从道创生天地万物来看，是“有”。《老子》第四十章：“天下万物生于有，有生于无。”

陈鼓应先生说：“‘无’、‘有’是指称‘道’的，是表明‘道’由无形质落实向有形质的活动过程。”②

余培林说：“无、有，都是指的道。道，‘视之不见名曰夷，听之不闻名曰希，搏之不得名曰微’（第十四章），并非具体的事物，所以可称为‘无’（此‘无’不等于‘零’）；但道又‘有象’、‘有物’、‘有精’（第二十一章），而能产生天地万物，所以又可称为‘有’。”③

始、母：意思是无名之道是天地的本始。天地混沌初开，然后有万物的产生，而道正是天地初始和万物产生的源头和动力，即母体。道如处女与怀孕或哺乳之女，处女即始，怀孕或哺乳之女即母。

［4］欲：将。

妙：微妙，奥妙。王弼注：“妙者，微之极也。”④

徼：边际。

---

① 余培林：《新译老子读本》，三民书局，1975年，第2页。以下引用余先生的注文，皆引自此书。

② 陈鼓应：《老子注译及评介》（修订增补本），中华书局，2009年，第55页。以下引用陈先生的引文，皆引自此书。

③ 余培林：《新译老子读本》，第1页。

④［魏］王弼注，楼宇烈校释：《老子道德经注》，中华书局，2011年，第2页。以下引用王弼的注文和楼宇烈的校释文字，皆引自此书。

［5］此两者：指上文“无”和“有”。

出：有萌芽、开端的意思。

玄：深黑色，有幽昧、深远、神秘之意，是《老子》的重要概念。

王安石说：“两者，有无之道，而同出于道也。言有无之体用皆出于道，世之学者，常以无为精有为粗，不知二者皆出于道，故云同谓之玄。”①

［6］此指“道”而言。

①［宋］王安石：《老子注》，见熊铁基、陈红星主编《老子集成》第2卷，宗教文化出版社，2011年，第559页。以下引用王安石的注文，皆引自此书。

第二章

【题解】

第一章讲“道”，第二章讲政治，讲治国。老子的运思由“道”马上过渡到圣人治国。这两者有什么关系？

老子预设的“道”，不是要从道开始，推演出一套纯粹的哲学思想体系，而是要让道落实到政治之域，为实施和实现老子理想中的无为政治找到哲学根据。所以，老子的思想体系有着浓厚而一贯的政治学或政治哲学色彩。

本章首先指出事物和观念相对待而生，相反相因，相辅相成，是自然而然的。而道的属性就是自然，自己如此，也就是“道法自然”。

这种道的自然属性落实于政治之域，就是顺其自然，无为而治。圣人在施政时，以“无为”施政，以“不言”行教，功成而弗居。日本学者福永光司对“无为”有精到的解读：“老子的无为，乃是不恣意行事，不孜孜营私，以舍弃一己的一切心思计虑，一依天地自然的理法而行的意思。在天地自然的世界，万物以各种形体而出生，而成长变化为各样的形态，各自有其一份充实的生命之开展；河边的柳树抽发绿色的芽，山中的茶花开放粉红的花蕊，鸟儿在高空上飞翔，鱼儿从深水中跃起。在这个世界，无任何作为性的意志，亦无任何价值意识，一切皆是自尔如是，自然而然，绝无任何造作。”①

本章的落脚点在政治，老子向往的是圣人政治或无为政治。据王弼本，“圣人”一词在《老子》一书中出现了31次，“无为”一词出现了12次。

圣人与无为是什么关系？道家的“圣人”不同于儒家的圣人，儒家的圣人主要是伦理性的，是历史上或传说的人物，如尧、舜。道家的“圣人”主要是政治性的，是老子预设的。在老子心目中，无为政治是理想政治，而圣人是实现这种理想政治的理想人物，也是老子借以表达自己政治思想和政治理想的代言人。

本章还提出了一条政治定律，就是“夫唯弗居，是以不去”，意思是有功而不居功的政治家，人民永远会记得他。

【原文】

天下皆知美之为美，斯恶已；皆知善之为善，斯不善已。[1]

有无相生，难易相成，长短相形，高下相盈，音声相和，前后相随。[2]

是以圣人处无为之事，行不言之教[3]；万物作而不为始，生而不有，为而不恃，功成而弗居[4]。夫唯弗居，是以不去。[5]

【译文】

天下人都知道美之所以为美，丑的观念就自然产生了；都知道善之所以为善，不善的观念也就自然产生了。

有和无相待而生，难和易相待而成，长和短相待而明，高和下相待而显，音和声相待而应，前和后相待而随。

① [日]福永光司：《老子》，陈冠学译，转引自陈鼓应《老子注译及评介》（修订增补本），第63页。

所以，圣人以无为的态度和方式来处事，用不言去自然引导；顺任万物自然生长变化而不加干预，生养万物而不据为己有，惠及万物而不恃之自负，成全万物之化育而不居其功。正因为圣人不居功，所以他的功绩永远不会泯灭。

【注释】

[1] 天下：指天下人。

斯：则，就。

恶：丑。

已：通“矣”，相当于“了”。

这段话意在说明“美”“恶”和“善”“不善”的相待而生，相反相因，也就是说，没有美就自然不会有丑，没有丑就自然不会有美。后面“有无相生”等六句，都在说明观念的相待自然形成，并且在相待关系中自然彰显出来。老子在这里主要强调的是这种相待观念或事物的自然而然。

[2] 有无相生：“有”“无”，指现象界事物的存在或不存在而言，与《老子》第十一章中“有之以为利，无之以为用”的“有”“无”的意义相同，但不同于《老子》第一章中喻道体的“无”“有”，第一章中的“无”“有”属于本体界，此章中的“有”“无”属于现象界。

形：显露，表现。

盈：通行本皆作“倾”，依靠之意。据马王堆帛书《老子》本改正为“盈”。“盈”为“呈”字之假，“呈”与“形”义同，即显露、显现之意，“高下相呈”，是说高与下在相对关系中才显现出来。

音声：音响，响是回声。

[3] 圣人：对“圣人”一词有各种不同的翻译和解释，严灵峰先生

《老子达解》译为“有道的人”；有的则翻译“圣人”为“老子所理想的具有道行的统治者”。

《老子》一书中的“圣人”，是老子预设的体道行道而居于治理国家、治理天下之地位的政治人物，是践行和实现老子无为政治理想的执政者，是老子借以表达自己无为政治思想的代言人。而且老子心目中“圣人”的施政态度和施政方式是“无为”，这种“无为”的施政是反对一切强力的统治的。所以，“圣人”翻译成“有道的人”，不足以反映“圣人”丰富的政治性内涵。而把“圣人”翻译成“统治者”，则不符合老子思想的原意，因“统治”一词，含有凭借政治权力来控制、支配之意，而老子的政治理想是自然无为，是极力反对控制和支配的。故我主张对“圣人”一般不作翻译，从《老子》原文中可以体会“圣人”一词的丰富含义。

无为：不妄为，少为，为而不争，顺其自然而为，指圣人的施政态度和施政方式。陈鼓应先生把“无为”解释为“不妄为、不干扰”，这是对的，但还不全面。根据《老子》一书的整体思想来把握，笔者认为“无为”可从以下两点来理解：

第一，“无为”是针对执政者来说的，不是针对一般人来说的。所以《老子》第十章说：“爱民治国，能无为乎？”

第二，“无为”是圣人等执政者的施政态度和施政方式。“无为”有“不妄为、不干扰”的意思，但含义更广，包括“不妄为，少为，为而不争，顺其自然而为”等意思。特别要注意的是，老子的“无为”，不是什么也不做，而是顺其自然地去“为”。下文的“行不言之教，万物作而不为始，生而不有，为而不恃，功成而弗居”，都是圣人“无为”的内涵。[1]

不言之教：实行“不言”的教导。不言，从字面上理解是“不说话”，但从《老子》一书的整体思想来看，“言”是指政教号令，“不言”就是不发号施令或少发号施令，不用政令或少用政令。“不言之教”，意指施政在于潜移默化、顺其自然的引导，而不是政令式的强迫命令。

[4] 万物：万事万物。“万物”之“物”亦可理解为“人”。黄克剑说：“这里的‘万物’可理解为天地间的万事万物，此即‘无名，万物之始也；有名，万物之母也’之‘万物’；‘万物’之‘物’亦可理解为人，所以‘万物’亦未尝不可称之为百姓。应该说，前一种意义上的‘万物’涵括了后一种意义上的‘万物’，然而即使是在前一种意义上，‘万物’中的人亦是其重心或焦点所在。”[2]

作：兴起。

不为始：因应无为之意。

不有：不据为己有。

不恃：不恃其能。

弗居：不居其功。

对这句话该如何理解？关键是这句话的“万物”是指什么，主语是“圣人”还是“道”。我的理解是：道创造了万物，道是万物的本原。道创造了万物，但并不就此停止，道还养育、成全万物，但对万物并不加干涉，养育万物、成全万物而

---

① 张国骥：《老子尚简政治思想初论》，《湖南师范大学社会科学学报》2020年第4期，第39—46页。

② 黄克剑：《老子疏解》，中华书局，2017年，第70页。该书是以马王堆帛书《老子》乙本为底本而进行校勘的，故原文与《老子》通行本有不同之处。以下引用黄先生的注文，皆引自此书。

不居功。这是道对于万物的“无为”。圣人治国治民，也要依道而行，像道一样“无为”，不为始、不占有、不自恃、不居功。这是圣人把学道的“无为”用于治国治民的“无为”，通过圣人把形而上的自然无为的“道”落实于政治之域，形成自然无为的政治。因此，我认为这句话的主语既是道，又是“圣人”。这样理解，与黄克剑先生对“万物”的解释就吻合了：道的无为的对象是“天地间的万事万物”，圣人无为的对象是人，是“百姓”。

[5] 夫唯：正因为。

不去：不泯灭，不朽。王弼注：“使功在己，则功不可久也。”（王弼《老子道德经注》）

第三章

【题解】

本章老子从圣人和民众的关系上阐述了自己的“无为”政治思想，要点在如何治国治民：一是执政者之施政要“无为”、要“不争”，形成一种朴实的政风，以这种政风带动民风；二是执政者之施政要使民众回归到纯朴的状态。

对这一章思想的理解有不同看法，其中有一种看法认为这是老子的愚民思想，老子主张愚民政策。其实，老子不是在鼓吹愚民政策，而是他鉴于现实社会的物欲横流和道德沦丧，主张回归到纯朴的社会状态，这是老子一贯的社会政治理想。人世间的很多纷争与麻烦，大多源于人的贪婪。老子大声疾呼执政者之施政，要尽力消解人的贪婪，回归真朴，以实现社会和谐，达到天下之治。

【原文】

不尚贤，使民不争[1]；不贵难得之货，使民不为盗[2]；不见可欲，使民心不乱[3]。

是以圣人之治，虚其心，实其腹，弱其志，强其骨。[4]常使民无知无欲。[5]使夫智者不敢为也。[6]为无为，则无不治。[7]

【译文】

不夸耀多有财富，使民众不争财逐利；不看重难得的财货，使民众不行偷盗；不炫耀可贪的事物，使民心不被惑乱。

所以圣人治理政事，要使人民的心灵开阔，生活安饱，意志柔韧，体魄强健。常使民众没有伪诈的心机，没有贪图财物的欲念。使那些巧诈之徒也不敢妄为。（圣人）依照无为的原则去处理政务，那么天下就没有不大治的。

【注释】

［1］不尚贤：有两种解释。第一种解释是不标榜贤才，贤作“贤才”解释，多数注家采用此说。王弼注：“贤，犹能也。”（王弼《老子道德经注》）河上公注：“贤谓世俗之贤……不尚者，不贵之以禄，不尊之以官也。”[①] 憨山德清（释德清）注：“盖尚贤，好名也。名，争之端也。”[②]

第二种解释是不尚多财，“贤”作“多财”解释，“不尚贤”就是不夸耀多有财富。

蒋锡昌说：“《说文》，‘贤，多财也；从贝，臤声。’不尚贤，犹不尚多财；与下文‘不贵难得之货’，‘不见可欲’一律，皆指财物而言。敦本‘贤’作‘宝’，盖为后人旁注之字，不尚多财，则民不争，此老子正用本义。”[③]

冯达甫说：“今各家多宗王注，似宜斟酌。《六书故》：

---

① 王卡点校：《老子道德经河上公章句》，中华书局，1993 年，第 10 页。以下引用河上公注文，皆引自此书。

② ［明］憨山德清：《老子道德经解》，见于《老子集成》第 7 卷，宗教文化出版社，2011 年，第 397 页。以下引用憨山德清的注文，皆引自此书。

③ 蒋锡昌：《老子校诂》，见于《老子集成》第 14 卷，宗教文化出版社，2011 年，第 526 页。以下引用蒋锡昌的注文，皆引自此书。

‘贤，货贝多于人也。’”①

蒋锡昌和冯达甫两位注家之说与众说不同，但与此章上下文意相符合，也符合老子的整体思想，故本注采用此说。

不争：“不争”是老子的重要思想，是“无为”思想的内容之一。此处指不争财逐利。《荀子·礼论》：“人生而有欲，欲而不得，则不能无求。求而无度量分界，则不能不争；争则乱，乱则穷。”（引者注：荀子这里所说的“欲”，主要指利欲，但不止于利欲；“穷”，指无法收拾。）

[2] 贵：看重。

难得之货：指珠玉宝器之类的财货。《老子》第九章：“金玉满堂，莫之能守。”

[3] 见：同“现”，显现，炫耀。

可欲：多欲，多贪欲之意。《老子》一书中的“欲”，多指贪欲。《老子》第四十六章：“咎莫大于欲得。”

[4] 如何理解“虚其心”“弱其志”这两句的意义，注家理解不一，大多认为是使百姓的心灵空虚、削弱百姓的意志，老子在鼓吹愚民政策，是应该否定的。但也有从正面积极的意义解读的，下面举两位注家之说，这对我们很有启发：

第一，陈鼓应先生说：“此处‘虚’、‘弱’，为老学特有用词，都是正面的、肯定的意义（如十六章‘致虚极’、四十一章‘弱者道之用’等，都是正面、肯定的意义）。本章的‘虚’，意指心境的开阔；‘弱’，意指心志的柔韧。”②

第二，张舜徽先生说：“四‘其’字，皆指人君自己。虚

① 冯达甫：《老子译注》，上海古籍出版社，1991年，第7页。以下引用冯先生的注文，皆引自此书。

② 陈鼓应：《老子注译及评介》（修订增补本），第68—69页。

其心，谓少欲也；实其腹，谓广纳也；弱其志，谓谦抑能下人也；强其骨，谓坚定有以自立也。”[①]陈先生、张先生两说都是正面理解，没有负面的意思，且都是从政治角度解读。陈说主语在人，其意是圣人在治民时，要使民众达到心境开阔、意志柔韧的积极精神状态。张说主语在君，其意在治国的君主要具备清静寡欲和谦抑下人的政治品质。陈、张两注均说得有理。此注采用了陈先生之说。

[5] 无知无欲：无知，指没有投机取巧的心机。知，即“智”。无欲，指没有贪图财物的想法。

陈鼓应先生说：“王弼注：‘守其真也。’即是说，保持心灵的纯真朴质。五十七章云：‘我无欲，而民自朴。’可证老子倡‘无欲’以保持内心的真朴，且‘无欲’为圣人修养的一种崇高的心境。”[②]

陈先生又说：“名位实足以引起人的争逐，财货实足以激起人的贪图。名位的争逐，财货的贪图，于是巧诈伪作的心智活动就层出不穷了，这是导致社会的混乱与冲突的主要原因。解决的方法，一方面要给人们生活安饱，另一方面要开阔人们的心思。所谓‘无知’，并不是行愚民政策，乃是消解巧伪的心智。所谓‘无欲’，并不是要消除自然的本能，而是消解贪欲的扩张。”[③]

[6] 夫：指示代词，“那”的意思。

不敢为：不敢妄为。“不敢为”一词亦见于《老子》第六十四章：“以辅万物之自然而不敢为。”

① 张舜徽：《周秦道论发微》，中华书局，1982年，第165页。以下引用张先生的引文，皆引自此书。

② 陈鼓应：《老子注译及评介》（修订增补本），第69页。

③ 陈鼓应：《老子注译及评介》（修订增补本），第70页。

[7] 为无为：以无为的原则去做，即以顺任自然的态度和方式去处理政务。《老子》第五十七章："圣人云：'我无为，而民自化；我好静，而民自正；我无事，而民自富；我无欲，而民自朴。'"

河上公注："不造作，动因循。"(《老子道德经河上公章句》)

王充曰："蘧伯玉治卫，子贡使人问之：'何以治卫？'对曰：'以不治治之。'夫不治之治，无为之道也。"

童书业说："老子的'无为'思想，也是从春秋时代的自然主义思潮来的。在春秋时，已有'无为'思想的萌芽，老子发展了这种思想，把'无为'思想作为他的政治理论的核心，这是和他的处世哲学相联系着的。他的处世哲学以退为进，以后为先，应用到政治上，就是'清净无为'。这种'无为'思想反映的阶级性，自然是小所有者的利益。小所有者隐士反对统治者的作为，他们认为统治者的一切作为，都是扰乱天下，使百姓不安的。他们要求统治者无所作为，效法自然，让百姓自生自长，自由发展，各适其愿，这样天下就永远太平了。"①

① 童书业：《先秦七子思想研究》，上海人民出版社，2019年，第144页。以下引用童先生的引文，皆引自此书。

第四章

【题解】

此章主旨在论道。“道”是不可言说的，但又不得不言说。比起《老子》第一章的论道，这一章更为深入：再一次讲到道是万物之源，又进一步讲了道的作用是无穷的；再一次讲到道是很幽隐玄妙的，又强调了道的实存性。而且，老子进一步明确地否定了宇宙万物的神造之说。

老子就是通过对道的层层阐述，把不可言说的“道”的属性一步步展现出来。

【原文】

道冲，而用之或不盈。[1]渊兮，似万物之宗[2]；〔挫其锐，解其纷，和其光，同其尘，[3]〕湛兮，似或存[4]。吾不知谁之子，象帝之先。[5]

【译文】

道体是空虚的，然而其作用却又不穷竭。（道）深邃啊！好像是万物的宗主；〔不露锋芒，消解纷扰，含敛光耀，混同尘世。〕（道）幽隐不可见啊！似无而又实存。我不知道它是自哪里产生的，好像在天帝之前就有了它。

【注释】

[1] 冲：古字为“盅”，空虚之意。

或：又。下文“似或存”的“或”同义。

不盈：不满，不穷。

[2] 渊兮：渊，深邃。兮，语气词，相当于现代汉语的“啊”。

宗：宗主，宗祖，本原。

[3] 多数注家怀疑这四句是《老子》第五十六章错简重出，当删。理由有二：一是这四句与此章上下文意不相衔接；二是上句“渊兮，似万物之宗”与下句“湛兮，似或存”正好相对成文。

[4] 湛：沉，深，形容“道”的隐而未形。

[5] 象：好像。

帝：指最高的天神，如上帝、天帝。

先：注家有两种解释。一是宗主、宗祖之义。二是本义，即先后之“先”。今取先后之先之义。理由有二：

一是有不少注家注释为先后之先，如河上公注：“道似在天帝之前，此言道乃先天地生也。”(《老子道德经河上公章句》)

二是《老子》一书中的“先”字，包括此章共出现七次，其他六次即第七章、第二十五章、第六十二章各一次，第六十七章三次，都是先后之先，而不是先的引申义“祖先”。

此句可与《老子》第二十五章“有物混成，先天地生”联系起来理解。

第五章

【题解】

此章主旨在阐述圣人无为施政。圣人以天道观人道（主要是政道），人道法天道，治国治民之道在顺应自然，清静无为，忌政令烦苛，主张为政不在多言。

对本章“圣人不仁，以百姓为刍狗”这句话，注家有不同的看法。有人说这句话反映了老子把百姓当作刍狗看待，认为老子主张对人民不行仁政，视民如草芥。这是误解了老子的思想。从《老子》一书的整体思想来看，老子主张政道效法天道，天道无私，无憎无爱，一视同仁，故圣人施政也应顺应自然，对百姓不加干涉，尽可能让百姓自主自为。这正是老子“无为而无不为”政治思想的反映。

【原文】

天地不仁，以万物为刍狗[1]；圣人不仁，以百姓为刍狗[2]。

天地之间，其犹橐籥乎？虚而不屈，动而愈出。[3]

多言数穷，不如守中。[4]

【译文】

天地不偏不私，任凭万物自然生长；圣人效法天地之道，对百姓无所偏爱，纯任百姓自己发展。

天地之间，岂不像个风箱吗？空虚但不会穷竭，发动起来而生生不息。

政令烦苛反而加速败亡，不如持守虚静无为。

【注释】

［1］天地不仁：与《老子》第七十九章“天道无亲”的意思相同。仁，作仁爱解释，引申有偏私之意。“仁”是儒家思想的核心，但在老子的思想体系中，“仁”并不占重要地位。《老子》第三十八章说：“失道而后德，失德而后仁。”“仁”仅为三等而已。陈荣捷说：“意指天地不偏不党，公正无私，毫无人为蓄意的仁爱之意。”[①]

以万物为刍狗：刍狗，用草扎成的狗，作为祭祀时使用，祭祀后丢掉。

此句意思是说，天地对于万物一视同仁，无憎无爱，纯任万物之本性而自然发展。因此，“以万物为刍狗”。

任继愈先生说：“‘刍狗’，古代祭祀时用草扎成的狗。人们把草做成刍狗的时候，并不爱它，重视它；人们祭祀完了抛开它，也不是恨它，轻视它。”[②]

［2］怎样理解老子这一句话的意思呢？有一些注家认为这是老子把人不当人，视民如草芥。其实，这是老子主张百姓自为、纯任

① 陈荣捷编著：《中国哲学文献选编》，杨儒宾等译，江苏教育出版社，2006年，第143页。以下引用陈先生的引文，皆引自此书。

② 任继愈：《老子绎读》，国家图书馆出版社，2015年，第12页。以下引用任先生的引文，皆引自此书。

自然的无为治国思想。不少注家准确理解了这一点，现举四位注家之说，对我们是很有启发的：

河上公注："圣人爱养万民，不以仁恩，法天地任自然。"（《老子道德经河上公章句》）

王弼注："天地任自然，无为无造，万物自相治理，故不仁也。仁者必造立施化，有恩有为。造立施化，则物失其真。有恩有为，则物不具存。物不具存，则不足以备载。天地不为兽生刍，而兽食刍；不为人生狗，而人食狗。无为于万物而万物各适其所用，则莫不赡矣。若慧由己树，未足任也。"又说："圣人与天地合其德，以百姓比刍狗也。"（王弼《老子道德经注》）

吴澄说："仁谓有心于爱之也。刍狗，缚草为狗之形，祷雨所用也，既祷则弃之，无复有顾惜之意。天地无心于爱物而任其自生自成，圣人无心于爱民而任其自作自息，故以刍狗为喻。盖圣人之心虚而无所倚著，若有心于爱民则心不虚矣。"①

陈鼓应先生说："圣人不仁：圣人无所偏爱。即意指圣人取法于天地之纯任自然。"②

［3］橐籥：风箱。风箱的功能，比喻自然的功能，自然是生生不息的。

不屈：不竭。

此句意在以风箱鼓风为喻，以此隐喻道之体虚而道之用却无穷尽。

［4］多言数穷：言，指政令指示。多言，意指政令繁多，即老子语

---

①［元］吴澄：《道德真经注》，见于《老子集成》第5卷，宗教文化出版社，2011年，第610页。以下引用吴澄的注文，皆引自此书。

② 陈鼓应：《老子注译及评介》（修订增补本），第76页。

境中的“有为”。数穷，加速败亡，数，通“速”，快。

王弼说：“愈为之则愈失之矣。”（王弼《老子道德经注》）

蒋锡昌说：“‘多言’为‘不言’之反，亦为‘无为’之反，故‘多言’即有为也。”（蒋锡昌《老子校诂》）

守中：持守虚静。

蒋锡昌说：“此中乃老子自谓其中正之道，即无为之道也。……‘多言数穷，不如守中’，言人君有为则速穷，故不如守清静之道之为愈也。”（蒋锡昌《老子校诂》）

第六章

【题解】

与第一章、第四章一样，此章也是论道的。此章讲道，须注意“玄牝”一词，老子用微妙的母性来形容道孕育万物而生生不息。

老子是楚国苦县人，苦县即今天的河南省鹿邑县。苦县原属陈国，陈国在今天河南淮阳县及安徽亳州市谯城区一带。在春秋末年，陈国为楚国所灭，故老子可以说是楚国人，也是陈国人。陈国的文化崇拜母性与月亮，尚阴柔。老子应受到母国陈国文化的熏陶与影响，故《老子》一书有着对母性阴柔之美的歌颂。

本章用微妙的母性来描写道：一是用母性来说明道为产生天地万物的始源，即所谓“玄牝之门”“天地根”；二是用母性来形容道的功能，母性孕育万物而繁衍不息，即所谓“绵绵若存，用之不勤”。从这里也可以理解老子崇尚柔性治国的政治思想。

【原文】

谷神不死，是谓玄牝。[1]玄牝之门，是谓天地根。[2]绵绵若存，用之不勤。[3]

【译文】

生养之神（道）是永不穷竭的，这就是道的微妙的母性。微妙的母性之门，是天地的根源。连绵不绝好像永远存在着，作用无穷无尽。

【注释】

[1] 谷神：生养之神，老子以“谷神”喻道。高亨先生说：“谷神者，道之别名也。……谷神者，生养之神。道能生天地养万物，故曰谷神。”①

玄牝：微妙的母性，此指天地万物产生的地方。“玄牝”与“谷神”相应，“玄”用以形容富有生机的“道”的深微、幽眇。《老子》第二十五章：“寂兮寥兮，独立不改，周行而不殆，可以为天下母。”

陈鼓应先生说：“这里用以形容‘道’的不可思议的生殖力。‘牝’，即是生殖，‘道’（‘谷神’）生殖天地万物，整个创生的过程却没有一丝形迹可寻，所以用‘玄’来形容。‘玄’，即幽深不测的意思。”②

[2] 门、根：门指门径，根指本源。门与根意在说明天地万物为“道”所生所养。《老子》第一章：“玄之又玄，众妙之门。”

[3] 绵绵：连绵不绝。

不勤：不穷竭。勤，穷尽。

此句在形容道的功能，道孕育万物而生生不息。

---

① 高亨：《老子正诂》，清华大学出版社，2011年，第13页。以下引用高亨先生的注文，皆引自此书。

② 陈鼓应：《老子注译及评介》（修订增补本），第80—81页。

第七章

【题解】

本章的主旨在于阐述圣人治国要效法天地之运作，要有一种无私和谦卑的政治品质。

有人认为这一章反映了老子的权谋思想：退是为了进，看起来无私，实际上是为了实现自私。比如宋代的哲学家程颢和程颐就是这样认为的。

从老子的整体思想而言，老子没有任何权谋思想。老子主张执政者是无私的，既然无私，那还玩什么权谋呢？其实，真正优秀的政治家都须“后其身”“外其身”而无私，具有一种谦卑、退让的政治品质，否则，人们不会推举他，拥戴他。这是中国传统政治文化中的好传统。至于后世有人将此理解为权谋，这就与老子无关了。

【原文】

天长地久。天地所以能长且久者，以其不自生，故能长生。[1]

是以圣人后其身而身先，外其身而身存。[2]非以其无私邪？故能成其私。[3]

【译文】

天地长久。天地所以能够长久，是因为天地的一切运作都不着意为自己而生，故能够长久。

所以圣人自己谦退在后面，反而能得到大家的爱戴推尊；把自己置之度外，反而能保存自己。不正是由于他不自私吗？反而能成就他自己。

【注释】

[1] 注家多在“不自生”上留意老子思想：

河上公注：“天地所以独能长且久者，以其安静，施不求报。”（《老子道德经河上公章句》）

林希逸注：“天地之生万物，自然而然，无所容心，故千万岁犹一日也。”①

长生：长久。生，久。

[2] 后其身：马王堆帛书《老子》乙本作“退其身”。后、退都有退后、退让、谦让之意。

河上公注：“先人而后己也。天下敬之，先以为官长。”（《老子道德经河上公章句》）

释德清说：“是以圣人体天地之德，不私其身以先人，故人乐推而不厌。”（憨山德清《老子道德经解》）

王淮说：“所谓‘后其身’，即是一种谦让、退藏与收敛的精神。”②

以上诸家所说很符合老子的原意，也可以看出这并非老子

① [宋] 林希逸：《道德真经口义》，见于《老子集成》第4卷，宗教文化出版社，2011年，第499页。以下引用林希逸的注文，皆引自此书。

② 王淮：《老子探义》，转引自陈鼓应《老子注译及评介》（修订增补本），第84页。

的权谋思想。

[3] 邪:疑问语气词,相当于现代汉语的“吗”“呢”。

成其私:成就他自己。

此句有两个“私”字,正确地理解这两个“私”的含义,对于理解老子这一句话的意思是很重要的。仔细体会其意,前面“非以其无私邪”的“私”,指私心、自私;后面“故能成其私”的“私”可理解为“自己”。“无私”而“成其私”,意思是不以利己为念,反而能够成就自己。[①]

① 黄克剑:《老子疏解》,第103页。

第八章

【题解】

本章主旨认为，政治须像水一样，利万物而不争。没有水，就没有生命，水能尽其所能贡献自己去滋润万物，但水有功而不居，更不和别人争功、争名、争利。本章是用水性来比喻理想的政治家应有水之德、水之性，即“上善若水”“水善利万物而不争”。本章值得注意的有以下几点：

一是像水一样“处众人之所恶”。老子认为政治家最完善的人格是像水一样，别人不愿去的地方，他愿意去；别人不愿意做的事，他愿意做。他处下谦卑，忍辱负重。

二是像水一样“动善时”。“时”有适时、合于时宜之义，也有时势、时局之义，也有时机、时运之义。老子在这里讲“动善时”，主要是针对执政者来说的，以水为喻，执政者之治国要像水一样，做到“动善时”。

“时”在中国传统文化中是很讲究的。比如，至今还有许多与“时”有关的成语：把握时机，待时而动；机不可失，时不再来；时也命也；时势造英雄，英雄造时势；识时务者为俊杰；圣之时者也；等等。

“时”非常重要，“时”也最难把握，有时靠理性，有时靠直觉。它是一种见微知著的洞察力，是一种融知识、经验、远见、判断力于一体的智慧。

三是本章可以结合《老子》第二十二章、第四十三章、第六十六章、第七十八章一起来读，从整体上来把握老子的思想。第二十二章与本章一样也讲到不争："夫唯不争，故天下莫能与之争。"第四十三章、第七十八章都在讲水是柔弱的，但柔弱胜刚强："天下之至柔，驰骋天下之至坚。""天下莫柔弱于水，而攻坚强者莫之能胜。"第六十六章讲水的包容谦卑："江海之所以能为百谷王者，以其善下之，故能为百谷王。"这是老子心目中希望的圣人政治家人格、品质及其施政风格："上善若水。"

【原文】

上善若水。[1]水善利万物而不争，处众人之所恶，故几于道。[2]居善地，心善渊，与善仁，言善信，政善治，事善能，动善时。[3]夫唯不争，故无尤。[4]

【译文】

上善的人好像水一样。水善于滋润万物而不和万物相争，停留在大家所厌恶的地方，所以最接近于道。居处善于选择地方，心胸善于保持沉静，待人善于真诚相爱，说话善于遵守信用，为政善于取得政绩，处事善于发挥所长，行动善于掌握时机。正因为有不争的美德，所以没有过失。

【注释】

[1] 上善：指最高或至高的善，此处指"上善之人"。上，上等，上品，有至、最之意。河上公注："上善之人，如水之性。"（《老子道德经河上公章句》）

[2] 所恶：所厌恶的地方，指低处。恶，厌恶。

几于道：近于道。几，接近。

这句话描述了水的三个特性：水能滋养万物，所以说“利万物”，这是水的第一特性；水性柔弱，决之则流，壅之则止，所以说“不争”，这是水的第二特性；水常流积于卑下之处，而卑下处正是众人所厌恶的，所以说“处众人之所恶”，这是水的第三特性。水有此三个特性，所以近于道。

范应元对这一句解读很到位：“水之为物，得天一之炁，无定形而靡不通，故润万物者莫润乎水，乃善利也。遇方则方，遇圆则圆，何争之有。上善之人，则微妙玄通，常善利于人物而不争，故善亦如水。众人好高而恶下，水独处之，上善之人常谦下也。有此之德，故近于道。”①

陈荣捷说：“水、牝与婴儿，是老子用以象征道之最著名者，此种象征基本上的是伦理的，而非形上学的。颇堪玩味的是，初期的印度人将水和创造联结在一起；希腊人则视之为自然的现象；古代中国的哲学家，不管老子或孔子，则宁可从中寻得道德的训示。笼统说来，这些不同的进路，分别形成了印度、西方与东亚不同的文化特色。”②

[3] 居善地：意为自处像地那样谦下、不争。善地，卑下之地。《老子》第三十九章说：“贵以贱为本，高以下为基。”第六十六章又说：“江海之所以能为百谷王者，以其善下之。”

渊：静而深。

与：指和别人交往。

政善治：“政”，王弼本作“正”，“正”“政”同。此谓圣人治

① [宋] 范应元：《老子道德经古本集注》，见于《老子集成》第4卷，宗教文化出版社，2011年，第400页。以下引用范应元的注文，皆引自此书。

② 陈荣捷编著：《中国哲学文献选编》，第144页。

政，则能有至善的治绩。《老子》第五十七章："我无为，而民自化；我好静，而民自正；我无事，而民自富；我无欲，而民自朴。"此正是圣人的"政善治"。

动善时：蒋锡昌从执政者无为、人民自为，对"动善时"作了政治性的解读，十分精到。他说："《庄子·天下》篇述老聃之学曰：'其动若水，其静若镜，其应若响。'《司马迁传》述道家之学曰：'与时迁徙，应物变化。'皆此所谓'动善时'也。其实老子之所谓'动善时'者，非圣人自己有何积极之动作而能随时应变；乃圣人无为无事，自己渊默不动，而一任人民之自作自息也。"（蒋锡昌《老子校诂》）

关于以上七句，有不少注家的注释准确到位，再试举两位：

张松如说："（这）七句，都是水德的写状，又是实指上善之人，亦即通过水的形象来表现'圣人'乃是道的体现者。"①

薛蕙说："此言上善若水也，行已不争，避高处下，善地也。藏心微妙，深不可测，善渊也。其施兼爱而无私，善仁也。其言有征而不爽（违背），善信也。治国则清静自正，善治也。遇事则因应无方，善能也。进退存亡，合于天道，善时也。"②

［4］夫唯：正因为。

尤：过失。

范应元说："居善地者，可止则止。心善渊者，中常湛静。与善仁者，称物平施（权衡物之轻重而公平地施与）。言

① 张松如：《老子校读》，吉林人民出版社，1981 年，第 50 页。以下引用张先生的引文，皆引自此书。

②［明］薛蕙：《老子集解》，见于《老子集成》第 6 卷，宗教文化出版社，2011 年，第 283 页。以下引用薛蕙的注文，皆引自此书。

善信者，声不妄发。政善治者，德惟无私。事善能者，无所不通。动善时者，可行则行。有是德而有是善，夫惟不争，是以无过而全德尽善也。苏曰：'有善而不免于人非者，以其争也。水惟不争，故兼七善而无尤。'"（范应元《老子道德经古本集注》。范应元引苏辙引文，见于苏辙《道德真经注》）

第九章

【题解】

本章关键词是“盈”，盈即满溢、过度的意思。自满自骄，都是盈的表现。持盈的结果，将不免于失败。老子谆谆告诫执政者不可盈满，要向天道学习，在功成名就之后，要适可而止，功成不居，“身退”不盈，既是一种谦卑品质，也是长保之道。

本章还提出“天道”观。《老子》第四十七章、第七十三章、第七十七章、第七十九章和第八十一章都提到“天道”（天之道）。老子的“天道”指的是自然的规律。老子认为“天”是无为的，自然的，是无意志的；“天道”是循环的，老子从天象运行规律得到启发，认为天道是变化的，而不是静止的。人道包括政道要从天道中得到启发，并向天道学习。

“功成身退”思想，就是从“天道”中得到启发而产生的，是符合天道的。这一思想深刻地影响了中国几千年来传统士大夫的心灵世界。

【原文】

持而盈之，不如其已[1]；

揣而锐之，不可长保[2]。

金玉满堂，莫之能守[3]；

富贵而骄，自遗其咎。[4]

功遂身退，天之道也。[5]

【译文】

执持盈满，不如适时停止；

显露锋芒，锐势难保长久。

金玉满堂，无法守藏；

富贵而骄，自取祸患。

功成身退，是合于自然规律的。

【注释】

[1] 持而盈之：含有自满自骄的意思。本章的三个“而”字，都是“并且”“而且”的意思，不是“但是”的意思。

已：停止。

此句可参看《老子》第十五章：“保此道者，不欲盈。”以及第三十章：“物壮则老，是谓不道，不道早已。”

[2] 揣而锐之：捶击使它尖锐，磨得又尖又利，含有显露锋芒的意思。揣，捶击。

[3] 这一思想深刻地影响了中国人几千年，不断被思想家、小说家所讲述而深入人心。曹雪芹《红楼梦》第一回，落拓书生甄士隐解说跛足道人的《好了歌》，其解词云：“陋室空堂，当年笏满床；衰草枯杨，曾为歌舞场。蛛丝儿结满雕梁，绿纱今又糊在蓬窗上。说甚么脂正浓，粉正香！如何两鬓又成霜？昨日黄土陇头埋白骨，今宵红绡帐底卧鸳鸯。金满箱，银满箱，转眼乞丐人皆谤。正叹他人命不长，那知自己归来丧？训有方，保不定日后作强梁；择膏粱，谁承望流落在烟花巷！因嫌纱帽小，致使锁枷扛。昨怜破袄寒，今嫌紫蟒长。乱烘烘，你方唱

罢我登场，反认他乡是故乡。甚荒唐，到头来，都是为他人作嫁衣裳！”

如果把老子“金玉满堂，莫之能守”的内涵扩大，这《好了歌》的解词，用来解读老子所说的“金玉满堂，莫之能守”，也是合适的。“金玉满堂，莫之能守”既是老子对历史和现实的沉痛总结，也是对后人的深刻警示。这样的悲剧虽然令人深感沉重，但确实在中国历史上重演了几千年！

[4] 遗：招致。

咎：灾祸。《老子》第四十六章：“咎莫大于欲得，祸莫大于不知足。”

[5] 功遂身退：功遂，指功业完成。遂，完成；身退，引身而退，有敛藏锋芒、不居功的意思。

王真说：“此言身退者，非谓必使其避位而去也，但欲其功成而不有之耳。”①

陈荣捷说：“人成功了就应该身退。虽然隐士时常借用道家的名义，但道家的生活方式却不是隐士式的。退隐的观念即使在儒家思想中，也不全然匮乏，孟子即说孔子之道是‘可以退则退’。”②

---

①［唐］王真：《道德经论兵要义述》，见于《老子集成》第1卷，宗教文化出版社，2011年，第566页。以下引用王真的注文，皆引自此书。

② 陈荣捷编著：《中国哲学文献选编》，第144页。

第十章

【题解】

本章首次提出“一”来指道。

我们怎么理解老子用“一”来指道呢?《说文解字》说:“一,惟初太始,道立于一,造分天地,化成万物。”德国神学家库萨的尼古拉(Nicolaus Cusanus)说:“绝对的极大既是一,又是一切;一切事物都在它里面,因为它是极大。”[①]这两种对“一”的解释,基本符合老子关于“一”即“道”的本意。

不过,本章的主旨还是在讲执政者要持守“道”而提高精神修养和政治修养,其落脚点在于“爱民治国”,施“无为”之政。同时,反对权谋心机,主张向大自然学习,像赤子一样,大自然和赤子都是没有机心的,是一种自然而然的运行生长。

王安石深刻地解读了老子提出的“爱民治国,能无为乎”这一政治思想,也就是:对于爱民,以不爱为爱;对于治国,以不治为治。老子看到当时不少统治者打着“爱民治国”的幌子,干扰百姓生活,搞乱国家,名为爱民,实则扰民,名为治国,实则乱国。老子深刻地认识到,与其这样,还不如让百姓自主自为,自我管理,

---

① 北京大学哲学系外国哲学史教研室编译:《西方哲学原著选读》上卷,商务印书馆,1981年,第300页。

自我发展，自我完善，而且老子相信百姓有自主自为的潜能。这是老子的一种限权思想，限制政治权力以尽可能地少干预百姓生活，让百姓在自为自主的情况下去自我完成。这一政治思想与儒家主张的统治者爱民如子的政治思想是不同的，体现了儒道两家在治国治民思想上的不同路径。

老子是政治哲学家，对当时政治有着深刻的洞察，对政治权力有着深刻的思考。王安石是政治家，有着丰富的治国经验，对老子这一思想才有着切身的体会。从不受约束的权力给人民带来的灾难以及世界近代以来的限权政治思想这两个方面，去看老子思想以及王安石对老子思想的解读，才能体会出老子这一政治思想的超越时空的深刻之处。

【原文】[1]

载营魄抱一，能无离乎？[2]

涤除玄览，能无疵乎？[3]

专气致柔，能如婴儿乎？[4]

天门开阖，能为雌乎？[5]

明白四达，能无知乎？[6]

爱民治国，能无为乎？[7]

〔生之畜之。生而不有，为而不恃，长而不宰，是谓“玄德”。[8]〕

【译文】

魂魄相合而持守于道，能够做到不违不离吗？

洗清杂念而深入观照，能够没有瑕疵吗？

结聚精气以致柔顺，能够像婴儿一样吗？

感官心机发动，能够做到柔弱而守静吗？

通晓四方，能不用心机吗？

爱民治国，能自然无为吗?

〔生长万物，养育万物。生长而不占有，蓄养而不依恃，导引而不主宰，这就是最深的“德”。〕

【注释】

[1] 关于此章的文字排序有两种。一种是通行本的排序，如王弼本：

载营魄抱一，能无离乎?

专气致柔，能如婴儿乎?

涤除玄览，能无疵乎?

爱民治国，能无为乎?

天门开阖，能为雌乎?

明白四达，能无知乎?

〔生之畜之。生而不有，为而不恃，长而不宰，是谓“玄德”。〕

一种是陈鼓应先生建议的排序。陈鼓应先生认为通行的排序有错乱，按照老子“修之于身”“修之于天下”的文例推测，可试将此章文序调整如下：

载营魄抱一，能无离乎?

涤除玄览，能无疵乎?

专气致柔，能为婴儿乎?

天门开阖，能为雌乎?

明白四达，能无知乎?

爱民治国，能无为乎?

〔生之畜之。生而不有，为而不恃，长而不宰，是谓“玄德”。〕[①]

我认为陈先生说得有道理，调整后的文序更符合老子“无

① 陈鼓应:《老子注译及评介》(修订增补本)，第99页。

为而治”的整体政治思想，故此章采纳了陈先生的排序建议。

[2] 载：语气词，与“夫”的用法差不多。

营魄：魂魄。河上公说：“营魄，魂魄也。”（《老子道德经河上公章句》）

抱一：守道。“一”指“道”。《老子》第二十二章“是以圣人执一为天下式”，第三十九章“昔之得一者”，“一”均指“道”。

不离：不离于道。

[3] 玄览：马王堆帛书《老子》乙本作“玄鉴”，喻心灵深处明澈如镜。“玄”，形容人心的深邃灵妙。

高亨说：“玄者形而上也，鉴者镜也。玄鉴者，内心之光明，为形而上之镜，能照察事物，故谓之玄鉴。”（高亨《老子正诂》）

张岱年说：“老子不讲‘为学’，而讲‘为道’，于是创立一种直觉法，不重经验，而主直接冥会宇宙本根。……玄览即一种直觉。”①

[4] 专气：集气。专，聚合。

老子很推崇婴儿状态。那么，婴儿的状态是什么呢？《老子》第五十五章对此有详细的描述：“含德之厚，比于赤子。蜂虿虺蛇不螫，攫鸟猛兽不搏。骨弱筋柔而握固。未知牝牡之合而朘作，精之至也。终日号而不嗄，和之至也。”“赤子”就是婴儿，婴儿的状态是“精之至”“和之至”，也即婴儿精力充足、元气纯和。而老子此处是指通过“专气致柔”的修养工夫，以达到精力充足、元气纯和的境界。

[5] 天门：指人的感官，侧重指心。“天门”一词各家的注解不一，此处采用《荀子·正名》中所说“天官”之义，指目、耳、口、

---

① 张岱年：《中国哲学大纲》，第531页。

鼻、心、体等，侧重于“心”。

开阖：开和合，喻感官及心机发动。

能为雌乎：“为雌”即柔弱守静的意思，与老子的“柔弱”“谦下”的基本思想相合。《老子》第二十八章：“知其雄，守其雌。”

［6］明白：懂得、了解之意。

知：通“智”，指聪明或心机。

［7］无为：王弼注本作“无知”，“无知”即“无智”。“无知”在不少版本中作“无为”，作“无为”比作“无知”好。

俞樾说：“唐景龙碑作爱民治国能无为，天门开阖能为雌，明白四达能无知，其义并胜，当从之。爱民治国能无为，即老子无为而治之旨。”①

此句意思是说，执政者要以自然无为施政，“爱民”当以不爱爱之，“治国”当以不治治之。“无为”在这里就是不爱而爱，不治而治。老子对现实政治有着深刻的洞察，在不少情况下，执政者名义上是“爱民”，实际上是害民，名义上是“治国”，实际上是乱国。故老子有鉴于此，极力主张“无为”施政，尽可能让民众“自为”。这一点，不容易被人理解，因为人们深受儒家“爱民如子”思想的影响。但也有很好地理解了老子这一无为政治思想的，比如宋代政治家王安石，他说：“爱民者，以不爱爱之乃长。治国者，以不治治之乃长。惟其不爱而爱、不治而治，故曰无为。”（王安石《老子注》）

［8］这几句文字重见于《老子》第五十一章，疑为第五十一章错简重出。这一段详细注释见《老子》第五十一章。

---

①［清］俞樾：《老子平议》，见于《老子集成》第11卷，宗教文化出版社，2011年，第666页。

第十一章

【题解】

本章的核心在说明这样一个道理："有之以为利，无之以为用。"

车的作用在于运货载人，器皿的作用在于盛物，室的作用在于居住。这是车、器、室给人的便利，所以说"有之以为利"。有车子而无车毂的中空，就无法行驶；有器皿而无中空，就无法盛物；有室屋而无门窗四壁的中空，就无法居住。这是中空的作用，所以说"无之以为用"。

本章所说的"有""无"与《老子》第一章所说的"有""无"意思是不同的。第一章所说的有和无是超现象界的，属本体界的哲学范畴；本章所说的有和无是现象界的，属经验界的概念。

有与无和利与用是一种对待关系，相互补充，相互发挥，但老子的重点在"无"和"用"，因为人们容易忽视无用之用，老子在提醒人们不可忽视"无之以为用"。

【原文】

三十辐，共一毂，当其无，有车之用。[1]

埏埴以为器，当其无，有器之用。[2]

凿户牖以为室，当其无，有室之用。[3]

故有之以为利，无之以为用。[4]

【译文】

三十根辐条汇集到一个车毂当中，有了车毂的中空，才有车的功用。

揉合陶土做成器皿，有了器皿的中空，才有器皿的功用。

开凿门窗建造房屋，有了门窗四壁的中空，才有房屋的功用。

所以，“有”在于提供便利，“无”在于体现功用。

【注释】

[1] 辐：车轮中连接车毂和车辋的一条条直棍。古时候的车轮由三十根辐条所构成，故曰“三十辐，共一毂”。

毂：车轮的中心部分，有圆孔，可以插轴。

当其无：这里的“无”指车毂中心的圆孔。

[2] 埏埴：和泥制作陶器。埏，以水和土；埴，制陶器的黏土。

当其无：这里的“无”指陶器中空。

[3] 凿：开凿。

户牖：门和窗。

当其无：这里的“无”指门窗中空。

[4] 此句意思是说，“有”所带给人们的便利，只有当它和“无”相配合时，才显示出它的用处来。

第十二章

【题解】

本章老子在阐述“为腹不为目”、反对物欲的思想。一般认为这是老子的养生思想，但从“是以圣人为腹不为目，故去彼取此”来看，老子的意思实际在于指出物欲生活的害处。

老子指出物欲的害处，是有其现实背景的。春秋时期，他目睹统治者寻求官能的刺激，骄奢淫逸，纵欲放荡，使心灵纷扰不安。他告诫现实的执政者要过简朴宁静的生活，要向圣人学习，但求安饱而不逐声色之娱，所以摒弃物欲的诱惑而保持安足的生活。因此，这不是对一般人讲的养生，而是对执政者说的，实际上还是老子的无为政治思想的体现。

【原文】

五色令人目盲[1]；五音令人耳聋[2]；五味令人口爽[3]；驰骋畋猎，令人心发狂[4]；难得之货，令人行妨[5]。

是以圣人为腹不为目，故去彼取此。[6]

【译文】

缤纷的色彩使人眼花缭乱；纷杂的音调使人听觉失常；美味佳肴败人口味；纵情狩猎使人心放荡；稀有财货使人操守受到伤害。

因此，圣人但求安饱而不逐声色之娱，所以摒弃物欲的诱惑而保持安足的生活。

【注释】

［1］五色：指青、赤、黄、白、黑。

目盲：比喻眼花缭乱。

［2］五音：也叫五声，古乐音阶的五个阶名，即宫、商、角、徵、羽。

耳聋：比喻听觉不灵。

［3］五味：指酸、苦、甘、辛、咸。

口爽：口病，比喻味觉损坏。爽，伤，败坏，与我们今天常用的“爽快”“清爽”的意思不同。

［4］驰骋：纵横奔走，比喻纵情。

畋猎：打猎。

心发狂：心放荡而不可制止。

［5］行妨：伤害操行。妨，害，伤。参见《老子》第三章：“不贵难得之货，使民不为盗。”

［6］马王堆帛书《老子》乙本作：“是以圣人之治也，为腹而不为目，故去彼而取此。”这可能更符合老子的无为政治思想。

为腹不为目：只求温饱生活，不求纵情声色。《老子》第三章：“是以圣人之治，虚其心，实其腹，弱其志，强其骨。”第十九章：“见素抱朴，少私寡欲。”

去彼取此：彼，指“为目”的生活；此，指“为腹”的生活。

不少注家对此都有准确的解读，试举几例：

王弼注：“为腹者以物养己，为目者以物役己，故圣人不为目也。”（王弼《老子道德经注》）所谓“以物养己”，是指物为己用，物为我用；所谓“以物役己”，是指纵欲以逐物，已为物所役使。人既以逐物为目的，为物所役使，则势必为外物所羁绊。王弼的解读很契合老子的思想。

蒋锡昌说："老子以'腹'代表一种简单清静无知无欲之生活；以'目'代表一种巧伪多欲，其结果竟至'目盲，……耳聋，……口爽，……发狂，……行妨'之生活。明乎此，则'为腹'即为无欲之生活。'不为目'即不为多欲之生活。"（蒋锡昌《老子校诂》）

林语堂说："所以圣人的生活，只求饱腹，不求享受，宁取质朴宁静，而不取奢侈浮华。主张摒弃一切外物的引诱，以确保固有的天真。"①

① 林语堂：《老子的智慧》，黄嘉德译，湖南文艺出版社，2016年，第47页。以下引用林先生的引文，皆引自此书。

第十三章

【题解】

这一章老子通过“贵身”和“宠为下”的论述表达了他的无为政治思想。

第一，什么样的人才可放心把治理国家和天下的重任托付给他呢？老子认为一个理想的执政者，首要在于“贵身”“爱身”，这样，大家才放心把国家和天下委托给他。

如何理解老子“贵身”“爱身”与治国治天下的关系呢？两者的关系，古人好理解，今人却难于理解。今人不认为“贵身”“爱身”与治国治天下有什么关系，但古人认为二者关系密切。

我认为可以从以下三点来理解：

一、老子的“贵身”思想是针对君主等统治者来说的，不是针对一般百姓说的。如果是一般百姓，“贵身”就纯粹是一个“养生”问题，与治天下没有什么关系。但身为一国之君，他的一举一动、生活起居就不是一个简单的生活方式问题，而是与政治有关。

二、要理解君主“贵身”与治天下的关系，须理解老子“不贵身”的内容是什么。在老子心目中，君主的纵情声色是不贵身，贪欲无度是不贵身，发动战争是不贵身，等等。君主所有这些“不贵身”的行为，必须要有钱财作支撑。钱财从哪里来？只能来自百姓。结果苛捐杂税，横征暴敛，兵役徭役，搞得民不聊生。在老子看来，这样“不贵身”的君主，你能放心把国家、天下交给他来治理吗？

三、一个连自己都不爱的君主，不可能真正爱他人、爱百姓。所以日本汉学家福永光司说：“本章谓真正能够珍重一己之身，爱惜一己生命的人，才能珍重他人的生命，爱重别人的人生。并且，也只有这样的人，才可以放心地将天下的政治委任他。”[①] 福永光司很能洞察君主“贵身”与政治的关系，很契合老子的思想。

第二，宠辱若惊，宠为下。受辱若惊可以理解，受宠为何若惊？我认为这反映了老子对传统君主政治本质的深刻洞察。可以从以下两点来理解老子这一思想。

一、从人格独立完整来看“宠为下”。世人皆以得宠为荣，对老子的“宠辱若惊”“宠为下”不理解，但注家释德清对老子这一思想有独到的见解。他是从君主专制政治、人格独立完整的角度来理解的（见下面的注释）。

陈鼓应先生根据释德清的解读进行了发挥，陈先生说：“在他看来，‘宠’和‘辱’对于人的尊严之挫伤，并没有两样。受辱固然损伤了自尊，得宠何尝不是被剥落了人格的独立完整。得宠者的心理，总是感觉到这是一份意外的殊荣，既经赐与，就战战兢兢地惟恐失去，于是在赐与者的面前诚惶诚恐，曲意逢迎，因而自我的人格尊严无形地萎缩下去。若是一个未经受宠的人，那末他在任何人的面前都可傲然而立，保持自己的人格之独立完整。所以说：得宠也是卑下的，并不光荣的（‘宠为下’）。”[②]

二、从大宠导致大辱来看“宠为下”。若了解中国几千年君主专制政治的本质，就会知道老子说得何等准确：君主可以让你一步登

---

①［日］福永光司：《老子》，陈冠学译，转引自陈鼓应《老子注译及评介》（修订增补本），第 110 页。

② 陈鼓应：《老子注译及评介》（修订增补本），第 111 页。

天，也可以让你一下落入地狱。民间谚语说："伴君如伴虎。"升得高，掉得重。此时，人就会有强烈的宠辱若惊、宠为下的惊慌失措之感。一些对君主专制政治敏锐的人，是会感受到这一点的。老子在提醒一切统治者，包括最高统治者君主在内，极宠可能掉入极辱。所以，清醒的人，极宠都会感到很不安。一部中国君主专制政治史，完全证明了老子的警示是准确而深刻的。

由极宠落入极辱，一个典型的例子就是秦朝丞相李斯。李斯位极人臣，富可敌国，且与秦始皇联姻，秦始皇的儿子娶的是李斯的女儿，李斯是一人之下，万人之上，可谓受宠至极。然而，李斯被赵高陷害，沦为阶下囚，受尽酷刑，被灭三族。李斯与儿子在被押往刑场的路上，临死之际，父子相拥而泣，他对儿子说："这时候我要是还想和你牵着黄狗一起出上蔡东门去猎狡兔，还办得到吗？"李斯陷入由极宠坠入极辱、由生到死的极度痛苦，想到了在没有发达之前带着儿子在家乡上蔡东门打猎的平淡而自由的生活，但这一切都不可能了。

【原文】

宠辱若惊，贵大患若身。[1]

何谓宠辱若惊？宠为下，得之若惊，失之若惊，是谓宠辱若惊。[2]

何谓贵大患若身？吾所以有大患者，为吾有身，及吾无身，吾有何患？[3]

故贵以身为天下，若可寄天下；爱以身为天下，若可托天下。[4]

【译文】

得宠和受辱都感到惊慌不安，重视身体好像重视大患一样。

什么叫作得宠和受辱都感到惊慌不安？得宠仍是下等的，得到恩惠感到惊慌不安，失去恩惠也觉惊慌不安，这就叫作得宠和受辱都感到惊慌不安。

什么叫作重视身体像重视大患一样？我所以有大患，乃是因为我有这个身体，如果没有这个身体，我会有什么大患呢？

所以，以贵身的态度去治天下，才可以把天下托付给他；以爱身的态度去治天下，才可以把天下委托给他。

【注释】

[1] 贵大患若身：应为“贵身若大患”之倒文，即重视身体就如重视大患。贵，即看重、以其为贵之意。

河上公说：“身宠亦惊，身辱亦惊。”（《老子道德经河上公章句》）

王弼说：“宠必有辱，荣必有患，宠辱等，荣患同也。”（王弼《老子道德经注》）

[2] 宠为下：得宠是不光荣的。下，卑下。

释德清对“宠为下”有精到的解释，他说：“世人皆以宠为荣，却不知宠乃是辱。”又说：“宠为下，谓宠乃下贱之事也。譬如僻幸之人，君爱之以为宠也，虽卮酒脔肉必赐之，非此不见其为宠。……彼无宠者，则傲然而立。以此较之，虽宠实乃辱之甚也，岂非下耶，故曰：宠为下。”（憨山德清《老子道德经解》）

释德清认为得君主之宠乃是辱，得宠之人唯唯诺诺，并没有什么感到光荣的，君主既可以让你得宠，也可以让你失宠；而那些没有受宠的，反而能够傲然独立，维护自己的人格和尊严。这实乃洞察君主专制政治奥秘的深刻之论。

[3] 及：如果。

这句话不太好理解。可参看下面两位注家的解读，说得比较清楚：

陈鼓应说："这是说大患是来自身体，所以防大患，应先贵身。按老子说这话是含有警惕的意思，并不是要人弃身或忘身。老子从来没有轻身、弃身或忘身的思想，相反的，他却要人贵身。"①

张舜徽说："吾，人君自谓也。此言人君所以惟大祸患为忧者，由于自私其身，贪权位而恐失之耳。假若人君能不自私其身，复何祸患之足忧乎？"②

张先生理解"吾"为"人君自谓"，从政治角度来理解，符合老子的本意。

[4] 若：两"若"字，均可解释为"乃"，就、这才之意。

为：两"为"字，都是"治"的意思。

寄、托：都是寄托、委托之意。

① 陈鼓应：《老子注译及评介》，第109页。

② 张舜徽：《周秦道论发微》，第173页。

第十四章

【题解】

仔细玩味此章老子所描述的“道”，有两点值得注意：

一、道是人类感官不可感知之存在。“道”，浑然一体，无形无象，无声无色，看不见，摸不着，不见其首，不见其尾。我们的感官无从感觉到“道”，道是超越人类经验世界的，以致使人不可思议。但是，这个道又似无实有，无处不在，又是一个实存之道。这反映出“道”的神秘微妙。

二、以道治国，即“执古之道，以御今之有”。道总是要从形而上落实到形而下，主要落实到政治之域。这也反映出老子的哲学最终表现为一种政治哲学。这与《周易·系辞上》所说有相同之处：“形而上者谓之道，形而下者谓之器。化而裁之谓之变，推而行之谓之通，举而错之天下之民谓之事业。”①“道”总是要落实到治国治民的政治上的。

【原文】

视之不见，名曰“夷”；听之不闻，名曰“希”；搏之不得，名曰“微”。[1]此三者不可致诘，故混而为一。[2]其上不皦，其下不

① 杨天才、张善文译注：《周易》，中华书局，2014年，第600页。

昧，绳绳兮不可名，复归于无物。[3]是谓无状之状，无物之象，是谓惚恍。[4]迎之不见其首，随之不见其后。

执古之道，以御今之有。[5]能知古始，是谓道纪。[6]

【译文】

（道）看它看不见，名叫“夷”；听它听不到，名叫“希”；摸它摸不着，名叫“微”。这三者（指夷、希、微）的形象无从追究，是浑然一体的。它上面不显得光亮，它下面也不显得阴暗，它渺茫而不可名状，一切运动都会回到不见物体的状态。这是没有形状的形状，不见物体的形象，把它叫作“惚恍”。迎着它，看不见它的前头；随着它，却看不见它的后面。

把握着早已存在的道，来治理当前的国家。能够了解宇宙的原始，就叫作道的规律。

【注释】

[1] 夷、希、微：夷即无色。希即无声，《老子》第四十一章说：“大音希声。”微即细，隐而不见，即无形。这三个词都是用来形容“道”的不可感知，不可捉摸。

河上公注：“无色曰夷，无声曰希，无形曰微。”（《老子道德经河上公章句》）

王弼注：“无状无象，无声无响，故能无所不通，无所不往。”（王弼《老子道德经注》）

[2] 不可致诘：究诘，追究。《老子》第一章：“道可道，非常道。”“道”既不可道，故“不可致诘”，体道之方，唯在心领神会而已。

混：杂糅，混同。

一：指浑然一体的道。黄克剑先生说：“‘一’是点睛之笔，它相对于万物之‘多’道出了‘道’的不囿于时空局限的形而上品格。物的任何形体皆可见之于目，任何声响皆可闻之于耳，任何物之硬度皆可触之以手，而非可见之于目、闻之于耳、触之以手者显然不是通常所谓物。然而这非所谓物毕竟存在，以其视而不可见可以称之为‘微’，以其听而不可闻可以称之为‘希’，以其触而不可得可以称之为‘夷’；‘微’、‘希’、‘夷’三者所称谓的只是一个对象，这浑然的‘一’即是所谓‘道’。”①

[3] 皦：光亮，昧的反义词。

昧：昏暗，皦的反义词。

绳绳：渺茫，不清楚。

复归：还原。“复归”还见于《老子》第十六章：“夫物芸芸，各复归其根。”

无物：陈鼓应先生说：“‘无物’不是一无所有，它是指不具任何形象的实存体。‘无’是相对于我们的感官来说的，任何感官都不能知觉它（‘道’），所以用个‘无’字加以形容它（‘道’）的不可见。”②

[4] 惚恍：亦作“忽恍”，似有似无，隐约不清。

[5] 御：驾驭，治理。

有：国界，亦指国家。任继愈先生说：“‘有’，刘师培曰：有即域，假借字。《诗·商颂》：‘奄有九有’。后一个‘有’即‘域’的假借字。‘域’，即国界，亦指国家。”③

[6] 古始：古初，言其久远，指宇宙的初始或“道”的端始。

道纪：“道”的纲纪，即“道”的规律。

---

① 黄克剑：《老子疏解》，第 163 页。

② 陈鼓应：《老子注译及评介》（修订增补本），第 114 页。

③ 任继愈：《老子绎读》，第 31 页。

第十五章

【题解】

本章描写的是体道行道之士的风采、人格修养和精神风貌。仔细玩味本章之意，有如下领悟：

第一，此章老子所描述的体道行道之士，我认为就是老子心目中理想的士人形象。从“豫兮若冬涉川”，到“混兮其若浊”这七句，写出了体道行道者的形态和心境：慎重、警惕、威仪、融和、敦厚、空豁、浑朴、恬静、飘逸等精神面貌。这未尝不是老子本人人格精神的投射，有点夫子自道的意味。

第二，这里的闻道行道之士有点像《老子》第四十一章的“上士”（上等之君）。第四十一章说：“上士闻道，勤而行之；中士闻道，若存若亡；下士闻道，大笑之。”“上士”既是闻道者、体道者，更是行道者。此章的士，也是闻道者、体道者和行道者。可见，老子心目中的士，不是一般人所能理解的。道既精妙深玄，恍惚不可捉摸，那么体道之士，也静谧幽沉，难以测识。世俗的人，嗜欲熏心，消减了这种精神，如庄子所说：“其耆（嗜）欲深者，其天机浅。”（《庄子・大宗师》）体道之士，则微妙深奥，所以说“深不可识”。

第三，本章以诗化的语言，描写体道行道之士的仪表和精神风采，以及心态和心境，是《老子》所有八十一章中最富文采的篇章，如诗如画。可见老子对他心目中的士人形象看得很重，老子对此有着美好的向往和寄托。

【原文】

古之善为士者，微妙玄通，深不可识。[1]夫唯不可识，故强为之容[2]：

豫兮若冬涉川[3]；

犹兮若畏四邻[4]；

俨兮其若客[5]；

涣兮其若释[6]；

敦兮其若朴[7]；

旷兮其若谷[8]；

混兮其若浊[9]；

澹兮其若海；

飂兮若无止[10]。

孰能浊以静之徐清[11]，孰能安以动之徐生[12]。

保此道者，不欲盈。[13]夫唯不盈，故能蔽而新成。[14]

【译文】

古时候善于行道之士，精妙通达，深刻而难以认识。正因为难以认识，所以勉强来形容他：

小心审慎啊，像冬天涉足江河；

警觉戒惕啊，像提防四周的围攻；

拘谨严肃啊，像做宾客；

融和可亲啊，像冰柱消融；

淳厚朴质啊，像未经雕琢的素材；

空旷开阔啊，像深山的幽谷；

浑朴纯厚啊，像混浊的水一样；

沉静的样子，好像湛深的大海；

飘逸的样子，好像无有止境。

谁能在动荡中安静下来而慢慢地澄清，谁能在安定中变动起来而慢慢地趋进。

保持这些道的人，不贪图盈满。正因他不自满，所以能去故更新。

【注释】

[1] 善为士者：士，有的版本作“道”，但作“士”更近古意。这里讲的“士”，就是懂得老子之“道”、践行老子之“道”、符合老子之“道”的原则的人。

微妙玄通：是说见始知终、冥通万有而无所不达。“玄通”，1993年湖北荆门郭店村战国楚墓出土的三种竹简《老子》摘抄本（以下简称“郭店简本《老子》”）及马王堆帛书《老子》乙本作“玄达”。

[2] 夫唯：正因为。下文的“夫唯”同此义。

强：勉强。

容：形容，描述。

[3] 豫：迟疑、谨慎之意。

兮：本章共九个“兮”字，都是语气词，相当于现代汉语的“啊”。

若冬涉川：形容小心翼翼，如履薄冰。《诗·小雅·小旻》：“战战兢兢，如临深渊，如履薄冰。”

[4] 犹：形容警觉、戒惕的样子。

若畏四邻：形容不敢妄为。

[5] 俨：形容端谨庄严。

[6] 涣：流散，离散。

[7] 敦：敦厚。

朴：未加工成器的原木。《老子》第二十八章："朴散则为器。"

[8] 旷：空旷。

谷：山谷。此句即"虚怀若谷"之意。

[9] 混：浑厚。

关于以上"若客""若释""若朴""若浊"，刘信芳先生有简明的解释："'如冬涉川'言其谨慎，'如畏四邻'言其有礼（'畏'乃敬畏，《论语·季氏》'三畏'之义），'如客'言其矜庄，'如释'言其洒脱，'如朴'言其质素，'如浊'言其随和（不清高）。"①

[10] 澹：淡泊，沉静。

飂：高风，形容形迹飘逸。

此两句原在《老子》第二十章内，有注家疑是本章错简，故移于此。

[11] 孰：谁。

徐清：慢慢澄清。

[12] 徐生：慢慢产生。生有"进"意，《说文解字·生部》："生，进也。"

[13] 盈：盈满。

[14] 蔽：通"敝"，破旧。《老子》第二十二章："敝则新。"

① 刘信芳：《荆门郭店竹简老子解诂》，艺文印书馆，1999年，第13页。

第十六章

【题解】

老子在本章中教诲人们尤其是执政者要致虚和守静，也就是回归本性，回归内心的宁静空明。人的心境本来是宁静空明的，但人的无穷欲望和外界的诱惑，使人心一味往外奔竞，遮蔽了人本有的明净。最终须“归根复命”，就是要回归到一切存在的根源，根源之处，乃虚静之态。回到虚静的本性，就是“复命”。老子告诫我们，把虚静应用到生活、政治各个方面，无为而治，就可以免遭危险。

中国传统哲学和宗教都在思考这样一个问题：收敛向外奔竞之心，回归自然本性。不过这个“本性”，各家有各家的说法，各有不同的内涵。孔子主张要回归仁，他说：“仁远乎哉？我欲仁，斯仁至矣。”（《论语·述而》）王阳明心学是要回归良知，所以要“致良知”。佛家是要回归佛性，佛性就在心中，佛性自足，人人可以成佛。而老子是要回归内心的宁静空明。

【原文】

致虚极，守静笃。[1]

万物并作，吾以观复。[2]

夫物芸芸，各复归其根。[3]归根曰静，静曰复命。[4]复命曰常，知常曰明。[5]不知常，妄作凶。

知常容，容乃公，公乃全，全乃天，天乃道，道乃久，没身不殆。[6]

【译文】

致虚和守静的工夫，做到极笃的境界。

万物蓬勃生长，我看出往复循环的道理。

万物纷纷芸芸，各自返回到它的本根。返回本根叫作静，静叫作回归本原。回归本原是永恒的规律，认识永恒的规律叫作明。不认识永恒的规律，轻举妄动就会出乱子。

认识常道的人是能包容一切的，无所不包容就能坦然大公，坦然大公才能无不周遍，无不周遍才能符合自然，符合自然才能符合于道，体道而行才能长久，才能终身没有危险。

【注释】

［1］致：推致。

虚：形容心灵空明的境况，喻不带成见。

极、笃：意思相同，指极度、顶点。

范应元说："致虚、守静，非谓绝物离人也。万物无足以挠吾本心者，此真所谓虚极、静笃也。"（范应元《老子道德经古本集注》）

陈鼓应说："形容心境原本是空明宁静的状态，只因私欲的活动与外界的扰动，而使得心灵蔽塞不安，所以必须时时做'致虚''守静'的工夫，以恢复心灵的清明。"①

［2］并作：一起生长。吴澄说："作，动也，植物之生长，动物之知觉，皆动也。"《中庸》云："万物并育而不相害，道并行而

① 陈鼓应：《老子注译及评介》（修订增补本），第 121 页。

不相悖。”

复：返，回归，往复循环。吴澄说：“物生由静而动，故反还其初之静为复。植物之生气下藏，动物之定心内寂也。”

[3] 夫：语气词。

芸芸：纷繁众多。

[4] 归根：回归本原。范应元说：“归根者，反本心之虚静也。”

复命：回归自然虚静的本性。

严灵峰说：“归根者，由动复归于静，而称之为‘复命’；谓回复其性命之本真也。”①

张松如说：“老子是以‘归根’一辞作为‘静’的定义，又以‘复命’一辞作为‘静’的写状。如果说‘并作’包含着‘动’的意思，那么‘归’、‘复’便属于‘静’的境界。正是在这‘静’的境界中再孕育着新的生命，此即所谓‘静曰复命’。”②

[5] 常：指万物运动变化中的永恒规律。

明：明达之意。万物的运动和变化都依循着循环往复的规律，对于这种规律的认识和了解，就叫作“明”。（陈鼓应说）

[6] 容乃公：容，包容。王弼注：“无所不包通。”（王弼《老子道德经注》）乃，才，然后才；公，公正，无私。

全：周遍。

天：指自然的天，或代指自然。

殆：危险。

① 严灵峰：《老子达解》，第十六章“句解”，华正书局，1979 年，第 78 页。以下引严先生的注文，皆引用自此书。

② 张松如：《老子校读》，第 102 页。

第十七章

【题解】

老子的政治理想是执政者的自然无为治国，本章寄托着老子这一政治理想。执政者一方面不干预百姓生活，顺其自然，尽可能让百姓自为；一方面即使有功，也不居功，让百姓感觉不到政治权力的压力。

老子把世代和政治从高到低分成四个等次，最好的世代和最好的政治，是人民根本感觉不到有执政者的存在。最好的执政者悠闲自得，不轻易发号施令，并具有诚信的政治素养。事情办成功了，让百姓感到是他们自己做成的，百姓都说："我们本来就是这样的。"执政者的谦卑无为，百姓的自主自为，事情办成了，都是自然而然的，这是老子所向往的理想政治。

【原文】

太上，不知有之[1]；其次，亲而誉之；其次，畏之[2]；其次，侮之[3]。信不足焉，有不信焉。[4]

悠兮其贵言。[5]功成事遂，百姓皆谓："我自然。"[6]

【译文】

最好的国君，人民根本不知道他的存在；次一等的国君，人民亲近他、赞美他；再次一等的国君，人民畏惧他。最末一等的国君，人民轻侮他。当政者的诚信不足，人民自然不信赖他。

最好的当政者悠然而不轻易发号施令。事情办成了，百姓都说："我们本来就是这样的。"

【注释】

[1] 太上：最好，至上，指最好的当政者，诸如国君、侯王、治理者之类。

此谓圣人在位，居无为之事，行不言之教，人民都能顺性发展，而不知有国君的存在。

吴澄说："太上犹言最上，最上谓大道之世相忘于无为，民不知有其上也。"（吴澄《道德真经注》）

不知有之：人民不知道国君的存在。之，本章四个"之"字，指当政者，如君主之类。

"不知有之"，陈鼓应先生《老子注译及评介》作"下知有之"，其根据为郭店简本《老子》与王弼本。陈先生认为，吴澄本、明太祖本、焦竑本、邓锜本、潘静观本、周如砥本都作"不知有之"，且本章最后一句："百姓皆谓：'我自然'。"就是"不知有之"（人民不知道有帝力）的一个说明。陈先生认为作"不知有之"意义较为深长。[①]"不知有之"更符合老子的无为而治的政治理想，故今采用"不知有之"。

刘泽华先生说："作者的理想是第一种状态。这无疑是最佳状态。既不是无政府，也不是大政府，可以说是一个小政

① 陈鼓应：《老子注译及评介》（修订增补本），第 129 页。

府。”①

［2］畏之：意指政令、刑罚使百姓畏惧服从他，但非心悦诚服。

［3］侮：轻侮，侮辱。

在老子看来，一个君主被人蔑视是最糟糕的事情。意大利政治思想家、历史学家马基雅维利（又译作马基雅维里）在《君主论》中说：“君主必须考虑怎样避免那些可能使自己受到憎恨或者轻视的事情。”②不过马氏所说，意在建议君主玩弄权术，避免惹人憎恨和被人蔑视。老子则希望君主讲诚信，避免被民众蔑视，而无建议君主玩弄权术、欺骗民众之意。

［4］信：诚信。

焉：语气词。

［5］悠兮：悠闲的样子。

贵言：不轻易发号施令。“贵言”与《老子》第二十三章“希言自然”的“希言”同义。两“言”字，均指声教法令而言。

［6］遂：成功。

自然：自己如此，自然而然。《老子》第二十三章“希言自然”、第二十五章“道法自然”、第五十一章“莫之命而常自然”、第六十四章“以辅万物之自然而不敢为”中的“自然”，都是“自己如此、自然而然”的意思，不是我们今天所说的自然界、大自然的意思。

蒋锡昌说：“《广雅·释诂》：‘然，成也。’……《老子》所谓‘自然’，皆指‘自成’而言。‘自成’亦即三十六章及五十七章‘自化’之意。‘功成事遂，百姓皆谓我自然’，谓人

① 刘泽华：《刘泽华全集·先秦政治思想史》（下），天津人民出版社，2019 年，第 384 页。以下引用刘先生的引文，皆引自此书。

②［意］尼科洛·马基雅维里：《君主论》，潘汉典译，商务印书馆，1985 年，第 87 页。

民功成事遂，百姓皆谓吾侪自成，此即古时所谓帝‘力何有于我’也。”（蒋锡昌《老子校诂》）

车载说：“《老子》全书谈及‘自然’一辞的文字，计有五处。……《老子》书提出‘自然’一辞，在各方面加以运用，从来没有把它看着是客观存在的自然界，而是运用自然一语，说明莫知其然而然的不加人为任其自然的状态，仅为《老子》全书中心思想‘无为’一语的写状而已。”[①]

① 车载：《论老子》，上海人民出版社，1959年，第2—3页。以下引用车载的引文，皆引自此书。

第十八章

【题解】

此章老子意在阐述以大道治国的自然无为政治理想。

一方面，老子认为对某种德行的表彰和提倡，往往由于这种德行特别欠缺：大道废弛的社会，仁义很重要，故提倡仁义；家庭不和的社会，孝慈很宝贵，故提倡孝慈；国家昏乱的社会，忠臣很重要，故表彰忠臣。在大道不行、道德沦丧的社会下，仁义、孝慈、忠诚等美德，就显得特别重要。

另一方面，所谓仁义、孝慈、忠诚，是大道不行之后才出现的现象，在大道畅行的社会中，人们不会提倡这些道德。这正如鱼在水中，相忘于江湖，不会觉得水重要；人在空气中，自然而然呼吸，不会觉得空气重要；大道兴隆，仁义、忠孝自然行于其中，不会觉得有倡导仁义忠孝的必要。[①] 可见，老子向往的是以道治国、大道畅行的社会，在这样的社会中，仁义、孝慈、忠诚等美德，不必提倡而自然行于其中。这虽然有点理想化，但以此来看中国传统政治和传统社会，可以感受到老子深刻的政治洞察力和社会洞察力。

① 陈鼓应：《老子注译及评介》（修订增补本），第 133 页。

【原文】

大道废，有仁义[1]；六亲不和，有孝慈；国家昏乱，有忠臣[2]。

【译文】

大道废弛，仁义才显现；家庭不和以后，才会产生孝慈；国家昏乱以后，才会产生忠臣。

【注释】

[1]“大道废，有仁义”句下，通行本有“智慧出，有大伪”句，据郭店简本《老子》无此句，应为衍文，当删。

陈鼓应先生说：“‘大道废，有仁义’句下，帛书及通行本均衍‘智慧出，有大伪’句，郭店简本无此句，当据删。‘智慧出，有大伪’之衍出，当在战国中后期受到庄子后学中激烈派思想影响所致，妄增此句。则易使人将‘仁义’与‘大伪’并举，从而导致对仁义行为的否定。审察简本原义，却非贬抑‘仁义’、‘孝慈’、‘忠臣’。反之，认为在最美好的原始情境发生变化，在人际关系中出现问题，这时仁义孝慈的美德及忠臣的节操，显得难能可贵。郭店简本本章为三个对等句，下章亦同是三个对等句，从句型与句义看，郭店简本较合祖本原貌。”①

冯友兰先生说：“‘大道废，有仁义’，这并不是说，人可以不仁不义，只是说，在‘大道’之中，人自然仁义，那是真仁义。至于由学习、训练得来的仁义，那就有模拟的成分，同自然而有的真仁义比较起来它就差一点次一级了。《老子》

① 陈鼓应：《老子注译及评介》（修订增补本），第132页。

说：‘上德不德，是以有德’（第三十八章），就是这个意思。”[①]

余培林先生说：“大道与仁义之别，在于大道无为，仁义有为；大道自然，仁义造作。老子思想以自然无为为宗，迨不能自然无为，造作有为于是相继产生。故曰：‘大道废，有仁义。’三十八章曰：‘失道而后德，失德而后仁，失仁而后义。’正是此意。”[②]

以上三位先生的解读，正合老子之旨。

［2］六亲：父、子、兄、弟、夫、妇。“六亲”，说法不一，此注采用《易·家人》“王假有家”王弼注：“父父、子子、兄兄、弟弟、夫夫、妇妇，六亲和睦，交相爱乐，而家道正。”[③]

孝慈：指对上孝敬，对下慈爱。

此句之意是说，家之所以有孝慈，乃由于六亲不和；国之所以有忠臣，乃由于国家昏乱。若六亲和爱，国家治平，孝慈与忠臣则无由产生。

① 冯友兰：《中国哲学史新编》，见于《冯友兰文集》第七卷，长春出版社，2008 年，第 217 页。以下引用冯先生的引文，皆引自此书。

② 余培林：《新译老子读本》，第 40 页。

③［魏］王弼撰，楼宇烈校释：《周易注校释》，中华书局，2012 年，第 139 页。

第十九章

【题解】

此章是《老子》第十八章的治国思想的进一步阐发：执政者之施政，须抛弃智辩、伪诈、巧利之施为，秉持“见素抱朴，少私寡欲”之道，才是从根本上治国治民的好办法。如此，则政风简朴淳厚，以政风带动民风，引导人民回归孝慈淳朴之天性，使人民生活安定而和谐。

【原文】

绝智弃辩，民利百倍[1]；绝伪弃诈，民复孝慈[2]；绝巧弃利，盗贼无有[3]。此三者以为文，不足。[4]故令有所属：见素抱朴，少私寡欲[5]，绝学无忧[6]。

【译文】

抛弃巧诈和巧辩，人民可以得到百倍的好处；抛弃伪诈，人民可以恢复孝慈的天性；抛弃机巧和贪欲，盗贼就自然会消失。这三者全是巧饰的，不足以治理天下。所以要使人有所归属：保持朴质，减少私欲。弃绝世俗异化之学，可以使人无忧患。

【注释】

[1] 绝智弃辩：绝、弃，都是抛弃的意思；智，指智巧、巧诈；辩，指巧言、巧辩。《老子》第六十五章："故以智治国，国之贼；不以智治国，国之福。"第八十一章曰："善者不辩，辩者不善。"

"绝智弃辩"，通行本作"绝圣弃智"，陈鼓应先生依据郭店简本《老子》较古文本和老子的整体思想，认为应为"绝智弃辩"，而非"绝圣弃智"。陈先生说："通行本'绝圣弃智'，郭店简本作'绝智弃辩'，为祖本之旧，当据改正。通观《老子》全书，'圣人'一词共三十二见，老子以'圣'喻最高人格修养境界，而通行本'绝圣'之词，则与全书积极肯定'圣'之通例不合。'绝圣弃智'一词，见于庄子后学《胠箧》《在宥》篇，传钞者据以妄改所致。"①

陈先生说得有理，故从郭店简本《老子》作"绝智弃辩"。

[2] 绝伪弃诈：通行本作"绝仁弃义"，学者依据郭店简本《老子》较古文本和老子的整体思想，认为应为"绝伪弃诈"。

陈鼓应先生说："通行本'绝仁弃义'，郭店简本作'绝伪弃诈'，为祖本之旧，当据改正。《老子》八章主张人与人交往要尚仁（'与善仁'），可见老子并无弃绝仁义之说，郭店简本出土，始知为人妄改。《庄子·胠箧》有'攘弃仁义'之说，由此可窥见原本'绝伪弃诈'被臆改为'绝仁弃义'，可能受到庄子后学激烈派思想影响所致。"②

丁原植先生说："帛书甲、乙本与王弼本均作'绝仁弃义，民复孝慈'。简文并无'绝仁弃义'这种激烈反对人文价值的

① 陈鼓应：《老子注译及评介》（修订增补本），第134页。

② 陈鼓应：《老子注译及评介》（修订增补本），第134页。

思想，就《老子》哲学的发展来说，竹简《老子》似属较古文本。”①

陈先生、丁先生说得有理，故从郭店简本《老子》作“绝伪弃诈”。

民复孝慈：孝，对上孝敬；慈，对下慈爱。“孝慈”是老子的一贯思想。《老子》第十八章曰：“六亲不和，有孝慈。”第六十七章曰：“我有三宝，持而保之。一曰慈，二曰俭，三曰不敢为天下先。”

[3] 利：贪利，贪。《礼记·坊记》：“先财而后礼，则民利。”

[4] 此三者：指智辩、伪诈、巧利。

文：指文饰，浮文。

[5] 属：归属，适从。

见素抱朴：见，同“现”，显现。素，是没有染色的生丝，此指本然的纯洁性。朴，是没有加工的原木，此指本质、本性。“素”“朴”在这里是异字同义。河上公注：“见素者，当抱素守真，不尚文饰也。抱朴者，当抱其质朴，以示下，故可法则。”(《老子道德经河上公章句》)

[6]“绝学无忧”句，通行本多把此句放在下章(《老子》第二十章)章首，不少注家认为不妥。根据文意并参酌一些学者的研究，将此句置于此章之末。

① 丁原植：《郭店竹简〈老子〉释析与研究》(增修版)，万卷楼图书有限公司，1999年，第10页。

第二十章

【题解】

仔细品味老子此章的意蕴，不禁感慨系之。

第一，老子有一种深深的孤独感和寂寞感。老子的“我”是卓尔不群的，是体道的“我”，是与道对话的“我”，是“独与天地精神往来”的“我”。不过，这种孤独感和寂寞感，是老子所向往和追求的。因为，“我”过的是一种守道的生活，众人过的是一种世俗的生活。

第二，此章可与《老子》第十五章结合起来读。两章所描述的都是体道者、行道者的士人精神风貌，都是与众人不同的，都是深深的孤独者、寂寞者，都可视作夫子自道。

第三，真正的思想家，都是一面奔跑一面呐喊的人，但曲高和寡，犹如空谷足音。他们要诠释一个时代的真理，就必须承受时代落差所造成的寂寞感和孤独感。

【原文】

唯之与阿，相去几何？[1]美之与恶，相去若何？[2]人之所畏，亦不可以不畏人。[3]

荒兮，其未央哉！[4]

众人熙熙，如享太牢，如春登台。[5]

我独泊兮，其未兆，如婴儿之未孩[6]；

儽儽兮，若无所归[7]。

众人皆有余，而我独若遗。[8]我愚人之心也哉！沌沌兮！[9]

俗人昭昭，我独昏昏。[10]

俗人察察，我独闷闷。[11]

澹兮其若海，飂兮若无止。[12]

众人皆有以，而我独顽且鄙。[13]

我独异于人，而贵食母。[14]

【译文】

应诺和呵声，相差好多？美与丑，相差好多？人君为众人所畏惧，人君也不可不畏惧众人。

精神领域开阔啊，好像没有尽头的样子！

众人都兴高采烈，好像参加丰盛的筵席，又像春天登台眺望。

我却独个儿淡泊宁静啊，没有形迹，好像还不会笑的婴儿；

落落不群啊，好像无家可归。

众人都有多余，唯独我好像不足的样子。我真是“愚人”的心啊！混混沌沌啊！

世人都光耀自炫，唯独我暗暗昧昧的样子。

世人都精明灵巧，唯独我无所识别的样子。

沉静的样子，好像湛深的大海；飘逸的样子，好像无有止境。

众人都有所施展，唯独我愚钝而质朴。

我和世人不同，而重视守道的生活。

【注释】

[1] 唯：应诺，答应的声音。

阿：斥责的声音，即呵斥。

去：距离。

[2] 美之与恶：美，王弼本作“善”，郭店简本《老子》及马王堆帛书《老子》甲本都作“美”，今据改为“美”。《老子》第二章曰：“天下皆知美之为美，斯恶已。”

[3] 通行本作“人之所畏，不可不畏”，马王堆帛书《老子》本作“人之所畏，亦不可以不畏人”。二者的含义是不同的：“人之所畏，不可不畏”是说“众人所畏惧的，我也不能不有所畏惧”，讲的是一般的道理。而“人之所畏，亦不可以不畏人”，是说“人君为众人所畏惧，人君也不可不畏惧众人”，讲的是政治道理。今采用马王堆帛书《老子》本“人之所畏，亦不可以不畏人”。

一些学者也采纳了马王堆帛书《老子》之说，并从政治学的角度进行解读。现举两位学者为例：

刘殿爵说：今本的意思是，别人所畏惧的，自己也不可不畏惧。而帛书本的意思却是，为人所畏惧的——就是人君——亦应该畏惧怕他的人。两者意义很不同，前者是一般的道理，后者则是对人君者所说有关治术的道理。”[①] 张舜徽说：“各本作‘人之所畏，不可不畏’。语意不明，显有缺夺，今据帛书乙本补正。此言人君为众人之所畏，人君亦不可不畏众人也。”[②]

[4] 荒兮：广漠的样子。本章中的“兮”字，都是语气词，相当于现代汉语的“啊”。

未央：无尽的意思。王弼注：“叹与俗相反之远也。”（王弼

① 刘殿爵：《马王堆汉墓帛书〈老子〉初探》，1982年9月号《明报月刊》，转引自陈鼓应《老子注译及评介》（修订增补本），第139页。

② 张舜徽：《周秦道论发微》，第179页。

《老子道德经注》）

[5] 熙熙：和乐、兴高采烈的样子。

享太牢：享，宴飨。古代祭祀或宴会时，牛、羊、猪三牲具备为“太牢”，只有羊和猪的为“少牢”。

[6] 我：这里老子以第一人称的方式，表达他的心灵境界。日本汉学家福永光司说：“老子的‘我’是跟‘道’对话的‘我’，不是跟世俗对话的‘我’。老子便以这个‘我’做主词，盘坐在中国历史的山谷间，以自语着人的忧愁与欢喜。他的自语，正像山谷间的松涛，格调高越，也像夜海的荡音，清澈如诗。”①

泊：淡泊，恬静。

未兆：没有迹象，形容不炫耀自己。兆，指征兆、迹象。

孩：婴儿笑。

[7] 儽儽：无所依傍。

[8] 有余：河上公说：“众人余财以为奢，余智以为诈。”

遗：不足、匮乏的意思。

[9] 愚人：“愚”是一种淳朴、真质的状态。老子自己以“愚人”为最高修养境界。“愚人”不是我们今天所说的“蠢人”之意。

沌沌：蒙昧无知的样子，此处有淳朴之意。

[10] 昭昭：光耀自炫的样子。释德清注：“昭昭，谓智巧现于外也。”

昏昏：暗昧的样子，有内敛、不炫耀之意。

[11] 察察：严苛的样子。释德清注：“察察，即俗谓分星擘两，丝毫不饶人之意。”（憨山德清《老子道德经解》）

闷闷：淳朴的样子。

① [日] 福永光司：《老子》，陈冠学译，转引自陈鼓应《老子注译及评介》（修订增补本），第 140 页。

[12] 此两句疑为错简，已移于《老子》第十五章，此处当删。见第十五章注。

[13] 以：用，施用，施展。

顽且鄙：愚钝而质朴。

[14] 贵食母：以守道为贵。“母”比喻道。“食母”二字历来各家解说纷纭，这里依据陈鼓应先生之说，作资养万物的“道”解释。

第二十一章

【题解】

本章和《老子》第十四章一样，都是描述道的。形而上之道，恍惚无形，但在深远暗昧之中，确是“有物”“有象”“有精”，说明了道的真实存在性。

《老子》一书，又名《道德经》，“道”与“德”是《老子》一书中的专有名词。那么，道与德是什么关系？本章说明道和德的关系即“孔德之容，惟道是从”，道是德之本，德是道之用，德随道动。

中国传统文化中的“道德”是不能分离的，是融为一体的。有道才有德，有大道才有大德，有小道就有小德，无道即无德。离开道讲德，德是无源之水、无本之木。离开德讲道，道的作用则无法落实，也无法显现。

【原文】

孔德之容，惟道是从。[1]

道之为物，惟恍惟惚。[2]惚兮恍兮，其中有象[3]；恍兮惚兮，其中有物。窈兮冥兮，其中有精[4]；其精甚真，其中有信[5]。

自今及古，其名不去，以阅众甫。[6]吾何以知众甫之状哉？以此。[7]

【译文】

大德的样态，随着道为转移。

道这个东西，是恍恍惚惚的。惚惚恍恍啊，其中却有迹象；恍恍惚惚啊，其中却有实物。幽暗深远啊，其中却有精质；这极微小的实体是很真实的，其中是可信验的。

从当今上溯到古代，道的功业也就是德从不曾消去，依据德就能认识万物的本始即道。我怎么知道“道”的情形呢？从“德”认识的。

【注释】

[1] 孔德之容：孔，大之意；德，“道”的显现与作用为“德”；容，运作，样态，有“动”意。

对“孔德之容，惟道是从”的“道”与“德”的关系，注家多有准确的解读：

王弼注：“（德）动作从道。”（王弼《老子道德经注》）

杨兴顺说：“‘德’是‘道’的体现。‘道’因‘德’而得以显现于物的世界。”①

高明说：“‘孔德之容，惟道是从’，言大德者之动惟从乎道也。”②

[2] 惟恍惟惚：若有若无，不可辨认。惟，助词；恍、惚，意思都是隐约不清，难以捉摸和辨认。

[3] 惚恍：与“恍惚”意思相似，即似有似无、模糊不清。《老子》

① 杨兴顺：《中国古代哲学家老子及其学说》，杨超译，科学出版社，1957年，第50页。以下引用杨先生的引文，皆引自此书。

② 高明：《帛书老子校注》，中华书局，1996年，第328页。以下引用高明先生的引文，皆引自此书。

第十四章："是谓无状之状，无物之象，是谓惚恍。"

象：迹象。

[4] 窈冥：幽暗深远。

精：极微小的物质性的实体。《庄子·秋水》："夫精，小之微也。"小之微，即微小中最微小的。

[5] 信：信验，信实。

[6] 自今及古：通行本作"自古及今"，据马王堆帛书《老子》甲乙本改正为"自今及古"。

其名不去：是说道的功业常在。名，功，功业。

以阅众甫：以观察万物的起始，即观察"道"。阅，视，察；甫，始。众甫，马王堆帛书《老子》甲乙本作"众父"，"众甫"即"众父"，指"道"。"众甫"与"万物之父""万物之母""万物之始"之意相同。

王弼注："众甫，物之始也。"（王弼《老子道德经注》）

"其名不去，以阅众甫"这句话不好理解，关键是"其名"怎么理解？我认为"名"应作"功用、功业"讲，《广韵·清韵》："名，功也。""其名"即"道的功业"，"道的功业"表现出来就是"德"。这与上文道是德之本、德是道之用以及"道"的显现与作用为"德"的意思相一致。"道"是看不见摸不着、无形无象的，怎么知道"道"的存在与作用呢？只有通过"道"的显现与作用的"德"才能认识"道"。故此，我把"自今及古，其名不去，以阅众甫"解读为"从当今上溯到古代，道的功业也就是德从不曾消去，依据德就能认识万物的本始即道"。这样的解读既能解释通此句之意，也符合此章的整体之意。

[7] 吾：我。

哉：语气词，表示反问，相当于现代汉语的"呢"。

以此：此，指“德”。不少注家说这个“此”指“道”，我认为应指“德”。“众甫”指道，如果这个“此”也是指“道”，那就等于说从“道”认识“道”，不好理解。这个“此”指“德”，就好理解了，就是说依据显现的“德”来认识幽隐的“道”。

第二十二章

【题解】

此章主旨在于守道不争。老子总是以道来观照事物，以道来观照政治。老子的“道”不是悬空之物，须往下落实于人生社会，特别是落实于政治，所以说：“圣人执一为天下式。”“道”最终还是要落实到治国的政治上。

“夫唯不争，故天下莫能与之争”，这句话常常引起人们的误解，认为老子的“不争”，最终是为了“争”，为了达到没有人能与他争的目的，认为这是老子的一种权术。这是误解了老子。老子的“不争”思想，并没有权术的意思，老子一贯主张学习天道，回归质朴，反对巧诈。

如何准确理解老子的“不争”思想？一是要从老子整体思想上来把握，二是认真看看权威注家的解读。我赞同陈鼓应先生的解读。陈先生说：“常人总喜欢追逐事物的显相，芸芸众生莫不亟亟于求‘全’求‘盈’，或急急于彰扬显溢，因而引起无数纷争。求全之道，莫过于‘不争’。‘不争’之道，在于‘不自见（现）’、‘不自是’、‘不自伐’、‘不自矜’。而本章开头所说的‘曲’、‘枉’、‘洼’、‘敝’，也都具有‘不争’的内涵。”[①]

---

① 陈鼓应：《老子注译及评介》（修订增补本），第 152 页。

【原文】

曲则全，枉则直，洼则盈，敝则新，少则得，多则惑。[1]

是以圣人执一为天下式。[2]不自见，故明[3]；不自是，故彰[4]；不自伐，故有功[5]；不自矜，故能长[6]。

夫唯不争，故天下莫能与之争。[7]古之所谓“曲则全”者，岂虚言哉！[8]诚全而归之。[9]

【译文】

委曲反能保全，弯曲反能伸展，低洼反能充盈，敝旧反能生新，少取反能多得，贪多反而迷惑。

所以，圣人坚守大道作为天下事理的范式。不自我表扬，反能显明；不自以为是，反能彰显；不自我夸耀，反能见功；不自傲自满，反能长久。

正因为不跟人争，所以天下没有人能和他争。古人所说的“委曲可以保全”等话，怎么会是空话呢！它是实实在在能够达到的。

【注释】

[1] 曲：委曲。

枉：弯曲。

洼：低凹。

敝：破旧，破烂。

少：就量言是不多，就质言是简朴。“一”最少，“道”最简，所以圣人抱“一”就可以为天下式。

多则惑：《老子》第十二章云：“五色令人目盲，五音令人耳聋，五味令人口爽。”就是“多则惑”的意思。

[2] 执一为天下式：“一”喻道，执一即执道、守道。通行本为“抱一”，马王堆帛书《老子》甲乙本并作“执一”，以帛书本

为是。《老子》第十四章："执古之道，以御今之有。"式，有两种解释：一是法式、范式；二是古代木制的占卜工具，也作"栻"。

任继愈先生对此作了政治性的解读："'式'，也作'栻'，木制的圆形转盘，是古代占卜用的一种工具，到汉代卖卜的人还使用它。根据它转动的结果，来判断占卜的人的吉凶祸福。见《史记·日者列传》。老子这里是说，'圣人'观察天下的命运也要用工具，这个工具不是木制的式，而是用'一'作为式（工具），这个'一'就是'道'。马王堆甲、乙本作'圣人执一以为天下牧'，是说'圣人'用道（一）来管理天下。"①

[3] 自见：自现，有自炫于众之意。见，即"现"，表现。

明：彰明。此"明"字只是当作普通用法，与《老子》第十六章"知常曰明"和第五十二章"见小曰明"的"明"的特殊用语不同。

[4] 自是：自以为是。

彰：彰显。

[5] 自伐：自夸其功。

功：功劳。

[6] 自矜：自骄自满。

能长：能长久。

以上"不自见，故明；不自是，故彰；不自伐，故有功；不自矜，故能长"数句，参见《老子》第二十四章："自见者不明；自是者不彰；自伐者无功；自矜者不长。"文意与此相成。

① 任继愈：《老子绎读》，第 48 页。

[7] 此句可参见《老子》第八章："上善若水。水善利万物而不争，处众人之所恶，故几于道。……夫唯不争，故无尤。"

[8] 曲则全：这是用"曲则全"总括以上"枉则直"等数语。

[9] 诚：确实。

第二十三章

【题解】

此章主旨在章首四字：“希言自然。”有以下两个要点：

一、主张清静无为之政。老子在此表达了“希言”的政治理想，“希言”就是“少声教法令之治”，也就是行“清静无为”之政；以不扰民为原则，百姓安然畅适，这才合乎自然。若以烦苛政令捆缚人民，苛捐杂税榨取百姓，这就是暴政了，而暴政是不会持久的，有如“飘风不终朝，骤雨不终日”。

二、执政者与人民之互动有两种情况：一是良性互动，二是非良性互动。良性互动即执政者清静无为，则社会当有安宁平和的风气以相应；非良性互动即执政者恣肆横行，不讲诚信，则人民当有抗拒的行为和不诚信的态度以相应。

老子站在人民的立场对执政者提出了警告：执政者与人民的互动良性与否，取决于执政者之施政是否清静无为，是否顺应民心，是否符合道德。人民与执政者是对等的，而且人民有反抗暴政的权利。

【原文】

希言自然。[1]

故飘风不终朝，骤雨不终日。[2]孰为此者？天地。[3]天地尚不能久，而况于人乎？[4]故从事于道者，同于道[5]；德者，同于德[6]；失者，同于失[7]。

同于德者，道亦德之；同于失者，道亦失之。[8]

信不足焉，有不信焉。[9]

【译文】

少发教令是合于自然的。

所以，狂风刮不了一早晨，暴雨下不了一整天。谁使它这样的？是天地。天地的狂暴都不能持久，何况人呢？所以从事于道的人，就合于道；从事于德的人，就合于德；失道失德的人，就会丧失所有。

同于德的行为，道会得到他；行为失德的，道也会抛弃他。

为政者的诚信不足，人民自然不会信赖他。

【注释】

[1] 希言自然："言"，指"声教法令"，希言，按字面解释是"少说话"，其意是要求执政者少发号施令。自然，自己如此，自然而然。此"自然"与《老子》第二章"圣人处无为之事"的"无为"、第十七章"百姓皆谓：'我自然'"的"自然"相应。

蒋锡昌说："'多言'者，多声教法令之治。'希言'者，少声教法令之治；故一即有为，一即无为也。"（蒋锡昌《老子校诂》）

"希言"是合于自然的，这和《老子》第五章"多言数穷（政令烦苛反而加速败亡）"形成对比，即"多言（政令烦苛）"是不合于自然的。"希言"与《老子》第二章"行不言之教"的"不言"、第十七章"悠兮其贵言"的"贵言（不轻易发号施令）"意义相同，都表达了老子无为而治的政治思想。

［2］飘风：暴风，疾风。与下句的“骤雨”同喻暴政。王淮说：“‘飘风’以喻暴政之号令天下，宪令法禁是也。”①

终朝：整个早晨。朝，早晨。

骤雨：急雨，暴雨。王淮说：“‘骤雨’以喻暴政之鞭策百姓，赋税劳役是也。”②

［3］孰：谁。

天地：自然界。《老子》第三十二章：“天地相合，以降甘露。”

［4］此句之意是在警告统治者：暴政是不会持久的，就像自然界的狂风暴雨不会持久一样。自然界的狂风暴雨都不能持久，更何况是人间统治者的暴政呢？

［5］道：此指自然无为之道。王弼注：“道以无形无为成济万物，故从事于道者以无为为君、不言为教，绵绵若存，而物得其真。与道同体，故曰‘同于道’。”（王弼《老子道德经注》）

［6］德：道所显现于物的功能，称为德。在这里，形而上的无为自然之道，落实到政治之域所显现出的功用，即德。

［7］失：指失道、失德之施政。既失道又失德，就会失去一切。蒋锡昌说：“‘失’则指‘飘风’‘骤雨’之治而言。”（蒋锡昌《老子校诂》）老子还是在警告统治者，失道、失德之施政，最终会失去一切，一无所有。

上四句“从事于道者，同于道；德者，同于德”，承前文“希言自然”。此句“失者，同于失”，承前文“飘风”“骤雨”。

［8］前一个“德”字，是老子的特殊名词，其意见本章注［6］。后

① 王淮：《老子探义》，转引自陈鼓应《老子注译及评介》（修订增补本），第154页。

② 王淮：《老子探义》，转引自陈鼓应《老子注译及评介》（修订增补本），第154页。

一“德”字，当作“得”，此“得”与下文“失”相对成文。①

[9] 这二句已见于《老子》第十七章。陈鼓应先生疑此句是错简重出。而卢育三先生说有此二句亦可通，他说：“帛书《老子》甲乙本均无此句，然它本均有，细究此章旨义，有此一句亦可说通。谓‘信不足’，指失于道，违背‘希言自然’，实行‘多言’、‘有为’的政治；‘焉有不信’，正因为‘信不足’，失于道，才有不信任的事情发生。这与人事之飘风骤雨不能长久，正相应。”②

河上公说：“君信不足于下，下则应君以不信也。”（《老子道德经河上公章句》）

范应元说：“上之诚信不足，则下亦有不诚信者应之矣。”（范应元《老子道德经古本集注》）

① 朱谦之：《老子校释》，中华书局，1984年，第96页。以下引用朱先生的引文，皆引自此书。

② 卢育三：《老子释义》，天津古籍出版社，1987年，第125页。卢育三先生所引原文作“信不足，焉有不信”，见于该书二十四章。

第二十四章

【题解】

本章旨在说明躁进自炫的行为不可持久，不可能行稳致远，也喻示着逞强自炫之政为人所共弃，再一次表达了老子不争而崇尚自然无为的思想。

此章既与《老子》第二十三章“希言自然”相应，也可与二十二章“不自见，故明；不自是，故彰；不自伐，故有功；不自矜，故能长”的意思互相发明。

【原文】

企者不立，跨者不行。[1] 自见者不明，自是者不彰，自伐者无功，自矜者不长。[2]

其在道也，曰：余食赘形。[3] 物或恶之，故有道者不处。[4]

【译文】

踮起脚跟是站不稳的，跨大步前进是走不远的。自逞己见的，反而不得自明；自以为是的，反而不得彰显；自己夸耀的，反而不得见功；自我骄傲的，反而不得长久。

从道的观点来看，这些急躁自炫的行为，可说都是剩饭赘瘤，惹人厌恶，所以有道的人不这样做。

【注释】

[1] 企：踮起脚跟。

跨：跃，迈越。

[2] 可参见《老子》第二十二章："不自见，故明；不自是，故彰；不自伐，故有功；不自矜，故能长。"文意与此相成。

[3] 赘形：剩饭赘瘤。赘，多余的。指上述"企者""跨者""自见者""自是者""自伐者""自矜者"等，均为多余而无用的行为。"赘形"，王弼本及其他通行古本都作"赘行"。"形"与"行"古字相通。但作"赘行"易生误解，仍应改为"赘形"。[①]

[4] 物或恶之：物，此指人；或，语气助词；恶，讨厌，厌恶。

"物"字作何解释？注家大多没有作注，少数作注的说"物"即"鬼神"之意，似不妥，不如释"物"为"人"。依据是：

第一，《老子》一书中有"物"字作"人"解释的。如第二十九章："故物或行或随。"第三十一章："夫兵者，不祥之器，物或恶之，故有道者不处。"其中的"物"都是"人"的意思。

第二，也有注家释"物"为"人"的。如：

林希逸曰："食之余弃，形之赘疣，人必恶之。"（林希逸《道德真经口义》）

陈景元曰："犹弃余之食，适使人恶，附赘之形，适使人丑。"[②]

黄克剑翻译"物或恶之"为"人们自会厌弃的"。[③]

---

① 陈鼓应：《老子注译及评介》（修订增补本），第157页。

② ［宋］陈景元：《道德真经藏室纂微篇》，见于《老子集成》第2卷，宗教文化出版社，2011年，第603页。以下引用陈景元的注文，皆引自此书。

③ 黄克剑：《老子疏解》，第252页。

以上注家均释“物”为“人”。

第三，古书中释“物”为“人”的也不少。如：

《左传·昭公十一年》：“楚师在蔡，晋荀吴谓韩宣子曰：‘不能救陈，又不能救蔡，物以无亲。’”“物”可释为“别人”。

《世说新语·方正》：“预少贱，好豪侠，不为物所许。”“物”可释为“众人”。今日尚有“物议沸腾”之语，沿袭古义，“物”亦指“众人”。

第二十五章

【题解】

本章旨在论道，由道进一步论人。有以下要点：

第一，由此章对道的多重叙说可知《老子》第一章“道可道，非常道；名可名，非常名”的真正含义。

一、“有物混成”。与现象界的杂、多相比，道是浑朴一体、圆满自足的，具有无限性和整全性。在老子看来，“道”很难用我们经验界的概念来表达。之所以说“道”是个“物”，意在拟物说道，是没有办法的办法。其实，用“道”来命名，都是很勉强的，更不能说它是一个“物”、一个东西。英国哲学家维特根斯坦说：“对于不可说的东西，必须沉默。”①但老子对这个不可言说的“道”，又不可不说，没有办法沉默，只能勉强来形容它。这反映出中外哲学家对于语言之于哲学的表达困境，是有相同感受的。

二、“独立不改”。与现象界一切事物的相对待性而言，“道”是没有相对待性的，它是独一无二的，本身也不会随着运动变化而消失，它的运动终则有始，循环往复。

---

①《不列颠百科全书：国际中文版》（修订版）“维特根斯坦”词条说，这是维特根斯坦《逻辑哲学论》书中的最后一句话。《不列颠百科全书：国际中文版》（修订版）第18卷，中国大百科全书出版社，2007年，第302页。

三、“先天地生”“为天下母”。“道”不仅在时序上先于天地而存在，而且天地万物也是道所产生的。

四、“道”有不同的属性，故有不同的名称。因为“道”没有边际，无所不在，故勉强称之为“大”；“大”则运行不息，故又称之为“逝”；“逝”则延伸遥远，故又称之为“远”；“远”则返回本原，故又称之为“反”。“大”“逝”“远”“反”既是描述道的全部运行过程，即“周行”，也是从不同角度来叙说“道”的不同属性。

第二，此章承《老子》前文几章对“道”的描摹与叙说，进而喻示引导人由取法可直观之天地而取法不可直观之“道”，取法自然。宇宙有四大，这四大的可贵之处，就在于体自然而行。所谓“道法自然”，就是说道以自然为归，道的本性就是自然。

第三，由道论人，体现出一种伟大的人本主义精神。宇宙间有道、天、地、人四大，人是四大之一，人与道、天、地并提，表现出老子对人格尊严的认定和推崇。后世所说“天地之性，人为贵”(《孝经·圣治章》)，未尝不是老子这一思想的继承与发挥。所以，张岱年说：“哲学家中，最初明白的说人有卓越位置的，是老子。”①

第四，“自然”这一观念是老子哲学的基本精神。老子把这种哲学精神延伸到政治领域，就形成了老子重要的清静自然、无为而治的政治思想。

【原文】

有物混成，先天地生。[1]寂兮寥兮，独立不改，周行而不殆，可以为天下母。[2]吾不知其名，强字之曰“道”，强为之名曰“大”。[3]大曰逝，逝曰远，远曰反。[4]

故道大，天大，地大，人亦大。[5]域中有四大，而人居其

① 张岱年：《中国哲学大纲》，第168页。

一焉。[6]

人法地，地法天，天法道，道法自然。[7]

【译文】

有一个浑然一体的东西，在天地形成以前就已存在。它（道）无声无形，独立长存而永不休止，循环运行而生生不息，可以为天地万物的根源。我不知道它的名字，勉强把它叫作“道”，勉强给它起个名字叫作“大”。道广大无边而周流不息，周流不息而伸向遥远，伸向遥远而又返回本原。

所以说，道大，天大，地大，人也大。宇宙间有四大，而人是四大之一。

人取法地，地取法天，天取法道，道纯任自然。

【注释】

[1] 有物混成：物指“道”，称“道”为“物”，是拟物说“道”，不是说“道”为有形状之物。混成，是说“道”浑然一体而自然生成，圆满自足。

范应元说：“道本不可以物言，然不曰有物，则无以明道。而言混成，则混然而成，乃自然也。”（范应元《老子道德经古本集注》）

老子认为“道”在天地形成之前就存在了，这是很重要的哲学思想，老子的思考已经深入到宇宙起源的终极原因。

张岱年说：“要之，孟子的意思是：高高在上的苍苍之天，即一切之最高主宰。人事成败，由于天；心性义理，出于天。天是一切之根据。认天为一切之最高主宰的观念，为老子所打破。老子年代本先于孟子，但孟子仍承受传统观念而修正发挥之，老子却作了一次彻底的思想革命。老子以为天并不是最根本的，尚有为天之根本者。老子说：‘有物混成，先天地生。’”[1] 老子认为最根本的乃是道，道才是最先的。

[2] 寂兮寥兮：无声无形，形容“道”不可感知。寂，无声；寥，无形。河上公说：“寂者无音声，寥者空无形。”(《老子道德经河上公章句》)

独立不改：指道并不依靠任何外力，形容道的绝对性和永存性。

周行而不殆：“周行”，循环运行。“不殆”，即不息。“殆”通“怠”，懈怠。下文说“道曰大，大曰逝，逝曰远，远曰反”，从周流不息到返回本原，如此循环不止，就是“周行而不殆”。

天下母：母，即根源。“天下母”，有作“天地母”的。但证之郭店简本《老子》作“天下母”，王弼本也作“天下母”，故从简本、王弼本作“天下母”。

[3] 强：勉强、不得已的意思。这体现了《老子》一书中“强为之名”的语言特色。

大：形容“道”没有边际，无所不包。谓“道”不可命名而勉强以“大”称之。《老子》第三十四章：“万物归焉而不为主，可名为大。”

[4] 曰：三个“曰”字，可作“而”字解释。

逝：指“道”的运行，周流不息。

远：遥远，伸向遥远。

反：《老子》书上的“反”字有两种用法：一作“返”，如本章；另一作“相反”，如《老子》第七十八章：“正言若反。”

冯达甫先生说：“大、逝、远、反是描述道的全部运行过程，就是周行。”(冯达甫《老子译注》)

---

① 张岱年：《中国哲学大纲》，第 4 页。

陈荣捷说："返本的思想在《老子》里相当浓厚，它对普见于中国人的循环观念，影响不可谓不大。依据此种观念，道与历史的运行，都是依照循环的方式。"①

[5] 通行本误"人"为"王"，"王"字均当改正为"人"，以与下文"人法地"意义相贯。

奚侗说："盖古之尊君者妄改之，非《老子》本文也。……《老子》以道为天地万物之母，故先之以道大。若改人为王，其谊太狭。幸下文人法地，人字未改，益可资以证明。"②

严灵峰说："《尚书·泰誓》篇：'惟人万物之灵。'《孝经》云：'天地之性人为贵。'《抱朴子》云：'有生最灵，莫过乎人。'人为万物之灵，当以'人'为万物之代表，不当以'王'为代表也。"③

范应元说："人为万物之最灵，与天地并立而为三才，身任斯道，则人实亦大矣。"（范应元《老子道德经古本集注》）

[6] 域中：宇宙之中。

四大：指上文的道、天、地、人。

[7] 道法自然：法，取法，效法。自然，即自己如此、自然而然之意，不是我们今日所说的"自然界""大自然"之意。"道"为宇宙万物的本原，无以取法，以自己为法。"自然"是"道"的属性，并不是另有一个高过"道"的东西叫作"自然"。

以下所举诸家注释，深得老子"自然"之旨，颇能帮助我们体悟老子有关"自然"的思想。

河上公注："道性自然，无所法也。"（《老子道德经河上公

① 陈荣捷编著：《中国哲学文献选编》，第150页。

② 奚侗：《老子集解》，见于《老子集成》第13卷，宗教文化出版社，2011年，第12页。以下引用奚侗的注文，皆引自此书。

③ 严灵峰：《老子达解》，第二十五章"校议"四，第128页。

章句》)

车载说："'道法自然'一语，是说'道'应以'无为'为法则的意思。"①

童书业说："《老子》书里的所谓'自然'，就是自然而然的意思，自然而然就是天然，没有人为的成分。……所谓'道法自然'就是说'道'的本质是自然的。"②

① 车载：《论老子》，第5页。

② 童书业：《先秦七子思想研究》，第128页。

第二十六章

【题解】

老子在本章中告诫执政者立身行事要持重守静，不可轻浮躁动。“奈何万乘之主，而以身轻天下？”这应该是老子有感于当时的统治者骄奢淫逸，纵欲自残，而发出的沉痛的感叹。

在古代，一国之君身负治国之重任，国家的兴衰，百姓的祸福，往往系于君主一人。君主为政稳健审慎，乃国家百姓之福；君主为政轻率盲动，乃国家百姓之祸。

本章与老子主张静重的整体思想是一致的，静重既是老子的哲学思想，也是老子的政治思想，静重的哲学思想落实于政治之域，就形成了老子清静无为、稳健审慎的治国之道。

【原文】

重为轻根，静为躁君。[1]

是以君子终日行不离辎重。[2]虽有荣观，燕处超然。[3]奈何万乘之主，而以身轻天下？[4]

轻则失根，躁则失君。[5]

【译文】

厚重是轻率的根本，静定是躁动的主宰。

因此，君子整天行走不离开静重。虽然有华丽的生活，却超然物外，安居泰然。为什么身为大国的君主，还轻率躁动以治天下呢？

轻率就失去了根本，躁动就失去了主宰。

【注释】

[1] 根：根本。

躁：躁动。

君：主宰。《荀子·解蔽》："心者，形之君也。"

[2] 君子：王弼本原作"圣人"，但诸本及《韩非子·喻老》、马王堆帛书《老子》甲本均作"君子"，作"君子"为是。

辎重：静重。"辎重"有两种解释：一是作"辎重车"解释，即军中载器械粮食的车。二是作"静重"解释。① 此注取严灵峰先生之说，"辎重"作"静重"之意。此句意思是借"行不离静重"，来说明君子不背离厚重与静定，行事周到，稳妥而自重。

[3] 荣观：宫阙，指华丽的生活。荣，豪华，高大；观，台观，楼观。

燕处：安居，闲居。"燕"，通"宴"，安定的意思。

超然：超脱尘俗、超然物外的样子。

[4] 万乘之主：指大国的君主。乘，古时一车四马叫"乘"，"万乘"，指拥有兵车万辆的大国。

以身轻天下：担负天下之任却轻用自己的生命。老子主张君主

---

① 严灵峰：《老子达解》，第二十六章"句解"，第 130 页。

"贵身"，反对君主"轻身"。《老子》第十三章说："贵大患若身。"又说："故贵以身为天下，若可寄天下；爱以身为天下，若可托天下。"第四十四章说："名与身孰亲？身与货孰多？"参见第十三章、第四十四章注。

许多注家对此句有很好的解读，试举几例如下：

河上公说："王者至尊，而以其身行轻躁乎？疾时王奢恣轻淫也。"(《老子道德经河上公章句》)

苏辙说："人主以身任天下，而轻其身，则不足以任天下矣。"①

高明说："'以身轻于天下'……即轻以身为天下。则同第十三章'贵以身为天下'，'爱以身为天下'之反谊。王弼注：'无物可以易其身，故曰"贵"也。无物可以损其身，故曰"爱"也。'此可以谓无物可以贱其身，故曰'轻'也。即以身为天下最轻最贱。万乘之王以身为天下最轻最贱，则纵欲自残，身不能治。身者人之本也，伤身失本，身且不保，焉能寄重托民。万乘之王纵欲自轻，急功好事，必亲离势危，丧国亡身。"②

［5］蒋锡昌说："'轻则失根，躁则失君'，言人君纵欲自轻，则失治身之根；急功好事，则失为君之道也。"(蒋锡昌《老子校诂》)

此末句与首句"重为轻根，静为躁君"相呼应。

①［宋］苏辙：《道德真经注》，见于《老子集成》第3卷，宗教文化出版社，2011年，第13页。以下引用苏辙的注文，皆引自此书。

② 高明：《帛书老子校注》，第361页。

第二十七章

【题解】

本章意旨在自然无为，重在治国。

一、圣人治国，无为而治。“善言”“善行”就是善于行不言之教，行无为之政。“善数”“善闭”“善结”各句，都是意义相同的譬喻。

二、圣人治国，国无弃人、无弃物。圣人知道人各有才，物各有用。通过人与物各因其性，自主自为，实现人尽其才，物尽其用。

掌握了以上要点，就是掌握了治国的精义，所以叫“袭明”，叫“要妙”。

【原文】

善行，无辙迹[1]；善言，无瑕谪[2]；善数，不用筹策[3]；善闭，无关楗而不可开[4]；善结，无绳约而不可解[5]。

是以圣人常善救人，故无弃人[6]；常善救物，故无弃物[7]。是谓袭明。[8]

故善人者，不善人之师；不善人者，善人之资。[9]不贵其师，不爱其资，虽智大迷，是谓要妙。[10]

【译文】

善于行走的，不留痕迹；善于言谈的，没有过失；善于计算的，不用筹码；善于关闭的，不用门闩却使人不能打开；善于捆缚的，不用绳索却使人不能解开。

因此，圣人经常善于做到人尽其才，所以没有被遗弃之人；（圣人）经常善于做到物尽其用，所以没有被废弃之物。这就叫作承袭大道之明。

所以，善人可以作为不善人的老师；不善人可以作为善人的借鉴。不尊重他的老师，不珍惜他的借鉴，虽然自以为聪明，其实是大迷糊。这真是精要深奥的道理。

【注释】

［1］如果从政治学的角度来解读，“善行，无辙迹”体现的是老子自然无为的政治思想，与《老子》第十七章“太上，不知有之”有相同之妙理。

任继愈说：“这里讲的‘善行’与下文‘善言’对举，并不单指走路，而是指行为。默默无闻地做好事，才算‘善行’，因为它不留痕迹。做了一件好事，生怕人家不知道，到处张扬，老子认为这不算‘善行’。”①

黄克剑说：“老子以此比喻，晓示通于自然之道者治身治国常以无为为之而不落于有为之迹。下文‘善言者’、‘善数者’、‘善闭者’、‘善结者’诸句，亦是取譬以喻理，文虽异而义从同。”②

［2］善言：字面上的意思是善于说话，实际是指善于“行不言之教”。

① 任继愈：《老子绎读》，第 59 页。

② 黄克剑：《老子疏解》，第 280 页。

《老子》第二章说："是以圣人处无为之事，行不言之教。"

瑕谪：玉上的斑痕，比喻人的过失、差错。

[3] 善数：善于计算。

筹策：古时候的计算用具。

[4] 关楗：门闩。

[5] 绳约：绳索。"绳"与"约"都是绳子。

王弼注："此五者（指善行无辙迹、善言无瑕谪、善数不用筹策、善闭无关楗、善结无绳约），皆言不造不施，因物之性，不以形制物也。"（王弼《老子道德经注》）王弼思想以虚无为本，以形器为末，以形为物之累，故说"不以形制物"。

[6] 救人：圣人法自然，不去干扰人，使人返璞归真，让人人自为，去发挥自身本有的潜能和天性，如此就不会有弃人。

[7] 救物：圣人法自然，不去干扰物，使万物发挥各自本有之性，如此就不会有弃物。

[8] 袭明：承袭大道之明。袭，承袭，因袭。"明"是指了解道的智慧。《老子》第十六章："复命曰常，知常曰明。"第五十五章："知和曰常，知常曰明。"林语堂说："体道的圣人，善于使人尽其才，没有废弃的人；善于使物尽其用，没有废弃的物。这就叫做'袭明'。"（林语堂《老子的智慧》）

[9] 资：借鉴的意思。任继愈说："老子认为善人固然可以作不善人的老师，而不善人也可以作为善人的借鉴。不善人不是不可以转变的，所以说'无弃人'。"①

[10] 要妙：精要玄妙，精深微妙。参见《老子》第一章："观其妙。"河上公注："能通此意，是谓知微妙要道也。"（《老子道德经河上公章句》）

① 任继愈：《老子绎读》，第60页。

第二十八章

【题解】

此章之意旨在申述无为而治的施政理念，主要包括四个方面：

一是柔性。“知雄守雌”，即对于“雄”与“雌”两方面都有透彻的了解和把握，但老子在两者中选择“守雌”。雄的特点是刚，雌的特点是柔，“守雌”就是守柔。贵柔是老子的一贯思想，所谓“柔弱胜刚强”。“知雄守雌”，既是一种修身和人生态度，也是对柔性治国的施政方略的价值选择。

二是谦卑。执政者处于高位，掌握着大权，容易骄傲自满，容易对百姓居高临下、咄咄逼人。老子建议执政者要谦卑，老子用“谿”“谷”来形容执政者要谦下包容。

三是真朴。治国要回归真朴，即回归婴儿的真朴状态，这是老子一贯的政治理想。老子认为，执政者应顺应万物自然之性治国，就可以达到天下真朴，达到天下之治。

四是大制不割。老子理想中的政治是“大制”，即“大治”，“大制”是“无割”的，而“无割”也就是“无为”。所以，“大制无割”也就是大治无治或无为而治，无为施政就不会伤害百姓，百姓不受伤害，天下就会大治。

“大制不割”也暗含了以上“柔性”“谦卑”“真朴”等内容，归根到底体现的是老子无为而治的政治理想，也是最不伤害百姓或最少伤害百姓的施政方式。

这里有一点需要特别加以说明，即“复归于婴儿”是什么意思？有不少学者误解了这句话，认为老子是要人们从成年、老年回归到婴儿，是返老还童。这完全误解了老子的意思，大大低估了老子的智力水平，难道老子不知道这是不可能的吗？老子之意，不是要人们回归到婴儿的生理状态，而是要人们回归到婴儿纯真、质朴、自然的精神状态。这是老子的比喻，也是老子的理想，是老子鉴于世俗人心充斥着机心、欺诈和算计而开出的救世之方。

【原文】

知其雄，守其雌，为天下谿。[1]为天下谿，常德不离，复归于婴儿。[2]

知其白，〔守其黑，为天下式。为天下式，常德不忒，复归于无极。知其荣，[3]〕守其辱，为天下谷。[4]为天下谷，常德乃足，复归于朴。[5]

朴散则为器，圣人用之，则为官长，故大制不割。[6]

【译文】

深知雄强，却安于雌柔，作为天下所遵循的蹊径。作为天下所遵循的蹊径，常德就不会离失，而回复到婴儿的纯朴自然状态。

深知明亮，却安于暗昧，作为天下的空谷。作为天下的空谷，常德才可以充足，而回复到真朴的状态。

真朴的道分散成万物，圣人运用道的真朴，则为百官的首长，所以完善的政治是无为而治、顺应自然之性的。

【注释】

[1] 雄：雄性的，与“雌”相对，譬喻刚动、躁进。

雌：雌性的，与“雄”相对，譬喻柔静、谦下。

谿：言默守雌静，当为天下所遵循之蹊径。谿，用同“蹊”，蹊径。谿有作“溪谷”解释的，如作“溪谷”解释，则与下文“谷”字意义重复，故作“蹊径”。①

老子对雄强和雌柔都十分了解，守雌贵柔是老子的一种价值选择。这种思想贯穿于《老子》全篇。《老子》第四十三章：“天下之至柔，驰骋天下之至坚。”第五十五章：“含德之厚，比于赤子。……骨弱筋柔而握固。”第六十一章：“大邦者下流，天下之交也，天下之牝。牝常以静胜牡，以静为下。”牝就是雌。第七十六章：“故坚强者死之徒，柔弱者生之徒。是以兵强则灭，木强则折。强大处下，柔弱处上。”第七十八章：“天下莫柔弱于水，而攻坚强者莫之能胜，以其无以易之。弱之胜强，柔之胜刚，天下莫不知，莫能行。”

[2] 常德不离：永恒的德不会离身。常德，经久不变之德。常道、常明、常德，都是老子的常用词语。

婴儿：喻纯朴自然，婴儿的状态是纯真自然的。王弼注：“婴儿不用智，而合自然之智。”（王弼《老子道德经注》）

[3] 这六句多数注家疑为后人所加，当删。《庄子·天下》引《老子》文曰：“知其雄，守其雌，为天下谿；知其白，守其辱，为天下谷。”据此可证“守其黑”至“知其荣”六句是后人所加。

[4] 辱：黑垢。《老子》第四十一章：“大白若辱。”

谷：有水曰溪，无水曰谷。谷无水则空虚。

① 陈鼓应：《老子注译及评介》（修订增补本），第173页。

[5] 朴：未经加工的木材，此指本真、本性。老子有时用“朴”表示“道”的境界和品格。《老子》第十九章：“见素抱朴。”第三十七章：“吾将镇之以无名之朴。”

[6] 器：物，指万物。

之：指朴。

官长：百官的首长，指君主。

大制不割：犹自然无为，大治无治。制，裁、裁制之谓，比喻治国治天下。不割，不伤害，无为施政就不会伤害百姓。《老子》第五十八章：“是以圣人方而不割，廉而不刿，直而不肆，光而不耀。”

王弼注：“大制者，以天下之心为心，故无割也。”楼宇烈校释曰：“‘大制’，意为以道制裁万物。道制裁万物是顺万物自然之性，所以说‘以天下之心为心’，是‘裁’而‘无割’。”（王弼《老子道德经注》）

蒋锡昌说：“此指圣人统治天下以制百物而言。故‘大制’犹云大治，‘无割’犹云无治。盖无治，则可以使朴散以后之天下复归于朴；复归于朴，正乃圣人之大治也。”（蒋锡昌《老子校诂》）

第二十九章

【题解】

本章进一步阐发自然无为之治，反对强力极端之治。老子认为强力极端之治是达不到目的的，是会失败的。就此，老子提出了自己的依据：

一、老子认为人是神圣的，不能用强力去治理、去把持。在这里，老子把人提高到如此高的地位，在中国古代思想史上是独一无二的，闪耀着人本思想的光辉。

二、老子认为众人秉性千差万别，为政者施政，须因人之不同秉性，尊重人的差异性与特殊性，不能用一个标准去衡量和要求，更不能用苛政去命令和禁止。所以，老子呼吁，施政应因人之性，顺任自然，舍弃一切过度的措施，去掉一切奢靡的行径，去除一切酷烈的政举。这才是老子心目中的理想政治。

【原文】

将欲取天下而为之，吾见其不得已。[1]天下神器，不可为也，不可执也。[2]〔为者败之，执者失之。是以圣人无为故无败，无执故无失。[3]〕

故物或行或随，或嘘或吹，或强或羸，或培或堕。[4]

是以圣人去甚，去奢，去泰。[5]

【译文】

想要治理天下却强力妄为，我看他是不能达到目的了。天下的人是神圣的，不能治以强力，不能加以把持。强作妄为就会败事，执意把持就会失去。所以，圣人不妄为就不会败事，不把持就不会丧失。

所以，世人情性不一，有的行前，有的随后；有的性缓，有的性急；有的强健，有的羸弱；有的自爱，有的自毁。

所以，圣人施政要去除极端的、奢靡的、过度的做法。

【注释】

[1] 取天下：治理天下。取，治。

为：本章中三个“为”字，其意皆指“有为”，指强力妄为，与“无为”相反。

不得已：不可得，不可能，不是今天我们所说的“迫不得已”的意思。已，语气词，用法同“矣”。高明说：“‘不得已’，河上公谓为‘不得天道人心’，甚得其旨，犹今言无所得或无所获。有人释作‘迫不得已’，失之远矣。”①

见：预料，预见。

[2] 天下神器：人是天下神物、人乃万物之灵之意。天下，指“天下人”。

河上公注：“器，物也。人乃天下之神物也。神物好安静，不可以有为治。”(《老子道德经河上公章句》)

严灵峰说：“言神器大宝，不可以有为多事而致之也。”②

① 高明：《帛书老子校注》，第377—378页。

② 严灵峰：《老子达解》，第二十九章“句解”，第148页。

陈鼓应先生说："天下是神圣的东西。'天下'指天下人。"①

不可执也：执，把持、控制之意。王弼本原缺这一句，陈鼓应先生根据刘师培《老子斠补》和易顺鼎《读老札记》之说增补此句。

[3] 执：执持，执着。这几句原在《老子》第六十四章中，应是错简，当移于此处。

[4] 物：指人，此处翻译为"世人"。《老子》第二十四章："物或恶之。"

或嘘或吹：嘘，缓慢呼气；吹，合拢嘴唇用力呼气。

或强或羸：强，强健；羸，羸弱。

或培或堕：高明先生和陈鼓应先生翻译为"有的自爱，有的自毁"。堕，毁坏，也作"隳"。

句中八个"或"字，都作"有的（人）"解释，表示世人秉性不一。这一段文意，高明《帛书老子校注》引王弼注进行解读，认为世人秉性千差万别，圣人施政，各因其秉性，任其自然。如此解读，深得老子思想之旨。

高明说："王弼注：'凡此诸"或"，言物事逆顺反复，不施为执割也。圣人达自然之性，畅万物之情，故因而不为，顺而不施。'此之谓人事繁多，情性各异：有的行前，有的随后；有的性缓，有的性急；有的刚强，有的柔弱；有的自爱，有的自毁。凡此皆明人事参差，圣人顺而不施，因而不为，任其自然。"②

[5] 甚、奢、泰：都是过分之意。

---

① 陈鼓应：《老子注译及评介》（修订增补本），第179页。

② 高明：《帛书老子校注》，第380页。

此句之意是说圣人施政，力戒极端、过分之举，纯任自然无为。极端、过分皆由执政者的贪欲所致，也与强力妄为相关，因此圣人去之。正如薛蕙所说："物各有自然之性，岂可作为以反害之邪？是以圣人去甚、去奢、去泰，惟因其自然而已。……物有固然，不可强为，事有适当，不可复过。此老子之本意也。"（薛蕙《老子集解》）此说深得老子之旨。

第三十章

【题解】

本章主旨是反战。老子主张“道法自然”，而战争是与道相悖的。老子告诫辅佐君主的人，要以道辅佐君主，不要为君主的穷兵黩武而出谋划策。不得已而用兵时，也只可止于以兵济难而绝不可恃兵逞强。

老子所处的时代，是一个战乱的年代，战争给人民带来了巨大灾难。老子是一位悲天悯人的思想家，对此有着深切的感受。老子在本章中描述了战争所带来的严重灾难，并对战争发动者提出了严重警示。

“师之所处，荆棘生焉。”战争造成了百姓大量伤亡，流离失所，田园荒芜，杂草丛生。这两句话道尽了战争给百姓所带来的深重灾难。这与后世东汉末年曹操所描述的战争灾难何其相似：“白骨露于野，千里无鸡鸣。”（《曹操集·蒿里行》）

“其事好还。”战争总是没有好结果的，失败者固然伤残累累，弄得国破家亡，胜利者所付出的代价也是极其惨重的。本质上，战争没有赢家。所以，老子提醒统治者：武力横行，终将自食其果；武力暴兴，必定自取灭亡。

这使我想起了两位军事家，他们都经历和指挥过战争，对战争的残酷性有着切身感受。一位是美国的艾森豪威尔将军，一位是中国的刘伯承元帅。

艾森豪威尔将军说："战争是人类最悲惨、最愚蠢的行为，无论是蓄意挑起战争，还是为其献计献策，这都是对全人类犯下的滔天罪行！"①

戎马一生的刘伯承元帅，晚年拒绝观看一切战争电影，为什么呢？他解释说："我们牺牲一位战士，他的全家都要悲伤啊！这会给那个家庭带来多大的损失啊！同样，一个国民党士兵死了，也会殃及整个家庭。他们都是农民的子弟，一场战争要损伤多少家庭啊！就是因为这个，每在战前，我们连觉都睡不好。现在战争结束了，就不愿意看、怕看战争的场面……我就是从大堆大堆我们的兄弟、父老、亲人的尸体上爬过来的，我至今仍看到他们为我们铺设的一条血肉模糊的路。'敌人'也一样，他们也是我们的同胞啊！千百万的年轻寡妇找我要丈夫，多少白发苍苍的老太太找我要孩子，我心里很不安！"②

我们要记住老子在两千五百多年前反战的谆谆教诲，也要记住现代艾森豪威尔、刘伯承两位军事家在经历过残酷战争后发自肺腑的沉痛之言。

遗憾的是，人类过去的历史，好像并没有从中吸取多少教训，战争越打越大，以致打成了世界大战。这让我想起了德国哲学家黑格尔的话："人类从历史中吸取的唯一教训，就是人类从历史中没有吸取任何教训。"

① 艾森豪威尔 1947 年在西点军校毕业典礼上的讲话。

② 许小峰：《建军节，应记住周成荣》，《南方周末》2011 年 7 月 28 日。

【原文】

以道佐人主者，不以兵强天下。[1]其事好还。[2]师之所处，荆棘生焉。[3]〔大军之后，必有凶年。[4]〕

善有果而已，不敢以取强。[5]果而勿矜，果而勿伐，果而勿骄，果而不得已，果而勿强。[6]

物壮则老，是谓不道，不道早已。[7]

【译文】

用道辅助君主的人，不靠兵力逞强于天下。用兵这件事一定会得到报应的。军队所到的地方，荆棘就长满了。〔大战过后，一定会变成荒年。〕

善用兵的人只求达到救济危难的目的就可以了，不借用兵力来逞强。达到目的却不自负，达到目的却不夸耀，达到目的却不骄傲，达到目的却出于不得已，达到目的却不逞强。

凡是黩武逞强的人就会趋于衰败，这是不合于道的，不合于道很快就会覆灭。

【注释】

[1] 佐：辅佐。

强：逞强。

唐代将军王真对此有深刻而沉重的解读，令人深思。作为一位将军，他极力反战，坚持“以道佐人主，不以兵强天下”。他对唐宪宗说：“此一章特戒将相辅弼之臣也，言以道佐人主，不以兵强于天下，其事好还者，臣敢借秦事以言之。李斯、赵高、白起、蒙恬之类，皆不以道佐其主，而直以武力暴强吞噬攫搏，……李斯父子糜溃于云阳，白起齿剑于杜邮，赵高取灭于宫闱，此皆事之还也。……且兴师十万，日费千金，十万之

师在野，则百万之人流离于道路矣。”（王真《道德经论兵要义述》）

[2] 还：报应。以下注家都对“其事好还”作了精到的解释：

李嘉谋说：“杀人之父，人亦杀其父；杀人之兄，人亦杀其兄。是谓好还。”（李嘉谋《道德真经义解》）

林希逸说：“我以害人，人亦将以害我，故曰其事好还。”（林希逸《道德真经口义》）

朱谦之说：“‘其事好还’，谓兵凶战危，反自为祸也。”① 陈鼓应先生说：“‘其事好还’——武力横行，终将自食其果；武力暴兴，必定自取灭亡。”②

[3] 荆棘生焉：荆棘，丛生有刺的灌木。指战争造成了人民大量伤亡，流离失所，田园荒芜，杂草丛生。王弼注：“言师凶害之物也。无有所济，必有所伤，贼害人民，残荒田亩，故曰‘荆棘生焉’。”（王弼《老子道德经注》）（引者注：师，战争；济，成功。）

[4] 郭店简本《老子》和马王堆帛书《老子》均缺此二句，陈鼓应先生认为当依简帛本，此二句当删。

[5] 果：达到目的，取得成果。与下句中的五个“果”字，都是指“效果”而言，即达到救济危难的目的。

不敢以取强：“敢”字为衍文，应作“不以取强”。

王弼注：“言善用师者，趣以济难而已矣，不以兵力取强于天下也。”（王弼《老子道德经注》）（引者注：趣，同“趋”，往。）

[6] 矜：自负，自以为了不起。

---

① 朱谦之：《老子校释》，第 120 页。

② 陈鼓应：《老子注译及评介》（修订增补本），第 184 页。

伐：炫耀。

强：逞强。

[7] 物壮则老：壮，武力兴暴，黩武逞强；老，衰弱，衰败。《老子》第四十二章："强梁者不得其死。"

不道：不合于道。

早已：早死之意，"已"即终、止之意，这里指覆亡。

对于此句，王弼注："壮，武力暴兴，喻以兵强于天下者也。飘风不终朝，骤雨不终日，故暴兴必不道，早已也。"（王弼《老子道德经注》）王弼的解读很符合老子反战思想的原意。

第三十一章

【题解】

此章与上一章的主旨一样，都表达了老子的反战思想，两章都是对于当时统治者武力逞强的批评。上一章是老子对于战争的祸害的警示，本章则是表达老子对战争造成的大量人员伤亡的哀痛心情，体现出老子悲天悯人的人道精神。

曾国藩戎马一生，深知战争之残酷和惨烈，他有一段论兵的名言，可以作为老子这一章主旨的恰当阐释。他说："兵者，阴事也，哀戚之意，如临亲丧，肃敬之心，如承大祭，庶为近之。今以牛羊犬豕而就屠烹，见其悲啼于割剥之顷，宛转于刀俎之间，仁者将有所不忍，况以人命为浪博轻掷之物。无论其败丧也，即使幸胜，而死伤相望，断头洞胸，折臂失足，血肉狼藉，日陈吾前，哀矜之不遑，喜于何有？故军中不宜有欢欣之象，有欢欣之象者，无论或为和悦，或为骄盈，终归于败而已矣。"①

此外，余培林先生根据学者的考订，认为本章有很多注文混入正文，使得文句错乱，文意不明。兹抄录其删定后的文句如下，以

① [清] 曾国藩:《冰鉴 挺经》，李飞跃、蒲宏凌评注，中华书局，2014年，第175页。

供参考："兵者不祥之器，不得已而用之，恬淡为上。胜而不美，而美之者，是乐杀人。夫乐杀人者，则不可得志于天下矣。"①

【原文】

夫兵者，不祥之器，物或恶之，故有道者不处。[1]

君子居则贵左，用兵则贵右。[2]兵者不祥之器，非君子之器，不得已而用之，恬淡为上。[3]胜而不美，而美之者，是乐杀人。[4]夫乐杀人者，则不可得志于天下矣。[5]

吉事尚左，凶事尚右。[6]偏将军居左，上将军居右。言以丧礼处之。[7]杀人之众，以悲哀泣之，战胜以丧礼处之。[8]

【译文】

战争是不祥之物，大家都厌恶它，所以有道的人不使用它。

君子平时以左为上，用兵时以右为上。战争是不祥之物，不是君子所使用之物，万不得已而使用它，最好要淡然处之。胜利了也不要得意扬扬，如果得意扬扬，就是喜欢杀人。喜欢杀人的人，就不能在天下获得成功。

吉庆之事以左为上，凶丧之事以右为上。偏将军在左边，上将军在右边，这是说出兵打仗用丧礼的仪式办理。杀人那么多，带着哀痛的心情参加，打了胜仗要用丧礼的仪式办理。

【注释】

[1] 夫：本章两"夫"字，都是语气词。

兵：兵器，引申为军事、战争。《孙子兵法·计》："兵者，国之大事，死生之地，存亡之道，不可不察也。"

① 余培林：《新译老子读本》，第68页。

物或恶之：物，指“人”。或，语气助词；恶，厌弃，厌恶。《老子》第二十四章有相同的话：“物或恶之，故有道者不处。”

[2] 贵左：以左为上或以左为尊。

贵右：以右为上或以右为尊。

“贵左”“贵右”与后文的“尚左”“尚右”“居左”“居右”都是古时候的礼仪规范。古人认为左阳右阴，阳主生而阴主杀。君子平时采用吉事以左为上之礼，意在贵阳尚生。而用兵时则采用丧事以右为上之礼，意在兵事主阴主杀。这与下文“吉事尚左，凶事尚右”的意思相同，反映了老子的厌战反战思想。

[3] 恬淡：即淡泊、平淡，也即看得淡，非心所喜。

[4] 美：喜，快乐。

[5] 老子这一思想与战国时期孟子的思想是一致的。梁惠王的儿子梁襄王问孟子：“谁能统一天下呢？”孟子回答说：“不好杀人的国君，就能统一天下。”

[6] 吉事：古时指祭祀、冠礼、婚嫁等行礼之事。

凶事：丧事，指人死后殓奠殡葬等事宜。

[7] 偏将军：辅佐上将军的将领。

上将军：行军作战时军中的主帅。

[8] 涖：作“莅”解，莅临之意。

黄克剑说：“即使‘不得已’用兵，‘杀人’也是一件不幸的事；人杀多了不应欣喜于军功，而应对之报以哀伤之情。以此而论，对于‘战胜’则不可像通常那样予以庆贺，反倒是宜于‘以丧礼处之’。”①

① 黄克剑：《老子疏解》，第326页。

第三十二章

【题解】

本章旨在以道论政，表达了老子的“无为”政治思想。

第一，“道”是质朴的，君主若能持守道的质朴，自然无为，人民当能安然自适，各遂其生。

第二，道犹如甘露，人们无须下指令而“道”之养物犹甘露自然均匀普惠。这具有一种平等的治国精神。

第三，知止。依“道”治国，不可过分，要适可而止，过分不符合“道”，这与《老子》第二十九章所说一致：“是以圣人去甚，去奢，去泰。”

第四，依道治国，就可以得到人们的信任，人们自然归附，有如河川流向江海。

【原文】

道常无名、朴[1]。虽小，天下莫能臣。[2]侯王若能守之，万物将自宾。[3]天地相合，以降甘露，民莫之令而自均[4]。

始制有名，名亦既有，夫亦将知止，知止可以不殆。[5]

譬道之在天下，犹川谷之于江海。[6]

【译文】

道永远是不可名而处于朴质状态的。（道）虽然幽微不可见，天下却没有谁能支配它。侯王如果能守住它（道），众人将自会归服。天地间阴阳之气相合，就降下甘露，人们不须指令它而自然润泽，均匀普惠。

万物兴作，就产生了各种名称；各种名称已经制定了，就知道有所限度；知道有所限度，就可以避免危险。

道存在于天下，有如江海为河川所汇注一样。

【注释】

[1] 无名、朴：两者都是形容“道”。就隐而不可见而言，“道”是无名；就“道”的朴质状态而言，“道”是朴。《老子》第四十一章：“道隐无名。”第三十七章：“化而欲作，吾将镇之以无名之朴。无名之朴，夫亦将不欲。”

[2] 小：“道”是隐而不可见的（“道隐无名”），所以用“小”来形容道。老子认为“道”既其大无外，故称之为“大”，又其小无内，故称之为“小”，大、小都是“道”的属性。范应元说：“道常无名，固不可以小大言之，圣人因见其大无不包，故强为之名曰大。复以其细无不入，故曰小也。”（范应元《老子道德经古本集注》）

臣：使之服从。

[3] 侯王：君主，国君。

之：指“道”。

万物：这里作“众人”解释。[①]

自宾：自将归服于“道”。宾，服从、归顺。

---

① 黄克剑：《老子疏解》，第 330 页。

[4] 民莫之令而自均：之，指甘露。这句话如何理解？可参见王弼和陈鼓应先生的解读。王弼注："言天地相合，则甘露不求而自降。我守其真性无为，则民不令而自均也。"（王弼《老子道德经注》）陈鼓应先生说："五十一章说'道'之生育畜养万物时云'夫莫之命而常自然'，言无人指令而'道'能自然化育万物。这是说人们无需指令而'道'之养物犹甘露自然均普。"①

[5] 始制有名："始"是指万物的开始。制，作之意。"始制有名"即《老子》第二十八章所说的"朴散则为器"。王弼注："始制官长，不可不立名分以定尊卑，故始制有名也。"（王弼《老子道德经注》）

知止：是说懂得限度、懂得止境。止，适可而止，即行事有限度和止境。《老子》第四十四章："知足不辱，知止不殆，可以长久。"

傅山说："始制有名，制即制度之制，谓治天下者初立法制，则一切名从之而起，正是与无名之朴相反。……后世之据崇高者，只知其名之既立，尊而可以常有。天下者，非一人之天下，天下之天下也。"②

傅山是从政治的角度来解读"始制有名"这段话的，他的解读是说最初的治理天下者创立法制，是为了治理好天下。后世统治者，占据高位，只知道名分既立，以为自己的尊位富贵可以永远拥有，肆无忌惮，为所欲为，不知限度，不知适可而

① 陈鼓应：《老子注译及评介》（修订增补本），第189页。

② ［清］傅山：《老子解》，见于《老子集成》第8卷，宗教文化出版社，2011年，第588页。以下引用傅山的注文，皆引自此书。

止。不知道这个天下不是一个人的天下，而是天下人的天下。

[6] 这句是倒文，正文当作“道之在天下，譬犹江海之与川谷”。正文以江海比喻道，以川谷比喻天下万物。（参见蒋锡昌《老子校诂》）

第三十三章

【题解】

这一章，老子立足于“道”而论人生修养，主张自知、自胜、知足而勤勉力行，引导人们达至一种新的精神境地，实现个人的不朽。这当然可以理解为是老子说给所有人听的，但细细体会老子之意，其重点还是针对执政者而说的。在老子看来，执政者具有这些人格修养和精神境界，对于治国治民、践行无为而治的政治理想是很重要的。

知人与自知比，自知更重要，且老子的侧重点在自知无知，这也是难点，需要克服自己的面子观念，因为承认自己的无知，是丢面子的事情。所以，《老子》第七十一章说：“知不知，尚矣。”

老子的“自知”思想，与孔子和古希腊哲学家苏格拉底所说有异曲同工之妙。孔子说：“知之为知之，不知为不知，是知也。”（《论语·为政》）苏格拉底说：“认识你自己。”“我唯一知道的东西就是我什么也不知道。”（The only thing I know is that I do not know anything！）这些哲人所说的出发点虽然不同，但认为人要认识到自己的无知则是一致的。

胜人与自胜比，自胜更重要，自胜的重点是克服自己的弱点。人的一生有很多困难要克服，但最难克服的是自己的弱点，包括自己的贪欲、偏见、无知、惰性等，也包括克服自己不知足的心态。

其实，不知足就是贪欲，欲壑难填；知足就是少私寡欲，知足者富。要战胜自己很难，需要毅力，需要坚持，需要勤勉力行，更需要勇气。战胜自己是天底下最难的事，所以说“自胜者强”。

我们看人类历史，会发现有的人活着，却已经死了；有的人死了，却还活着。老子强调人的自我不朽，也就是“不失其所者久”“死而不亡者寿”。儒道两家都倡导不朽。《左传·襄公二十四年》说：“太上有立德，其次有立功，其次有立言。”这是儒家所追求的人生“三不朽”。而道家在追求道，依道而存，以此不朽。二者的出发点和落脚点不同，但追求不朽相同。

【原文】

知人者智，自知者明。[1]

胜人者有力，自胜者强。[2]

知足者富。[3]

强行者有志。[4]

不失其所者久。[5]

死而不亡者寿。[6]

【译文】

了解别人的是“智”，了解自己的才算“明”。

战胜别人的是有力，克服自己的才算坚强。

知足的就富有。

勤勉力行的就是有志。

不离失根基的就可以长久。

身死而道犹存的才称得上长寿。

【注释】

[1] 此句之意，重在自知。古希腊特尔斐神庙箴言："认识你自己。"这也是苏格拉底思想的核心，其要义是认识自己的无知。可见中外哲人之所思是相通的。

[2] 强：与《老子》第五十二章"守柔曰强"的"强"字，意思相同，都是老子的特殊用字。但与第七十六章"坚强者死之徒"的"强"字，意思不同。

此句之意，重在自胜。从人类的经验来看，最难战胜的是自己的弱点，如果能有效地战胜自己的弱点，就一定能成为强者。河上公注："能胜人者，不过以威力也。人能自胜己情欲，则天下无有能与己争者，故为强也。"(《老子道德经河上公章句》)

[3]"知足"是老子的一贯思想，在其他章中反复讲到，如《老子》第四十四章："知足不辱。"第四十六章："咎莫大于欲得，祸莫大于不知足。故知足之足，常足矣。"

[4] 强行：勤勉力行。"强行"应为"勤行"，即"勤而行之"的意思。《老子》第四十一章："上士闻道，勤而行之。"

[5] 所：根基，根本，指上文的自知、自胜、知足、勤行。

[6] 死而不亡：身死而道犹存。

王弼注："虽死而以为生之，道不亡乃得全其寿。身没而道犹存，况身存而道不卒乎。"(王弼《老子道德经注》)

林语堂说："人既能以道为处所，自然也能和它同长久；既能以道为依归，则虽死却能与道同存，这才是真正的长寿。"(林语堂《老子的智慧》)

第三十四章

【题解】

本章以论道开始，指归于圣人治国，反映了老子以道为依归、向往自然无为的政治理想。

首先，是对道的歌颂。道无处不在，就在我们身边。道生长万物，养育万物，使万物各得所需，各适其性，而丝毫不加以主宰。道既伟大，又谦卑。依道而行的圣人之所以伟大，就在于不自以为伟大。

其次，道有“不辞”“不有”“不为主”的精神，执政者治国治民亦应如此。老子在告诫执政者，要以道来消解自己的占有欲与支配欲，这既可使百姓感受不到权力的压迫，也可减轻百姓对于执政者的依附，以达到自然无为之境。

【原文】

大道泛兮，其可左右。[1]万物恃之以生而不辞，功成而不有。[2]衣养万物而不为主，〔常无欲，〕可名于小[3]；万物归焉而不为主，可名为大[4]。是以圣人终不为大，故能成其大。[5]

【译文】

大道广泛流行，无所不到。万物依赖道生长，而道对万物从不干涉，道成就了万物却不居功。道养育万物而不把持万物，〔总是那么无所欲求，〕可以称它为“小”；道为万物所归宗而不主宰万物，可以称它为“大”。所以，圣人不自以为伟大，才能成就其伟大。

【注释】

[1] 泛：广泛，普遍。

其可左右：道无所不在，无所不到。《庄子·知北游》：“东郭子问于庄子曰：‘所谓道，恶乎在？’庄子曰：‘无所不在。’”

王弼注：“言道泛滥无所不适，可左右上下周旋而用，则无所不至也。”（泛滥，遍及浸润，如水之漫溢——引者注）（王弼《老子道德经注》）

[2] 恃：依赖。

有：据为已有。

[3] 衣养万物：护养万物。衣，护持的意思。

主：把持。

常无欲：此三字，不少注家认为是衍文，可以省略，省略后的上下文正好成对：“衣养万物而不为主，可名于小；万物归焉而不为主，可名为大。”但马王堆帛书《老子》甲乙本均有“恒无欲也”句，“恒无欲”就是“常无欲”，故似可保留。

可名于小：指大道因万物之性而使万物自然成长，无所企图和干预，因此称为“小”。小，微而不显。《老子》第三十二章：“虽小，天下莫能臣。”王弼注：“万物皆由道而生，既生而不知其所由。故天下常无欲之时，万物各得其所，若道无施于物，故名于小矣。”（王弼《老子道德经注》）

[4] 主：主宰。

大：指大道无所不在，无私养育，万物归依，因此称为“大”。《老子》第二十五章：“吾不知其名，强字之曰‘道’，强为之名曰‘大’。大曰逝，逝曰远，远曰反。”

[5] 此句，王弼本作：“以其终不自为大，故能成其大。”但马王堆帛书《老子》乙本作：“是以圣人之能成大也，以其不为大也，故能成大。”河上公本作：“是以圣人终不为大，故能成其大。”《老子》第六十三章亦云：“是以圣人终不为大，故能成其大。”此处取帛书本、河上公本和《老子》第六十三章之说。

河上公注：“圣人法道，匿德藏名，不为满大。圣人以身帅导，不言而化，万事修治，故能成其大。”(《老子道德经河上公章句》)

黄克剑说：“‘道’成全万物，其‘无欲’而自‘小’反倒造就了为万物所归之‘大’；圣人以‘道’为法，如‘道’那样‘不为大’(‘恒无欲也，可名于小’)，遂亦如‘道’那样‘能成大’。”[①]

河上公、黄克剑所说极是。

① 黄克剑：《老子疏解》，第351页。

第三十五章

【题解】

本章意在论道的功用，持守大道以治天下，则天下归往，人民平居安泰。人之存在，易于被诱惑，把诸多世间物作为享用或占有的对象，就像音乐与美食，对人有诱惑力和吸引力一样。老子认为，这种“乐与饵”是与“淡之无味”的道相违背的，治国还是要持守自然无为的大道，虽然大道无形无迹，无声无味，但功用无穷，它能使百姓归依，和谐相处，纯真质朴，安居乐业。

【原文】

执大象，天下往。[1]往而不害，安平太。[2]

乐与饵，过客止。[3]道之出口，淡乎其无味，视之不足见，听之不足闻，用之不足既。[4]

【译文】

执守大道以治理国家，天下人都来归往。归往而不互相伤害，于是大家都平和安泰。

音乐和美食，能使过路的人停步。而说起道来，却淡得没有味道，看它却看不见，听它却听不到，用它却用不完。

【注释】

[1] 大象：大道。《老子》第四十一章："大象无形。"

河上公注："执，守也。象，道也。圣人守大道，则天下万民移心归往之也。"(《老子道德经河上公章句》)

黄克剑说："谓守道以治理国家者必为天下人所归往。"①

[2] 安平太：安，乃、于是的意思；太，同"泰"，安、宁的意思。

[3] 饵：指美食。

客：指行人。

《老子》第十二章："五音令人耳聋，五味令人口爽。"

[4] 淡：意指"道"淡而无味，无味之味，乃是大味。《管子·水地》："淡也者，五味之中也。"《汉书·扬雄传下》："大味必淡，大音必希。"

足：三个"足"字，都是"可"之意。

用之不足既：有"取之不尽，用之不竭"之意。既，完，尽。

① 黄克剑：《老子疏解》，第356页。

第三十六章

【题解】

此章是以天道观照人道，阐发事物演变的“微明”之理，而“柔弱胜刚强”则是这“微明”之理的指归所在，落实于政治，老子规诫统治者不可以武力、威势等“利器”凌人示强。

一、事物“微明”之理。微明，隐微而显明，事虽隐微，但征兆可见，也即事物的物极必反、物壮则老的规律。好比花盛则谢，花朵盛开是即将萎谢的征兆；月盈则亏，月亮圆满是即将亏缺的征兆。“微明”是对前面“将欲歙之，必固张之”等几句话所含规律的总结，就如同《老子》第五十八章所说：“祸兮，福之所倚；福兮，祸之所伏。”

“将欲歙之，必固张之”等几句话，常被误解为老子的权谋。其实，这是老子对事物规律的观察总结，并非权谋。

二、柔弱胜刚强。“柔弱胜刚强”的说法，还见于《老子》第四十三章与第七十八章，贯穿于《老子》全书，体现了《老子》第四十章“弱者道之用”的哲学思想。老子对于事物作全面而深入的观察之后，发现看起来柔弱的东西，由于它的含藏内敛，往往较富韧性；看起来刚强的东西，由于它的彰显外溢，往往暴露而不能持久。所以老子断言“柔弱胜刚强”。

老子运用“柔弱胜刚强”之道治国治民，他必然反对统治者以武力逞强、以威势凌人。以武力逞强、以威势凌人是“刚强”的表现，是不符合柔弱之道的，是不会持久的，所以老子说“国之利器不可以示人”。

【原文】

将欲歙之，必固张之[1]；将欲弱之，必固强之；将欲废之，必固举之[2]；将欲取之，必固与之[3]。是谓微明。[4]柔弱胜刚强。[5]鱼不可脱于渊，国之利器不可以示人。[6]

【译文】

将要收合的，必先张开它；将要削弱的，必先强盛它；将要废弃的，必先兴举它；将要取得的，必先给予它。这就是事物隐微的征兆。柔弱胜过刚强。鱼不能离开深渊，国家的利器不可以随便对人炫耀。

【注释】

[1] 歙：敛，合。

固：文中四个“固”字，都有“必然”“一定”之意。

张：与“歙”相反，张开。

之：前几句中的八个“之”字，都是指代某一事物，都可作“它”理解。

[2] 废：废弃。

举：兴起。

[3] 与：给予。

[4] 微明：这是对以上几句话所含道理的总结。微明，隐微而显明，指事物隐微演变中的明显之理，事虽隐微，但征兆可见，其理甚明。高延第说：“首八句即福祸盛衰倚伏之幾，天地自

然之运，似幽实明。微明谓微而显也。”①

以上数句，多被认为是老子的权谋思想，这是一种误解。其实，老子讲的是事物演变的规律，主要是自然的规律，即“天道”，以及对下文“柔弱胜刚强”的说明。老子是在以天道观照人道，又以人道比照天道，而非权谋之说。至于后人把这一思想用于政治权术，那就不是老子的本意了。

范应元说：“张之、强之、兴之、与之之时，已有翕之、弱之、废之、取之之幾伏在其中矣。幾虽幽微，而事已显明也，故曰是谓微明。或者以此数句为权谋之术，非也。圣人见造化消息盈虚之运如此，乃知常胜之道是柔弱也，盖物至于壮则老矣。”（范应元《老子道德经古本集注》）

[5] 这是老子的一贯思想，可与《老子》第四十三章、第七十八章结合起来理解“柔弱胜刚强”的道理。第四十三章曰：“天下之至柔，驰骋天下之至坚。”第七十八章曰：“天下莫柔弱于水，而攻坚强者莫之能胜，以其无以易之。弱之胜强，柔之胜刚，天下莫不知，莫能行。”

[6] 鱼不可脱于渊：脱，离开。“渊”是鱼生存之本，以喻谦下、柔弱为人主治国之本。

利器：指权柄军力。

示人：对人炫耀，有对人逞强、威吓之意。王弼说：“示人者，任刑也。”（王弼《老子道德经注》）

“国之利器不可以示人”，其意是说对外不可穷兵黩武、逞强于天下；对内不可专任严刑峻法、威吓百姓。可以参看以下注家之说：

① [清] 高延第：《老子证义》，见于《老子集成》第11卷，宗教文化出版社，2011年，第314页。以下引用高延第的注文，皆引自此书。

薛蕙说："利器者，喻国之威武权势之属。示，观也，犹《春秋传》所云观兵觌武也。刚强者，危亡之道也。柔弱者，安存之道也。有国家者，岂可以强大而自恃乎。今夫鱼能深潜，则常活，不可躁动而脱于渊，不尔则为人所制，而灾害及之矣。譬国能守柔则常安，不可矜其威力，以观示于天下，不尔则势穷力屈，而国家不可保矣。"（薛蕙《老子集解》）

陈鼓应先生说："这是说权势禁令都是凶利之器，不可用来耀示威吓人民。王弼说：'示人者，任刑也。'如果统治者只知用严刑峻法来制裁人民，就是用利器示人了。这就是'刚强'的表现，而逞强恃暴是不会持久的。"①

黄克剑先生说："'国利器不可以示人'，谓不可以国家的武力、权势凌人。'国利器'（武力、权势等）用以'示人'，即是对人动用权力、威势以逞强，而'强之'则'将欲弱之'，国家必陷于危殆。"②

① 陈鼓应：《老子注译及评介》（修订增补本），第 202 页。

② 黄克剑：《老子疏解》，第 365 页。

第三十七章

【题解】

此章论述了老子一贯的治国思想：当权者要遵循自然无为之道，把道落实于政治领域，施行无为而治之政，以达到无为而民自化的自然境界。

本章理解起来有点费劲，难在对“无为而无不为”的理解，从字面看，意思是“什么事都不做，什么事就都做成了”。这是什么意思？我认为可以从两方面来理解：

第一，老子认为，把自然无为的道落实于政治领域，形成自然无为的理想政治。理想的政治在于无为而自化，即让人民自我化育，自我成长。“静”“朴”“不欲”都是“无为”的内涵，这是对统治者说的。统治者自身如能做到清静、真朴、不贪，对人民如能做到不骚扰、不扩张私欲，百姓的生活自然可以获得安宁。老子一再强调统治者的态度应出于“无为”，即顺任自然而不加以干预，让人民自我发展，自我完成，同时要养成真朴的民风，这样的社会才能趋于安定。[①]

第二，这一章可以与《老子》第五十七章和第三十二章联系起来理解。第五十七章说：“圣人云：‘我无为，而民自化；我好静，

① 陈鼓应：《老子注译及评介》（修订增补本），第 205 页。

而民自正；我无事，而民自富；我无欲，而民自朴。'”第三十二章说：“侯王若能守之，万物将自宾。”“自化”“自正”“自富”“自朴”，强调人（民）的自主性；“自宾”，强调人的服从性。细细品味老子之意，是说人（民）既有自主性，又有服从性，以自主性为主。服从性是服从于自然无为的“道”，而自主性在于个体自主去发挥由“道”所赋予个体的潜能和禀赋。如此，“天下将自正”，天下百姓将自然归于安定了。

执政者做好自己，清静无为，施政顺其自然，不妄为，不干扰百姓，让百姓自主自为，相信百姓能够把自己的事情做好。这一思想是非常深刻的，这在中国古代政治思想史上，既是空前的，也是绝后的。这一思想正确地处理好了执政者的无为施政与人民自主自为的关系：执政者无为，百姓能够自为；执政者无为，百姓才可自为。只有百姓自主自为，天下才能达到大治。

【原文】

道常无为而无不为。[1]侯王若能守之，万物将自化。[2]化而欲作，吾将镇之以无名之朴。[3]无名之朴，夫亦将不欲。[4]不欲以静，天下将自正。[5]

【译文】

道永远是顺任自然而无为的，然而没有一件事不是它所为而成的。侯王如果能持守它（道），天下百姓就会自生自长。自生自长而至贪欲萌作时，我就用道的真朴来安定它。用道的真朴来安定它，就会不起贪欲。不起贪欲而趋于宁静，天下百姓便自然复归于安定。

【注释】

[1] 无为而无不为："无为"是顺其自然、不妄为、不干扰的意思。"无不为"是说没有什么事情做不成。"无为"是原因，"无不为"是"无为"所产生的效果。《老子》第二章："是以圣人处无为之事，行不言之教。"不少注家准确地把握了这一点，如：

王弼注"道常无为"曰"顺自然也"，注"而无不为"曰"万物无不由之以始以成也"。①

范应元说："虚静恬淡，无为也。天地人物得之以运行生育者，无不为也。王侯若能守道而虚静恬淡，则无为矣，万物将自化，其虚静恬淡则是无不为矣。"（范应元《老子道德经古本集注》）

张岱年说："道是自然的，故常无为。道生成一切，故又无不为。"②

余培林说："道体虚静，顺应自然而为化，故曰'无为'。然万物恃之而生，因之而成，故又曰'无不为'。'无为'是就道的作用方式而言，'无不为'则是就道的作用效果而言。"③

[2] 侯王若能守之：侯王，指执政者，如君主、国君。之，指"道"。

万物：这里作"众人"解释。（参见黄克剑《老子疏解》）

自化：顺应本性自我发展。《老子》第五十七章云："我无为，而民自化。"

[3] 欲作：贪欲萌生。

镇：安定。郭店简本《老子》作"贞"，"贞"有正、安之意。

---

① 见王弼《老子道德经注》及楼宇烈校释引日本汉学家波多野太郎之说。

② 张岱年：《中国哲学大纲》，第18页。

③ 余培林：《新译老子读本》，第79页。

无名之朴：指“道”的自然真朴。无名，指“道”。老子认为“道”在本质上是无法命名、没有名字的，故叫作“无名”；而“道”的属性是自然质朴的，故叫作“朴”。《老子》第四十一章：“道隐无名。”第三十二章：“道常无名、朴。”

［4］欲：贪欲。《老子》第五十七章：“我无欲，而民自朴。”

［5］以：而。

天下将自正：天下，指天下人、天下百姓。正，安定的意思。

这句话，郭店简本《老子》作“智［足］以静，万物将自定。”天下、万物，指天下人、众人。据此，可知“正”有定、安定之意。《老子》第五十七章云：“我好静，而民自正。”

第三十八章

【题解】

本章主旨在谈治国治民之道：用道（德）治国效果好，用仁义礼治国效果依次递减。

第一，老子以道观察德、仁、义、礼四者，把治国治民之道从高到低分成四个层次，即“德”“仁”“义”“礼”。以德为上，效果最好，到了礼效果就很不好了。在老子那个时代，礼已演化为繁文缛节，拘锁人心，同时为争权者所盗用，成为剽窃名位的工具，所以，老子抨击礼是“忠信之薄而乱之首”。[①]其实，应该还有第五个层次，即礼失而后法，法主要指刑罚、严刑峻法。老子在这里没有讲到“法”，但在《老子》第五十七章云：“法令滋彰，盗贼多有。”第七十四章云：“民不畏威，奈何以死惧之？”在老子看来，用严刑峻法治国，就到了不可救药的地步了。

第二，归根结底，老子主张治国之根本在舍弃虚华，回归厚实。人为地预设种种规范，不过是道的虚华，是愚惑的开始。因此，大丈夫立身敦厚，而不居于浇薄；存心笃实，而不居于虚华。老子告诫人们，尤其是那些握有治理国家权力的人，要做“大丈夫”：

① 陈鼓应：《老子注译及评介》（修订增补本），第211页。

取“道”之实而居“德”之“厚”，不取“道”之“华”而落于由“仁”“义”降格至“礼”之“薄”。①

【原文】

上德不德，是以有德[1]；下德不失德，是以无德[2]。

上德无为而无以为[3]；〔下德无为而有以为[4]。〕

上仁为之而无以为[5]；上义为之而有以为[6]。

上礼为之而莫之应，则攘臂而扔之。[7]

故失道而后德，失德而后仁，失仁而后义，失义而后礼[8]。

夫礼者，忠信之薄，而乱之首。[9]

前识者，道之华，而愚之始。[10]是以大丈夫处其厚，不居其薄[11]；处其实，不居其华。故去彼取此[12]。

【译文】

上德之人无意于德，心无所欲反而达到德的真正境界；下德之人唯恐失德，刻意于德反而达不到德的真正境界。

上德之人顺任自然，无心而为；〔下德之人顺应自然，有心而为。〕

上仁之人有所作为，却出于无意；上义之人有所作为，且出于有意。

上礼之人有所作为而得不到回应，于是就挥着胳臂使人强从。

于是道有所失就继之以德，德有所失就继之以仁，仁有所失就继之以义，义有所失就继之以礼。

这礼啊，标志着忠信浇薄，而人间祸乱由此开端。

预设的种种规范，不过是道的华饰，而天下邪伪从此开始。因

① 黄克剑：《老子疏解》，第389页。

此大丈夫立身敦厚，而不居于浇薄；存心笃实，而不居于虚华。所以舍弃浇薄虚华，而采取敦厚笃实。

【注释】

［1］德：无形无迹的道显现于物或作用于物就是德，道是体，德是用，道是隐，德是显，两者的关系是体用、隐显的关系。

上德：以德为上的人，指“法道”“法自然”而其德契于“玄德”之人。《老子》第二十五章曰：“人法地，地法天，天法道，道法自然。”第五十一章指出什么是“玄德”：“生而不有，为而不恃，长而不宰，是谓‘玄德’。”黄克剑云：“‘上德’，指具有上乘德行的人。‘上德不德’，谓具有上乘德行的人不刻意为德，其德朴拙而无造作，未失德所当有的那份生命之真切。”①

不德：出于自然，无心求德。

［2］不失德：唯恐失德、刻意于德。林希逸注：“不失德者，执而未化也。”（林希逸《道德真经口义》）

上德之人与下德之人的区别是：前者在于顺任自然、无心于德；后者却唯恐失德、刻意于德。上德是无心的自然流露，下德则有了居心。老子更崇尚上德之人。

黄克剑说：“老子分‘德’为上、下，其实以‘道’观之，唯‘上德’堪谓之‘德’，而‘下德’已不配以‘德’相称。”②

［3］无以为：无意而为。以，即有心、故意。林希逸注：“以者，有心也。无以为，是无心而为之也。”（林希逸《道德真经口义》）

---

① 黄克剑：《老子疏解》，第380页。

② 黄克剑：《老子疏解》，第386页。

[4] 冯友兰说："'有以为'"和'无以为'说的是有没有模拟造作。有模拟造作就是'有以为'，没有模拟造作就是'无以为'。"①

马王堆帛书《老子》甲乙本无此句，刘殿爵先生、高明先生、陈鼓应先生都认为此句是衍文，应当删去。

[5] 上仁：指以仁为上的人。

上德之人是顺任自然而无心而为，上仁之人是有所作为却出于无意。在老子重视"道"与"德"的"无为"看来，上仁之人比起上德之人降格了一等。

[6] 上义：指以义为上的人。

有以为：有意而为。

此句谓上义之人有为且以有为为念。上仁之人是有所作为却出于无意，上义之人是有所作为且出于有意。在老子看来，上义之人比起上仁之人又降格了一等。

[7] 上礼：指以礼为上的人。

莫之应：没有人应和或响应。

攘臂而扔之：攘臂，捋袖露臂，表示愤怒。扔之，即引之、拽之，强迫人服从。林希逸说："仍，引也。民不从而强以手引之。强，掣拽之也。只是形容强民之意，故曰攘臂而仍之。"（林希逸《道德真经口义》）（引者注：文中"仍"通"扔"。）

上义之人有所作为且出于有意，上礼之人有所作为而得不到回应就扬着胳臂使人强从。在老子看来，上礼之人比起上义之人又降格了一等。到了"上礼"这个层次，就意味着如下文所说的忠信浇薄、祸乱开始。

[8] 在老子看来，道是体，德是用，两者的关系不可分离。但道毕竟高于德。道不可捉摸，只能体现为德。当道显现于物或作用

① 冯友兰：《中国哲学史新编》，第218页。

于物而为德时，道有所失，就不完全是原来的道了。故老子就此分成五个层次：道——上德——上仁——上义——上礼。在老子看来，前一个层次高于后一个层次，反映的是世风日下，尤其是政风日下。（由于道只能体现为德，实际上只有四个层次，即上德——上仁——上义——上礼。）

黄克剑先生对此作了政治性的解说："从'上德'到'上礼'，相应于世风之颓势的治术诚可谓每况愈下。在老子看来，'道'失而继之以'德'，'德'失而继之以'仁'，'仁'失而继之以'义'，'义'失而继之以'礼'。相继而出的'上德''上仁''上义''上礼'之治，呈递次降格之势。"①

又说"上德""上仁""上义""上礼"四个递次降格层次可与《老子》十七章所说的"太上""其次""其（再）次""其下"四个递次降格层次相印证。"上德无为而无以为"即"太上，不知有之"，"上仁为之而无以为"即"其次，亲而誉之"，"上义为之而有以为"即"其次，畏之"，"上礼为之而莫之应"即"其下，侮之"。"太上""其次""其（再）次""其下"，治理者分为四等；"上德""上仁""上义""上礼"，治术亦分为四级。②

黄先生的解读很符合老子之旨。

[9] 夫：这，这个。

忠信之薄：忠信，即诚朴，与儒家的忠信有别。薄，浇薄，不足。

乱之首：祸乱的开端。

张舜徽先生对此句作了政治性的解读："统治者多为之方

① 黄克剑：《老子疏解》，第387页。

② 黄克剑：《老子疏解》，第388页。

以困折人。凡所立制度仪节，皆所以屈抑群下使伏事己也。礼文繁缛，众所不堪。虽上为之而下莫之应。上礼之君，必强民从之。”又说：“礼文大备，则统治者控驭被统治者之具愈密。民不堪命，则群起而攻杀之。”[①]

[10] 前识者：指预设种种礼仪规范。者，助词，表示停顿。

道之华：礼仪规范不过是道的华饰，所以叫“华”。华，即虚华、非实质的。

愚之始：朱谦之说：“愚之始，即邪伪之始也。”[②]

范应元说：“前识犹言先见也。华，荣也，道之散也。谓制礼之人自谓有先见，故因天理而为节文，以为人事之仪则也。然使人离质尚文，乃道之华也。渐至逐末忘本，奸诈日生，人之愚昧，自此始也。”（范应元《老子道德经古本集注》）

[11] 大丈夫：老子这里的“大丈夫”，是指法道、法自然，并立身敦厚、不居于浇薄的人。这与儒家孟子心目中“富贵不能淫，贫贱不能移，威武不能屈”的大丈夫含义不同。

处其厚：立身敦厚。河上公注：“处其厚者，处身于敦朴。”

薄：浇薄，指“礼”。

黄克剑说：“老子于此申诫人们，尤其是那些握有治理国家权力的人，要做‘大丈夫’便须有大端处的抉择：取‘道’之‘实’而居‘德’之‘厚’，不取‘道’之‘华’而落于由‘仁’、‘义’降格至‘礼’之‘薄’。”[③]黄先生从治道的角度解读“大丈夫”，符合老子之旨。

[12] 此句意思是舍弃薄华的礼，采取厚实的道（德）。

---

① 张舜徽：《周秦道论发微》，第105页。

② 朱谦之：《老子校释》，第153页。

③ 黄克剑：《老子疏解》，第389页。

第三十九章

【题解】

在本章中，老子举了六个方面的例子，即天、地、神、谷、万物、侯王都离不开道，得道则存，失道则灭，这既说明了道的重要性，又说明了道的普遍性。这也说明《老子》第一章所说的不可言说的“道”，确实是“众妙之门”。

天、地、神、谷、万物、侯王都离不开“道”，但其落脚点在“侯王得一以为天下正”，即将道落实于政治之域，作为侯王治国，应体现道的特性，遵循道的法则，能处下、居后、谦卑，如大厦的基石，“珞珞如石”，朴质坚韧，以实现天下安定、百姓安居乐业之治。

此章可与《老子》以下诸章联系起来解读，《老子》第十七章：“太上，不知有之；其次，亲而誉之。”第二十八章：“知其雄，守其雌，为天下谿。”第六十一章：“牝常以静胜牡，以静为下。”第六十六章：“是以圣人欲上民，必以言下之；欲先民，必以身后之。”这些都反映了老子主张人君治国要无为，要清静，要处下、居后、谦卑，达到“至誉无誉”的最高境界。

【原文】

昔之得一者：天得一以清；地得一以宁；神得一以灵；谷得一以盈；万物得一以生；侯王得一以为天下正。[1]

其致之也，谓天无以清，将恐裂；地无以宁，将恐废；神无以灵，将恐歇；谷无以盈，将恐竭；万物无以生，将恐灭；侯王无以正，将恐蹶。[2]

故贵以贱为本，高以下为基。是以侯王自称孤、寡、不毂。[3]此非以贱为本邪？非乎？故至誉无誉。[4]是故不欲琭琭如玉，珞珞如石。[5]

【译文】

从来凡是得到“一”（道）的，则大有妙处，例如：天得到“一”而清明；地得到“一”而宁静；神得到“一”而灵妙；河谷得到“一”而充盈；万物得到“一”而生长；侯王得到“一”而使得天下安定。

如果推而言之，天不能保持清明，难免要崩裂；地不能保持宁静，难免要震溃；神不能保持灵妙，难免要消失；河谷不能保持充盈，难免要枯竭；万物不能保持生长，难免要灭绝；侯王不能保持清静，难免要颠覆。

所以贵以贱为根本，高以下为基础。因此，侯王自称为“孤”“寡”“不毂”。这不是把低贱当作根本吗？难道不是吗？所以最高的称誉是无须夸誉的。因此，不愿像玉的贵重华丽，宁可如石一般的坚实朴真。

【注释】

[1] 昔：从前，往日。

得一：得道。一，即“道”。林希逸注：“一者，道也。”

神得一以灵：与下文“神无以灵”中的“神”，指人，人为万物之灵。参见《老子》第二十九章“天下神器，不可为也，不可执也”，“天下神器”，其意是说人是天下神物，人乃万物之灵。

正：王弼本作“贞”，贞即正、安定之意。高亨说：“四十五章曰：‘清静为天下正。’义同。《吕氏春秋·执一》篇：‘执一为天下正。’《尊师》篇：‘有大势可以为天下正矣。’句法并与《老子》同。”（高亨《老子正诂》）

从这里可以看出，天、地、神、谷、万物、侯王等一旦得“道”之后的妙处。所以《老子》第一章中说：“玄之又玄，众妙之门。”

[2] 其致之也：其，如果。致，推，推而言之。

将恐废：废，毁坏。

将恐蹶：蹶，颠覆，失败。侯王的失败，就是失位、亡国。

[3] 孤、寡、不穀：都是古代王侯自称的谦辞。“孤”“寡”是谦虚地说自己孤德、寡德。不穀，不善，春秋时代的王者多称“不穀”。

[4] 至誉无誉：与《老子》第十七章“太上，不知有之”意思相近，指的是一种自然无为的治国境界，老子向往这种境界。其依据就是道，所以《老子》第四十一章说：“大音希声，大象无形，道隐无名。”誉，称赞，称道。

[5] 琭琭：也作“碌碌”，形容玉的华丽。

珞珞：也作“硌硌”，形容石的坚实。

张松如先生说：“‘不欲琭琭若玉，（而宁）珞珞若石。’这些都是老子心目中有‘道’人君的性格形象。这里所描绘的这种性格形象，自然折光反映着老子‘无为而治’与‘致虚’、‘守静’的思想。”①

---

① 张松如：《老子校读》，第237页。

第四十章

【题解】

本章虽短，但句句都在阐述道之玄妙。

一、“反者道之动”。是说道是动体，是运动着的，而且这种运动是循环的。

二、“弱者道之用”。“弱”即柔，是说道的运作不带有压力感，不是以激烈的方式进行的，而是自然柔和、润物无声的。

三、“天下万物生于有，有生于无”。有、无即指道，从道不可感知的属性来讲，是无；从道生成天地万物来讲，是有。“无”乃是“有”，乃是“道”产生天地万物时由无到有的活动过程，这是说明天下万物生成的根源。

在政治上，老子反对飘风骤雨般的施政，主张柔性之治，即自然柔和的施政，如杜甫在《春夜喜雨》中所说的“随风潜入夜，润物细无声”。如此柔性之治，不会使百姓感觉到政治权力的压迫，而“弱者道之用”，为老子主张柔性治国提供了“道”的哲学依据。

【原文】

反者道之动[1]；弱者道之用[2]。

天下万物生于有，有生于无。[3]

【译文】

道的运动是循环的；道的作用是柔弱的。

天下万物产生于有，有产生于无。

【注释】

[1] 反：同“返”，循环往复。此“返”与《老子》第十六章“万物并作，吾以观复”中的“复”意思相同。

反，在《老子》一书中，通常有两种解释：一是相反、对立面；二是返。在老子哲学中，既讲到事物的对立面及其相反相成的作用，也讲到循环往复的规律性。“反”是第一种含义还是第二种含义，须根据上下文及老子的整体思想来断定。

[2] 道体虚无，故以柔弱为用。“弱”与“强”相对，但不是软弱、懦弱，而是一种柔韧的力量。《老子》第三十六章：“柔弱胜刚强。”第四十三章：“天下之至柔，驰骋天下之至坚。”第五十二章：“守柔曰强。”第七十八章：“天下莫柔弱于水，而攻坚强者莫之能胜。”都可说明道之用在柔弱。

朱谦之说：“‘弱者道之用’，盖得《易》之《坤》者也，《乾》藏于《坤》，故曰弱。《易》曰‘潜龙勿用’，而《老》言无用之用，是道之用。”①

[3] 这里的“有”“无”指“道”，与《老子》第一章中的“有”“无”同义。“有”“无”乃是“道”产生天地万物时由无到有的活动过程，这是说明天下万物生成的根源。

王弼注：“天下之物，皆以有为生。有之所始，以无为本。将欲全有，必反于无也。”（王弼《老子道德经注》）

《周易注校释》一书的“校释说明”中说：“这是说，天地

① 朱谦之：《老子校释》，第165页。

万物都以有形有象为存在，而有形有象的万物得以发生，是由于‘无’这个根本。因此，要使有形有象的万物得以保全，就必须反回去守住万物的根本——‘无’。”[①]

这里的“有”与《老子》第一章“有，名万物之母”的“有”相同，但与第二章“有无相生”及第十一章“有之以为利”的“有”不同。第二章与第十一章中的“有”，是指现象界的具体存在物，而本章的“有”是指形而上之“道”的实存性。

① [魏] 王弼撰，楼宇烈校释:《周易注校释》，中华书局，2012 年，第 1 页。

第四十一章

【题解】

本章句句不离道、德，阐述法自然之道善于成全万物，而引导闻道之人勤而行之。老子希望君主努力学习道，提高人格修养，在施政中践行道。

一、此章可以与以下几章联系起来理解。《老子》第四章：“道冲，而用之或不盈。”说“道”空虚实用。第十四章：“迎之不见其首，随之不见其后。”说“道”无影无踪。第十五章：“微妙玄通，深不可识。”说“道”藏而不露。第二十二章：“不自见”“不自是”“不自伐”“不自矜”，说“道”俭啬内敛。因此，“道”不为一般人所认识，这就如同“大白”“大方”“大器”“大音”“大象”一样，“道隐无名”，“明道若昧”。但是，道却“善贷且成”，辅助万物自我成长，成就了万物。

二、君主要学习道的内敛不外炫。自“明道若昧”至“建德若偷”各句，说明道德的深邃、内敛、冲虚、含藏，显而不炫，光而不耀。

三、君主要学习道，在施政中达到至誉无誉的境界。“大音希声”“大象无形”，即比喻大道幽隐未现，道养育万物、成全万物，但不居功，不咄咄逼人，有如水，水善利万物而不争。

四、君主要学习道善于辅助万物而不为主。道辅助万物自我完成，是辅助性的。道不喧宾夺主，君主治理百姓也应如此，不为主，而为辅，不是命令或代替百姓去做，而只是辅助百姓去自我完成。

【原文】

上士闻道，勤而行之；中士闻道，若存若亡；下士闻道，大笑之，不笑不足以为道。[1]故建言有之[2]：

明道若昧[3]；

进道若退[4]；

夷道若纇[5]；

上德若谷[6]；

大白若辱[7]；

广德若不足[8]；

建德若偷[9]；

质德若渝[10]；

大方无隅[11]；

大器晚成[12]；

大音希声[13]；

大象无形[14]；

道隐无名。

夫唯道，善贷且成。[15]

【译文】

上士听了道，努力去实行；中士听了道，将信将疑；下士听了道，哈哈大笑，不被嘲笑，那就不足以成为道。所以，古时候立言的人说过这样的话：

光明的“道”好似暗昧；

前进的“道”好似后退；

平坦的“道”好似崎岖；

崇高的“德”好似低下的川谷；

最洁白的好似含垢的样子；

广大的德好似不足，而谦下卑躬；

刚健的“德”好像懈怠的样子；

质实的德好像空无所有的样子；

最方正的却没有棱角；

贵重的器物总是最后完成；

最大的乐声反而听来无音响；

最大的形象反而看不见形迹；

道幽隐而没有名称。

正因为道善于辅助万物，并使万物完成。

【注释】

[1] 上士、中士、下士：指上等之君、中等之君、下等之君。蒋锡昌和黄克剑认为“士”当训为“君”。根据是：

第一，“士”解释为“君”有文献依据。《毛传》释《诗·大雅·文王》“殷士肤敏”说：“殷士，殷侯也。肤，美；敏，疾也。”此将“士”解释为“侯（君）”。

第二，河上公注，“士”解释为“君”。河上公注《老子》第十五章“古之善为士者”说：“谓得道之君也。”此以“士”为君。河上公注《老子》第四十一章说：“中士闻道，治身以长存，治国以太平。”也是以“士”为君。

因此，“上士”即上等之君，“中士”即中等之君，“下士”即下等之君。以“君”释“士”，符合老子的政治思想。

若存若亡：“亡”通“忘”，二字古通用。

[2] 建言：立言。

[3]《老子》第五十八章："光而不耀。"

[4]《老子》第七章："是以圣人后其身而身先，外其身而身存。"

[5] 夷：平坦。

颣：丝节，丝上面的节，引申为"不平"，与"夷"相对。

[6] 崇高的"德"好似低下的川谷。

[7] 辱：黑垢。《老子》第二十八章："知其白，守其辱，为天下谷。"

[8] 广德：大德，盛德。《庄子·寓言》："大白若辱，盛德若不足。"《史记·老子韩非列传》记载，孔子向老子请教，老子教导孔子说："吾闻之，良贾深藏若虚，君子盛德，容貌若愚。"

[9] 建德若偷："建"通"健"，刚健。"偷"作"惰"解，懈怠。高亨说："建德若偷，犹言强德若弱耳。"(高亨《老子正诂》)

[10] 质德：王弼本原作"质真"，据刘师培先生说改为"质德"。

渝：借为"窬"，空的意思。

[11] 隅：方角，棱角。

[12] 大器晚成：马王堆帛书《老子》乙本作"大器免成"，"免"有"不"义。"大器免成"意思是至大之器无从最终成形，大器不需要加工。"免成"与上下文的"无隅""希声""无形""无名"相对应，故"大器免成"比"大器晚成"意义更好。①

[13] 希声：无声。《老子》第十四章："听之不闻，名曰'希'。"

王弼说："听之不闻名曰希。大音，不可得闻之音也。有声则有分，有分则不宫而商矣。分则不能统众，故有声者非大音也。"(王弼《老子道德经注》)

① 黄克剑：《老子疏解》，第418页。

[14] 大方、大器、大音、大象都是老子拟物论道，通过拟物，使形而上的“道”的奥妙为人们所体认。

[15] 善贷且成：马王堆帛书《老子》乙本作“善始且善成”。贷，帮助，辅助。

第四十二章

【题解】

本章是老子的宇宙生成论，主题词是“生”，要点有二：第一，“道”是万物的总根源。第二，一、二、三是指道创生万物时的活动过程，是以三个数字表示道生万物、愈生愈多之义。

老子的“道生一，一生二，二生三，三生万物”，与古希腊毕达哥拉斯学派的观点有相似之处。

第一，毕达哥拉斯与老子，一个生活在西方的古希腊，一个生活在东方的楚国，但他们生活的年代相近。老子生活在春秋末期；毕达哥拉斯出生于公元前 580 年至公元前 570 年之间，约卒于公元前 500 年。他于公元前 529 年在意大利半岛南部的古希腊殖民城邦克罗顿（今属意大利）定居，建立毕达哥拉斯同盟后，形成毕达哥拉斯学派。该学派极盛时在意大利半岛南部古希腊殖民城邦中都有活动点。公元前 6 世纪末，因遭到反对，毕达哥拉斯及其追随者四处逃亡，公元前 450 年后同盟被迫解散，但该派的活动一直延续到公元前 3 世纪。

第二，老子与毕达哥拉斯都认为“一是万物的本原”，肯定“一”在宇宙发生和发展中的初始、本原地位，而且都认为生成万物的过程是由简至繁，由少到多。毕达哥拉斯学派认为：“万物的本原是一。从一产生出二，二是从属于一的不定的质料，一则是原因。

从完满的一与不定的二中产生出各种数目；从数产生出点；从点产生出线；从线产生出面；从面产生出体；从体产生出感觉所及的一切形体，产生出四种元素：水、火、土、气。这四种元素以各种不同的方式互相转化，于是创造出有生命的、精神的、球形的世界，以地为中心，地也是球形的，在地面上住着人。还有‘对地’，在我们这里是下面的，在‘对地’上就是上面。”①

【原文】

道生一，一生二，二生三，三生万物。[1]万物负阴而抱阳，冲气以为和。[2]

〔人之所恶，唯孤、寡、不穀，而王公以为称。故物或损之而益，或益之而损。人之所教，我亦教之。强梁者不得其死，吾将以为教父。[3]〕

【译文】

道是独立无偶的，混沌未分的统一体产生天地，天地产生阴阳之气，阴阳二气相交而形成各种新生体。万物背阴而向阳，阴阳二气互相激荡而成新的和谐体。

〔人所厌恶的就是“孤”“寡”“不穀”，但是王公却用来称呼自己。所以一切事物，减损它有时反而得到增加，增加它有时反而受到减损。别人教导我的，我也用来教导人。强暴的人不得好死，我把它当作施教的张本。〕

① 北京大学哲学系外国哲学史教研室编译：《西方哲学原著选读》上卷，商务印书馆，1981 年，第 20 页。

【注释】

[1] 这是老子的万物生成论，简单十几个字，但十分费解，历来众说纷纭。有的说，一指道，二指天地，三指阴阳之气。意思是：道（混沌未分的统一体）产生天地，天地产生阴阳之气，阴阳之气相交而形成万物。译文采用了这个表述。有的说，"一"指道，"二"指"无"和"有"（道的两面），"三"指有、无相生而形成的新生体。有的说，一指道，二指阴、阳二气，三指阴、阳、和三气。

对此，我们不必过于纠结，因为老子说得本来就不清楚。"道生一，一生二，二生三，三生万物"，无非在说明道生成万物，由简单到复杂、由少到多的过程。以下三位学者的看法是对的。

蒋锡昌先生说："《老子》一二三，只是以三数字表示道生万物，愈生愈多之义。"（蒋锡昌《老子校诂》）

任继愈先生说："这一章的前半从'道生一'到'冲气以为和'讲'道'是万物的总根源。这里的道理并不复杂，道生一，一生二，二生三，只说明事物由简单到复杂逐渐分化的过程。前人注解虽多，但失于穿凿，替老子说了一些老子没有说过的话。可供参考，但不能当真。"①

陈鼓应说："这是老子著名的万物生成论的提法，描述道生成万物的过程。这一过程是由简至繁，因此他用一、二、三的数字来代指。老子使用一二三的原义并不必然有特殊的指称。"②

[2] 负阴而抱阳：背阴而向阳。吕惠卿说："凡幽而不测者，阴

① 任继愈：《老子绎读》，第94页。

② 陈鼓应：《老子注译及评介》（修订增补本），第225页。

也；明而可见者，阳也。有生者，莫不背于幽而不测之阴，而向于明而可见之阳，故曰万物负阴而抱阳。负则背之，抱则向之也。”①

冲气以为和：阴阳二气互相交冲而成均调和谐状态。“冲气”，指阴阳二气相激荡。“和”，有两种说法：一、阴阳合和的均调状态；二、阴阳二气之外，还有另一种气，叫作“和气”。此注取第一种说法。

［3］注家认为，“人之所恶”数句在于提醒人不可骄矜恃气，应谦虚自守。但本章是说万物生成的，与“人之所恶”这一段文意并不相联，从文意上看，似为《老子》第三十九章错简，当删。

①［宋］吕惠卿：《道德真经传》，见于《老子集成》第2卷。

第四十三章

【题解】

本章强调“柔弱”之道与“无为”之政，主旨在治国。

一、柔弱胜刚强是老子反复强调的贵柔思想。《老子》第四十章云：“弱者道之用。”第七十八章云：“天下莫柔弱于水，而攻坚强者莫之能胜，以其无以易之。弱之胜强，柔之胜刚，天下莫不知，莫能行。”老子以水来比喻柔能胜刚的道理。

二、柔弱之道落实于政治，就是不言、无为。无为的反面是“有为”（强力妄为），柔弱的反面是“刚强”，有为、刚强是老子所反对的，也是为政者所不应取的。

三、老子喟叹当政者不能理解、不能践行他的柔弱之道与无为之政。老子生活的春秋时代，战乱频繁，民不聊生。老子很希望和期待当政者践行他的柔弱无为的政治理想，但老子的希望和期待落空了，故老子发出“天下希及之”的浩叹，这既是当时的浩叹，也是中国几千年的浩叹！

【原文】

天下之至柔，驰骋天下之至坚。[1]无有入无间，吾是以知无为之有益。[2]

不言之教，无为之益，天下希及之。[3]

【译文】

天下最柔弱的东西，能驾驭天下最坚硬的东西。无形的力量能穿透没有间隙的东西，我因此知道无为的益处。

不言的教导，无为的益处，天下很少能够做得到。

【注释】

[1] 驰骋：本义是纵马疾驰，这里作“驾驭”解释。王道说：“寻丈之水能浮万斛之舟，六尺之辔能驭千里之马，至柔驰骋至刚者，此类是也。”①

[2] 无有入无间：无有，指不见形相的东西。无间，指没有空隙。水能穿石，就是“无有入无间”的实例。王道说：“天地之气，本无形也，而能贯乎金石；日月之光，本无质也，而能透乎蔀屋（草席盖顶之屋——引者注）。无有入于无间者，此类是也。是皆以无为而为，而其益乃如此。”（王道《老子亿》）

[3] 天下希及之：希，少，罕见。及，至，到达。

“天下希及之”，老子对天下人尤其是君主不理解、不能践行自己的无为学说，多次发出这样的喟叹。《老子》第七十章说：“吾言甚易知，甚易行。天下莫能知，莫能行。”第七十八章说：“弱之胜强，柔之胜刚，天下莫不知，莫能行。”

黄克剑说老子“不言之教，无为之益，天下希及之”似乎是一种无可奈何的喟叹。老子的喟叹是痛切的，同时，也满含着一种期待，一种对有国者取法自然无为而自拔于尘累之为的期待。②

---

①［明］王道：《老子亿》，见于《老子集成》第6卷，宗教文化出版社，2011年，第256页。以下引用王道的注文，皆引自此书。

② 黄克剑：《老子疏解》，第436页。

第四十四章

【题解】

老子主张贵生重己，其要归于“知足”“知止”。这当然可以理解为是老子对所有人的教诲，但从《老子》全书的整体思想来看，老子主要还是针对当政者来说的。

一、贵身与爱身。贵身与爱身是老子一贯的思想。在老子看来，生命比名利重要，这反映的是老子重视生命的思想，既要重视自己的生命，也要重视别人的生命。为了获得名利而不顾一切，甚至不惜丧失生命，这是本末倒置，不知轻重。联系《老子》第十三章所说：“故贵以身为天下，若可寄天下；爱以身为天下，若可托天下。”由此可知老子的贵身爱身思想主要是针对当政者而说的。

这一贵身与爱身思想，与《新约》上所说的是一致的：“人若赚得全世界，却丧了自己，赔上自己，有什么益处呢？”

二、知足、知止。要达到贵身与爱身的目的，老子认为要做到知足、知止，这样才可以减少风险，少受损失，才可以长久。在老子看来，知足、知止是人难以做到的，而有权者更难做到。

三、此章可与《老子》以下几章联系起来理解，对老子“知足”“知止”思想作整体上的把握。《老子》第二十九章：“是以圣人去甚，去奢，去泰。”第三十二章：“始制有名，名亦既有，夫亦将知止，知止可以不殆。”第三十三章：“知足者富。”第四十六章：“咎莫大于欲得，祸莫大于不知足。故知足之足，常足矣。”

【原文】

名与身孰亲？[1]身与货孰多？[2]得与亡孰病？[3]

甚爱必大费[4]；多藏必厚亡[5]。

故知足不辱，知止不殆，可以长久。[6]

【译文】

声名和生命比起来哪一样更为可亲？生命和财物比起来哪一样更重要？得到名利和丧失生命哪一样更有害？

过分地爱名就必定要付出很大的耗费；丰厚的藏货就必定会招致惨重的损失。

所以，知道满足就不会遭受屈辱，知道适可而止就不会带来危险，这样才可以保持长久。

【注释】

[1] 名：名誉，名望，名声。

身：身体，生命。

孰：哪一个，哪一样。

[2] 货：财物，财货。

多：重要，看重。

[3] 得与亡：得，指得到名利。亡，指丧失生命。

病：有害。

[4] 爱：贪爱。

费：耗费。

[5] 多藏必厚亡：指过分追求利益必定丧失也多。厚，即重、大、

多之意。《老子》第九章说："金玉满堂，莫之能守。"

释德清说："如敛天下之财，以纵鹿台之欲，天下叛而台已空，此藏之多，而不知所亡者厚矣。"（憨山德清《老子道德经解》）

[6] 知足不辱：足，满足。辱，屈辱。

知止不殆：止，适可而止。殆，危险。

第四十五章

【题解】

本章在讲当政者的品格修养，要归于清静无为，使天下安定。此可与《老子》第四十三章“不言之教，无为之益”的思想相参证。

细细体味此章含义，老子的用意在主张执政者须养成谦卑的政治品格。大成、大盈、大直、大巧、大辩之品质底蕴，要以若缺、若冲、若屈、若拙、若讷的形式表现出来，也即以谦卑的姿态为人处世。如此谦卑的执政者，对人民不会形成咄咄逼人的压迫感，民众也不会感到权势的盛气凌人。这既是当政者清静无为的政治品质，也是当政者清静无为的施政风格，如此则可使天下归于安定和谐。

【原文】

大成若缺，其用不弊。[1]

大盈若冲，其用不穷。[2]

大直若屈，大巧若拙，大辩若讷。[3]

静胜躁，寒胜热。[4]清静为天下正。[5]

【译文】

最完满的好像有欠缺一样，但是它的功用是不会衰竭的。

最充盈的好像是空虚一样，但是它的功用是不会穷尽的。

最直者好像弯曲一样，最灵巧者好像笨拙一样，最好的辩才好像口讷一样。

清静克服躁动，寒冷克服炎热。清静无为可以使天下安定。

【注释】

［1］大成：最完满的。成，完满，完备。

缺：欠缺，亏缺。

弊：竭，尽。《管子·侈靡》："泽不弊而养足。"

［2］冲：古字为"盅"，空虚之意。

穷：穷尽。《老子》第四章："道冲，而用之或不盈。"

［3］拙：笨。

讷：说话迟钝，口齿不利。

［4］各本原作"躁胜寒，静胜热"。此据蒋锡昌之说改。二句词异义同，都是比喻清静无为胜于躁动有为之意。（参见余培林《新译老子读本》引蒋锡昌说）

［5］正：有几种解释：一、治理。《商君书·农战》："圣人知治国之要，故令民归心于农。归心于农，则民朴而可正也。"二、模范。蒋锡昌说："'正'者，所以正人也，故含有模范之义。"（蒋锡昌《老子校诂》）三、君长。河上公注："能清〔能〕静，则为天下〔之〕长。"四、安定。

此处"正"取"安定"之意。理由是：第一，郭店简本《老子》作"清清（静）为天下定"，"定"即安定。第二，"清静为天下正"的"正"与《老子》第三十九章"侯王得一以为天下正"的"正"意义相同。陈鼓应先生翻译说："侯王得到

‘一’而使得天下安定”，释“正”为“安定”。第三，释“正”为“安定”符合老子的无为政治思想，老子主张为政者如果以清静无为施政，则天下自会安定。所以，《老子》第五十七章说：“我好静，而民自正。”

第四十六章

【题解】

本章之意在反战，其要归于“知足”。可与《老子》第三十章、第三十一章联系起来读。且此章上承《老子》第四十五章“清静为天下正”，并与第四十四章“知足”“知止”之意相契合。

一、老子认为统治者发动战争是天下无道的表现，他抨击了当时的武力侵略，给人民带来的灾难。他把没有战争、天下太平、人民安居乐业作为天下有道的标准。

二、知足可以止战。老子认为只有当权者才有资格发动战争，而发动战争又是当权者的贪欲引起的，只要知足，不贪求别国的土地、财物等，就不会发生战争。

老子把知足与否上升到当政者施政的高度，他认为不知足是当政者的罪过、祸患，最终害己、害人民、害国家。

老子生逢末世，战事频仍，天下纷争，民不聊生，这触动了他的悲悯情怀，促使这位极力主张清静无为的哲人对战争作终极性的思考。

如果一切有权发动战争的人，认真看看《老子》和《孙子兵法》，吸取中国的古老智慧，我想，战争就会少很多。老子说：要“知足”“知止”，“咎莫大于欲得，祸莫大于不知足”。孙子说：“兵者，国之大事，死生之地，存亡之道，不可不察也。”“非危不战。”

【原文】

天下有道，却走马以粪。[1]天下无道，戎马生于郊。[2]

咎莫大于欲得[3]；祸莫大于不知足。故知足之足，常足矣。

【译文】

国家政治安定，把运载的战马还给农夫用来种田。国家政治昏乱，便大兴戎马于郊野而发动征战。

罪过莫过于贪得无厌；祸患莫过于不知足。所以，懂得满足的这种满足，将是永远的满足。

【注释】

[1] 却走马以粪：指天下太平，没有战争。却，屏去，退回。走马，奔马。粪，耕种，种田。

高亨说："此言天下有道，干戈不兴，走马不用于军而用于田也。……《孟子·滕文公》篇：'凶年粪其田而不足。'赵注：'粪治其田。'《礼记·月令》：'可以粪田畴。'粪亦治田之义。"（高亨《老子正诂》）

王弼注："天下有道，知足知止，无求于外，各修其内而已。故却走马以治田粪也。"（王弼《老子道德经注》）

[2] 戎马生于郊：字面解释是牝马生驹犊于战地的郊野，其实际意思是说大兴戎马于郊野，指发动征战。戎马，即战马。生，兴之意。"兴戎马"正与上文"却走马"相对为文。郊，两国相交之境，指战场。

王弼注："贪欲无厌，不修其内，各求于外，故戎马生于郊也。"（王弼《老子道德经注》）

《盐铁论·未通》举了一个实例，很能说明"却走马以粪"和"戎马生于郊"的意义，其文说："闻往者未伐胡、越之时，徭赋省而民富足，温衣饱食，藏新食陈，布帛充用，牛马成群。农夫以马耕载，而民莫不骑乘。当此之时，却走马以粪。其后师旅数发，戎马不足，牸牝入阵，故驹犊生于战地。六畜不育于家，五谷不殖于野，民不足于糟糠。”①

[3] 咎：罪过，过失。

欲得：贪欲不知足。

①［汉］桓宽：《盐铁论》，见于《百子全书》第一册，岳麓书社，1993年，第412页。

第四十七章

【题解】

本章的主旨在强调心灵的直观内省，最后归结到无为施政。所以，此章之意主要也是针对执政者而说的。

老子认为宇宙万物都依循着道的规律运行着，掌握这种规律，就可洞察事物的本质。要掌握道的规律，不必向外求，越向外求，对道的认识也就越少。须通过内观返照，清除心灵的蒙障，以虚静的心境去览照道、自然和外界事物运行的规律。

圣人不向外奔逐，而是通过内省，达到心灵宁静，以此施政，就可以达到无为政治的理想境界，所以老子说："是以圣人不行而知，不见而明，不为而成。"落脚点在"不为而成"，也即当政者不妄为，不干扰百姓，让百姓自主自为，就可以家给人足，天下太平。

老子说"其出弥远，其知弥少"，与今天流行的"读万卷书，行万里路"，二者似乎是矛盾的。哪一个对？我认为，两者都对，两者都很重要，只是角度不同。老子在强调心灵内省以求道，后者在强调扩大感性知识以求知。求知越多越好，求道越简越好，所以老子在下一章说："为学日益，为道日损。"

【原文】

不出户，知天下[1]；不窥牖，见天道[2]。其出弥远，其知弥少。[3]

是以圣人不行而知，不见而明，不为而成。[4]

【译文】

不出门外，能够推知天下事；不望窗外，能够了解自然的规律。越向外奔逐，对道的认识也就越少。

所以，圣人不出行却能感知，不用察看却能明晓天道，无为而能成功。

【注释】

[1] 户：门，居室之门。

天下：指天下事。

朱谦之说："《淮南子·主术训》：'人主者，以天下之目视，以天下之耳听，以天下之智虑，以天下之力争。'盖即'不出户，知天下'之古义。"①

[2] 窥：观看。

牖：窗户。

天道：自然的规律。

[3] 弥：更加，越来越。

陈鼓应先生说："老子特重内在直观自省。他认为我们的心思如果一味向外奔驰将会使思虑纷杂，精神散乱。一个轻浮躁动的心灵，自然无法明澈地透视外界事物，所以老子说：

① 朱谦之：《老子校释》，第189页。

‘其出弥远，其知弥少。’”[①]

[4] 不见而明：指不用目睹而明了自然的规律。

不为而成：不为即“无为”。成，成全，成就。

河上公注：“上无所为，则下无事，家给人足，万物自化就也。”(《老子道德经河上公章句》)河上公从政治的角度解读“不为而成”，甚合老子之旨。

① 陈鼓应：《老子注译及评介》(修订增补本)，第242页。

第四十八章

【题解】

本章之旨，在由求道而落实到无为治国，是《老子》第四十七章的延续。

一、老子认为求学在于积累，越积越多；求道在于减少，越减越少，以至于无为。求学、求道与无为三者，重点在求道与无为。老子并不反对求学，但他认为求学与求道的方法不同，求学在增，求道在减。求道在减，要减少到“无为”的境界，也就是要减少到“道法自然”的境界。美国作家梭罗说：“做减法比做加法让灵魂成长得更快。”

二、由求道到治国，老子反对政令烦苛，以“有事”扰攘天下，折腾天下，主张以求道的精神、以清静无为的法则来治理天下，从而达到天下之治，也就是“无为而无不为”。

【原文】

为学日益，为道日损。[1]损之又损，以至于无为。[2]

无为而无不为。[3]取天下常以无事，及其有事，不足以取天下。[4]

【译文】

求学，知识一天比一天增加；求道，欲念一天比一天减少。减少又减少，一直到“无为”的境地。

顺应自然而不妄为，就没有什么事情做不成的。治理国家要常清静不干扰，如果政举烦苛，就不配治理国家了。

【注释】

[1] 为学日益：“为学”指探求外物的知识活动。蒋锡昌说：“‘为学者日益’，言俗主为有为之学者，以情欲日益为目的，情欲日益，天下所以生事多扰也。”（蒋锡昌《老子校诂》）

为道日损：马王堆帛书《老子》乙本作“闻道者日损”。“为道”是求对道的领悟。

冯友兰说：“‘为学’就是求对于外物的知识。知识要积累，越多越好，所以要‘日益’。‘为道’是求对于道的体会。道是不可说，不可名的，所以对于道的体会是要减少知识，‘见素抱朴，少私寡欲。’（第十九章）所以要‘日损’。”①

又说：“《老子》并不完全不要知识，所以它还要用观的方法去求对外界的知识。它认为，为道就要日损，为学就要日益，但是，所损所益并不是一个方面的事。日损，指的是欲望、感情之类；日益，指的是积累知识的问题。这两者并不矛盾，用我的话说，为道所得的是一种精神境界，为学所得的是知识的积累，这是两回事。一个很有学问的人，他的精神境界可能还是像小孩子一样天真烂漫，用《老子》表达的方式，一个人也应该知其益，守其损。”②

① 冯友兰：《中国哲学史新编》，第214页。

② 冯友兰：《中国哲学史新编》，第216页。

高明说："'为学'指钻研学问，因年积月累，知识日益渊博。'闻道'靠自我修养，要求静观玄览，虚静无为，无知无欲，故以情欲自损，复返纯朴。"①

[2] 损：减少。《老子》第四十二章："故物或损之而益，或益之而损。"

萧公权先生对此作了政治学的解读，十分精到："夫既曰损之又损，则无为之第一义为减少政府之功用，收缩政事之范围，以至于最低最小之限度。盖天下之事，若听百姓自为，则上下相安，各得其所。若强加干涉，大举多端，其结果必至于治丝益棼，庸人自扰。此非危词耸听，而有人类之经验以为佐证。"②

[3] 蒋锡昌说："上行无为，则民亦自正，而各安其业，故无不为也。'无为'者，言其因；'无不为'者，言其果。"（蒋锡昌《老子校诂》）蒋锡昌解读很到位。

余培林说："'无为'是'为道'的目的，'无不为'则是'无为'的效用。'无为'则万物各得其所，各遂其生，所以其效用是'无不为'。"③

与此句相同的，还有《老子》第三十七章："道常无为而无不为。"

[4] 取天下：治理天下，治理国家。取，治理之意。

无事：无扰攘之事，即无为。

及：如果。

有事：多事，指政举烦苛，与"无事"相对。这里的"事"，

① 高明：《帛书老子校注》，第54页。

② 萧公权：《中国政治思想史》，商务印书馆，2011年，第173页。以下引用萧先生的引文，皆引自此书。

③ 余培林：《新译老子读本》，第100页。

犹如“多事”“惹事”的“事”。“有事”就是肆意妄为，干扰百姓。天下本无事，庸人自扰之。

不足：不可，不能。

河上公注：“取，治也。治天下常当以无事，不当烦劳也。及其好有事，则政教烦，民不安，故不足以治天下也。”(《老子道德经河上公章句》)解读很到位。

此句之意，可参见《老子》第五十七章：“法令滋彰，盗贼多有。”

第四十九章

【题解】

老子要在治国中落实他的无为政治理想，他预设了一个体道行道的理想执政者，即“圣人”，“圣人”也是老子思想的代言人。本章旨在借圣人之口，表达老子自己的治国思想，即以百姓心为心，善待百姓，使天下人心归于淳朴。

第一，“圣人常无心，以百姓心为心。”圣人没有主观成见，不以自己的意志强加给百姓，没有占有欲和支配欲，也不以自己的好恶作为标准去改变百姓的好恶。而是以百姓的心为心，遵循百姓的心意，百姓怎么想，圣人就怎么想、怎么做。这既是老子无为而治的条件，也是民众与政府形成良性互动的基础。

第二，这与春秋早期管子治理齐国的思想是一致的。《管子·牧民》中说：“政之所兴，在顺民心；政之所废，在逆民心。民恶忧劳，我佚乐之；民恶贫贱，我富贵之；民恶危坠，我存安之；民恶灭绝，我生育之。”管子治齐，全在顺民心。由于顺民心，故管子治齐取得了很好的效果。

第三，圣人善待百姓，一视同仁，引导人心归于淳朴。圣人浑厚真朴，以善心去对待任何人，无论善与不善的人；以诚心去对待一切人，无论守信与不守信的人；引导百姓归于婴儿般的真朴状态。

此章可与《老子》第二十七章联系起来读：“是以圣人常善救

人，故无弃人；常善救物，故无弃物。”这是一种“无弃人”“无弃物”的人道和平等精神。而此章云：“善者，吾善之；不善者，吾亦善之；德善。信者，吾信之；不信者，吾亦信之；德信。”二者精神是一致的：圣人治理天下，善待百姓，一视同仁，使人人向善，使人人守信，使人人淳朴。这是老子所向往的社会政治理想。

【原文】

圣人常无心，以百姓心为心。[1]

善者，吾善之；不善者，吾亦善之；德善。[2]

信者，吾信之；不信者，吾亦信之；德信。[3]

圣人在天下，歙歙焉，为天下浑其心，百姓皆注其耳目，圣人皆孩之。[4]

【译文】

圣人从来没有主观成见，以百姓的心为心。

善良的人，我善待他；不善良的人，我也善待他；这样可使人人向善。

守信的人，我信任他；不守信的人，我也信任他；这样可使人人守信。

圣人治理天下，收敛自己的主观成见与意欲，使天下人心归于浑朴。百姓都在意自己的聪明，圣人却引导他们像孩童般浑朴。

【注释】

[1] 常无心：今本作“无常心”，据马王堆帛书《老子》乙本改。

王安石说：“圣人无心，……以‘吉凶与民同患’故也。”（王安石《老子注》）

张松如说："无心者，无私心也。"[1]

以上所说，甚合老子无为施政之旨。

[2] 德善："得善"。"德"假借为"得"，即得到。下文的"德信"之"德"亦作"得"解释。

[3] 参看《老子》第二十七章："是以圣人常善救人，故无弃人；常善救物，故无弃物。"

[4] 歙歙焉："歙"，收敛，指收敛主观的意欲。

刘师培先生说："此言圣人治天下，行治不尚侈张。"[2] 徐复观说："歙歙，正形容在治天下时，极力消去自己的意志，不使自己的意志伸长出来作主，有如人之纳气入内（歙）。"[3]

百姓皆注其耳目：注，指注意、在意。耳目，此指耳聪目明、聪明。在老子心目中，聪明智巧含有巧诈、算计之意，老子则主张纯真浑朴，反对巧诈、算计。

陈鼓应说："指百姓竞相用智，即王弼注：'各用聪明。'在'各用聪明'的情形下，自然会产生各种的纷争巧夺。"[4]

孩之：使其浑朴如孩童。

徐复观说："圣人皆孩之的方法，亦只是圣人自己抱一守朴，不给百姓以扰动，亦即是无为而治。"[5]

黄克剑说："'孩之'，使其浑朴如孩童。'圣人皆孩之'，谓圣人使百姓都像孩童那样浑朴。"[6]

---

① 张松如：《老子校读》，第 283 页。

② 刘师培：《老子斠补》，见于《老子集成》第 11 卷。

③ 徐复观：《中国人性论史》，华东师范大学出版社，2005 年，第 215 —216 页。以下引用徐先生的引文，皆引自此书。

④ 陈鼓应：《老子注译及评介》（修订增补本），第 248 页。

⑤ 徐复观：《中国人性论史》，第 215 页。

⑥ 黄克剑：《老子疏解》，第 471 页。

老子认为“婴儿”自然纯真，主张引导人们达到婴儿的状态和境界，这是老子一贯的思想。《老子》第十章：“专气致柔，能如婴儿乎？”第二十章：“我独泊兮，其未兆，如婴儿之未孩。”第二十八章：“为天下豁，常德不离，复归于婴儿。”

第五十章

【题解】

本章之意在反对过分养生（生生），而主张善于养生（摄生），顺应自然，保养生命。此章可以理解为老子对所有人的教诲，但结合《老子》一书的整体思想来看，主要还是针对执政者来说的。

一、此章与《老子》第十三章、第二十六章、第四十四章中的“贵身”“爱身”的思想是一致的，都是反对过分养生、轻身，主张不触死亡之地，顺应自然，见素抱朴，少私寡欲，生活清静恬淡。

二、古人一向认为养生不得其道，纵使富贵，过度养生，不但无益，反而为患。可以参看《吕氏春秋·本生》中所说的：“贵富而不知道，适足以为患，不如贫贱。”

当然，我们不可机械理解或误解古人的思想，以为富贵一定是坏事，贫贱一定是好事。任何时代，人们对物质生活的适度、合理追求都是天经地义的，也是人性之所在。

体会“贵富而不知道，适足以为患，不如贫贱”这句话的意思，其实古人说出了一个道理：人的素质和境界没有上去，也就是“不知道”，则富贵对于他们来说，不是好事，而是坏事。因为他们纵情逞欲，毫无节制，伤残身体，糟蹋生命；他们无法把握这种富贵，无法驾驭这种富贵，而是被富贵所驱使、所淹没，失去了人的独立自主性。这个道理，被大量事例所证明。

【原文】

出生入死。[1]生之徒，十有三[2]；死之徒，十有三[3]；人之生〔生〕，动之于死地，亦十有三[4]。夫何故？以其生生之厚。[5]

盖闻善摄生者，陆行不遇兕虎，入军不被甲兵[6]；兕无所投其角，虎无所用其爪，兵无所容其刃[7]。夫何故？以其无死地。[8]

【译文】

人出世为生，入地为死。属于长寿的，占十分之三；属于短命的，占十分之三；人过分地奉养生命，妄为而走向死路的，也占了十分之三。这是为什么呢？因为奉养太过度了。

听说善于养护生命的人，在陆地上行走不会遇到犀牛和老虎，在战争中不会受到杀伤。犀牛用不上它的角，老虎用不上它的爪，兵器用不上它的刃。为什么呢？因为他没有进入死亡的范围。

【注释】

［1］此“出生入死”不是今日成语“出生入死”的意思。今日成语“出生入死”是形容冒着生命危险的意思。此“出生入死”通常有两种解释：一、人离开生路，就走进死路。王弼注：“出生地，入死地。”（王弼《老子道德经注》）二、人始于生而终于死。蒋锡昌说：“此言人出于世为生入于地为死。”（蒋锡昌《老子校诂》）此处译文取第二种解释。

［2］生之徒：属于长命的。徒，类，属。

十有三：十分中有三分，即十分之三。这只是一个大致的说法，就是占三成的意思。

［3］死之徒：属于夭折短命的。

［4］生生：养生，有“过度养生”之义。“人之生生”王弼本作“人之生”，据傅奕本及马王堆帛书《老子》本改。

杨兴顺说："生死相循是'道'的自然法则之一。老子认为：人类社会上有三分之一的人走向生的自然繁荣；有三分之一的人走向自然的死亡；还有三分之一的人由于违背了生的自然性，即违背了'道'的法则，去做力所不逮的事，因而过早死亡了。"①

[5] 夫：指示代词，这。

生生之厚：过度养生。享受过度优厚，奢侈淫逸，大吃大喝，反而促其早死。

[6] 盖：句首语气词。

摄生：养生。摄，调摄，养护，特别指对身体的养护。

兕虎：犀牛和老虎。泛指野兽。

入军不被甲兵：被，遭受。马总说："不好战杀。"②

[7] 投：掷，撞击。

容：通"庸"，用。

[8] 夫：指示代词，这。

死地：致命之地。

① 杨兴顺：《中国古代哲学家老子及其学说》，第43页。

②［唐］马总：《老子意林》，见于《老子集成》第1卷，宗教文化出版社，2011年，第559页。

第五十一章

【题解】

本章在论道的“生而不有”，说明道的创造性不含占有性和支配性，并述及道与万物的自发性。“道德”的尊贵，在于不干涉万物的成长活动，而顺任万物自我化育，自我完成，不加以外力的限制与干扰。这种自发性不仅是道所蕴含的特有精神，也是老子哲学的基本精神。①

此章可与《老子》第二章联系起来理解：“是以圣人处无为之事，行不言之教；万物作而不为始，生而不有，为而不恃，功成而弗居。夫唯弗居，是以不去。”道法自然的精神落实于政治之域，也就成为圣人政治家的清静无为、无为而无不为的治国之道。

【原文】

道生之，德畜之，物形之，势成之。[1]

是以万物莫不尊道而贵德。

道之尊，德之贵，夫莫之命而常自然。[2]

故道生之，德畜之；长之育之；亭之毒之；养之覆之。[3]生而不有，为而不恃，长而不宰，是谓“玄德”。[4]

---

① 陈鼓应：《老子注译及评介》（修订增补本），第 258 页。

【译文】

道生成万物，德畜养万物，万物呈现各种形态，环境使各物成长。

所以，万物没有不尊崇道而珍贵德的。

道所以受尊崇，德所以被珍贵，就在于它们创生万物，而不加干涉，让万物顺任自然。

所以，道生成万物，德畜养万物；使万物成长作育；使万物长成丰熟；使万物受到爱养庇护。生长万物却不据为己有，兴作万物却不自恃己能，长养万物却不为主宰，这就是最深妙的德。

【注释】

[1] 张岱年说："道是万物由以生成的究竟所以，而德则是一物由以生成之所以。一物之所以为一物者，即德。"① 余培林说："'德'是'道'之在于万物者。道是万物生成的总原理，德是万物从这个总原理中所得的一理。"②

势成之：马王堆帛书《老子》甲乙本均作"器成之"。势，环境之意。

[2] 夫莫之命而常自然：夫，即彼，指道与德。之，指万物。命，支配，干涉。自然，自己如此，自然而然。

蒋锡昌说："此言道之所以尊，德之所以贵，即在于不命令或干涉万物而任其自化自成也。"（蒋锡昌《老子校诂》）

此句其意是说，道与德不支配干涉万物，因任自然，使万物得以各遂其生。

[3] 畜：养育。

① 张岱年：《中国哲学大纲》，第23页。

② 余培林：《新译老子读本》，第105页。

亭之毒之：河上公本和其他古本多作“成之熟之。”任继愈说：“‘亭’，结果实。“亭之”，使……结果实。“毒”，成熟，此处用作动词。“毒之”，使之成熟。”[①]

养之覆之：养，养护；覆，庇护。

[4] 这四句重见于《老子》第十章：“生之畜之。生而不有，为而不恃，长而不宰，是谓‘玄德’。”

玄德：最深远微妙、自然无为的德性。《老子》第六十五章：“常知稽式，是谓‘玄德’，玄德深矣，远矣，与物反矣，然后乃至大顺。”黄克剑先生说：“‘玄德’，指道既‘无为’而又‘无不为’之德。‘弗有’、‘弗恃’、‘弗宰’可一言以蔽之为‘无为’，‘生’、‘为’、‘长’可一言以蔽之为‘无不为’。前者体现道的‘无’的性向，后者体现道的‘有’的性向，这‘有’、‘无’相即之德谓之玄德。”[②]

---

① 任继愈：《老子绎读》，第112页。

② 黄克剑：《老子疏解》，第487页。

第五十二章

【题解】

本章讲持守大道（守母）就能终身安泰。要守道，就得杜绝欲望的诱惑和干扰，否则终身有难；只有“见小”“守柔”，保持谦退，坚守柔弱，才能一生平安。

本章中，老子又一次讲到“明”。“明”这个概念在老子哲学中经常出现，反映了老子的贵明思想。如“知常曰明”（第十六章），“不自见，故明”（第二十二章），“自见者不明”（第二十四章），“自知者明”（第三十三章）。“明”有智慧、明达之意。老子主张在认识活动中，要去除私欲与妄见的蔽障，内视本明的智慧，而以明澈的智慧之光，览照外物，明察事理，以保终身没有危险。①

【原文】

天下有始，以为天下母。[1]既得其母，以知其子[2]；既知其子，复守其母，没身不殆[3]。

塞其兑，闭其门，终身不勤。[4]开其兑，济其事，终身不救。[5]

见小曰明，守柔曰强。[6]用其光，复归其明，无遗身殃[7]；是为袭常[8]。

① 陈鼓应：《老子注译及评介》（修订增补本），第261页。

【译文】

天地万物都有本始，作为天地万物的根源。既已得知根源的道，就能认识由道产生的万物；既已认识由道产生的万物，又持守着万物根源的道，就终身没有危险。

塞住嗜欲的孔窍，闭起嗜欲的门径，终身都没有劳扰的事。打开嗜欲之门，增添烦扰之事，终身都不可救治。

能察见隐微的叫作“明”，能持守柔弱的叫作“强”。收敛其外耀之光，复归其内照之明，就不会给自己留下灾殃。这叫作因袭永恒之道。

【注释】

[1] 始、母：均指道。道是天地万物的本原，先于天地万物而存在，所以称之为“始”。就作用上说，道创生天地万物，所以称之为“母”。《老子》第一章：“无，名天地之始；有，名万物之母。”第二十章：“我独异于人，而贵食母。”第四十二章：“道生一，一生二，二生三，三生万物。”

[2] 子：指万物。万物相对于产生它的“母”（道）来说，就是“子”。

[3] 没身不殆：没身，即终身。不殆，没有危险。朱谦之先生认为“殆”即“止”之意，“不殆”就是“不止”，子母相承不绝，即“不殆”之意。[①]《老子》第二十五章：“周行而不殆，可以为天下母。”朱先生之说，可供参考。

[4] 兑、门：兑，孔穴，指嗜欲的感官；门，门径，指巧利的途径。兑和门，意指私欲杂念所产生的地方。

终身不勤：勤，劳，劳神。王弼说：“无事永逸，故终身不勤

① 朱谦之：《老子校释》，第206页。

也。”（王弼《老子道德经注》）

[5] 济：增益的意思。

奚侗说：“开其兑，则民多智慧，益其事，则法令滋彰，天下因以煸乱，终身不能治也。”（奚侗《老子集解》）

高延第说：“尚口者穷，多为者败，徒长诈伪，无益于事。”（高延第《老子证义》）

[6] 见小曰明：小是隐微之意，喻道。能见此隐微之道，故称之为“明”。《老子》第三十四章：“衣养万物而不为主，常无欲，可名于小。”第十六章：“复命曰常，知常曰明。”

守柔曰强：柔，弱。《老子》第四十章：“弱者道之用。”因此，“守柔”也可以说就是守道。守柔不仅“攻坚强者莫之能胜”，并且可以“驰骋天下之至坚”，所以谓之强。

“柔弱胜刚强”是老子的重要思想，他认为世人所推崇的“刚强”，不算是真正的强，而持守老子心目中的“柔弱”，才算是真正的强。老子讲的“柔弱”不是世人所说的软弱无力，恰恰相反，柔弱是强。所以，王弼注：“守强不强，守柔乃强也。”（王弼《老子道德经注》）王弼的解读，深得老子之旨。

[7] 用其光：用，敛藏之意。光，指韬光养晦的“韬光”。《老子》第五十六章：“和其光，同其尘。”第五十八章：“光而不耀。”

[8] 袭常：因袭永恒的道。袭，因袭，因循；常，指常道、永恒之道。

第五十三章

【题解】

“大道甚夷，而人好径”是本章的关键。本章继续上章守道之旨，揭举时君的非道所为以警示当权者。老子针砭时政，批评时君挟持权威武力，搞得政风腐败，民不聊生。认为时君走的是邪路，骂他们是剥削百姓的强盗头子，他们的行为是非常不合于道的。这既是对当权者的批评警示，也是为百姓呐喊，体现了老子的民本思想。

【原文】

使我介然有知，行于大道，唯施是畏。[1]

大道甚夷，而人好径。[2]朝甚除，田甚芜，仓甚虚；服文彩，带利剑，厌饮食，财货有余。[3]是谓盗夸。[4]非道也哉！[5]

【译文】

假使我忽然有了认识，在大道上行走，唯恐走入了邪路。

大道很平坦，但是人君喜欢走斜径。朝廷太过奢靡，弄得农田非常荒芜，仓库十分空虚；（侯王们）还穿着锦绣的衣服，带着锋利的宝剑，饱足精美的饮食，搜刮足余的财货。这叫强盗头子。多么的无道呀！

【注释】

[1] 我：意指有道的治者。王真说："我者我侯王也。言侯王有能介然独知行于大道，唯所施为之事，正当最可畏慎尔。"（王真《道德经论兵要义述》）范应元说："使我者，老子托言也。"（范应元《老子道德经古本集注》）

介然：忽然。

唯施是畏：最害怕走邪路。施，邪，斜路。

[2] 大道：大路，实指道德之道。

夷：平坦。

人：指人君。原作"民"。

奚侗说："人指人主言。各本皆误作民，与下文谊不相属。盖古籍往往人民互用，以其谊可两通。此人字属君言，自不能借民为之。兹改正。"（奚侗《老子集解》）

蒋锡昌说："奚氏谓此'民'当改作'人'，指人主言，是也。景龙碑正作'人'，可谓奚证。"（蒋锡昌《老子校诂》）

径：小路，邪径。河上公注："径，邪不平正也。"（《老子道德经河上公章句》）

[3] 除：修饰，此处有奢靡之意，也有作废弛解释的。"除"作奢靡解释，那么"朝甚除"可翻译为"朝廷太过奢靡"；"除"作废弛解释，那么"朝甚除"可翻译为"朝廷很腐败"。其实，两者并不矛盾，"朝廷很奢靡"是"朝政很腐败"的表现和原因，而"朝政很腐败"是"朝廷很奢靡"的结果。

芜：荒芜，长满乱草。

厌：饱足。

[4] 盗夸：盗魁，盗首，即大盗、强盗头子。夸，大。

[5] 河上公注："人君所行如是，此非道也。复言'也哉'者，痛伤之辞。"（《老子道德经河上公章句》）

第五十四章

【题解】

本章强调以道修德，修德以治，强调修德的重要性和好处。仔细体会此章之意，老子主要是针对执政者来说的，因为要将修德贯彻到一乡、一国，以至天下，可见不是对一般百姓说的。本章也体现出老子独特的思维方式，那就是“观”，连用了五个“观”字，都是指反观、静观，不是向外追求，而是向内反观。

此章可与《管子·牧民》和《大学》的提法作一比较。

《管子·牧民》也提出家、乡、国、天下之为治的主张：“以家为乡，乡不可为也；以乡为国，国不可为也；以国为天下，天下不可为也。以家为家，以乡为乡，以国为国，以天下为天下。”这与老子“以身观身，以家观家，以乡观乡，以邦观邦，以天下观天下”是相一致的。

儒家也讲修德，讲修身齐家治国平天下，如《大学》说：“古之欲明明德于天下者，先治其国；欲治其国者，先齐其家；欲齐其家者，先修其身……身修而后家齐，家齐而后国治，国治而后天下平。”

儒家的思想看似与管子、老子思想相同，其实不同。管子、老子主张家是家、国是国，两者不是一回事。儒家主张家国同构，家国一体，《大学》由修身到齐家之后，便由齐家迅速推广到治国，认为齐家、治国是同一个道理。

《大学》这种说法有点不切合实际，未必可行，因为家、国两者性质不同，领域不同，要处理的事务也各异，家的事务叫家务，国的事务叫政务，家务与政务的治理方式是不一样的。此外，家是血缘关系，齐家讲亲情；国是地域关系，治国讲法治。以亲情代替法治来治国，理不顺，治还乱。但可惜中国传统几千年都遵循的是儒家家国同构、家国一体的治理观念，这恐怕就是中国古代几千年没有走上法治之路的主要原因之一。

【原文】

善建者不拔，善抱者不脱，子孙以祭祀不辍。[1]

修之于身，其德乃真[2]；修之于家，其德乃余[3]；修之于乡，其德乃长[4]；修之于邦，其德乃丰[5]；修之于天下，其德乃普。

故以身观身，以家观家，以乡观乡，以邦观邦，以天下观天下。[6]吾何以知天下然哉？以此。[7]

【译文】

善于树立的其所立不可动摇，善于抱守的其所守不会被夺取，如果子孙能遵行这个道理，则世世代代的烟火祭祀就不会断绝。

拿这个道理贯彻到个人，他的德会是朴实的；拿这个道理贯彻到一家，他的德可以有余；拿这个道理贯彻到一乡，他的德能够长久；拿这个道理贯彻到一国，他的德就会丰盛；拿这个道理贯彻到天下，他的德就会普遍。

所以，要从我个人观照其他的个人，从我家观照其他人的家，从我的乡观照其他的乡，从我的国观照其他的国，从今日的天下观照未来的天下。我怎么知道天下的情况呢？就是用这种道理。

【注释】

[1]建：树，立。

不拔：牢固，不可动摇。

抱：守。《老子》第十九章："见素抱朴。"

脱：离，夺取。

不辍：不停，不中止。

此句的"善建"和"善抱"如何理解？"建"什么？"抱"什么？黄克剑先生认为是指建德和抱德："其所'建'所立乃'上德不德'（第三十八章）之'德'，此'德'无所施为，不立而立，何可摇拔。"又说："其所'抱'所守乃'见素抱朴'（第十九章）之'朴'，此'朴'（亦即'上德不德'之'德'）因任自然而无为，何可夺移。"① 从下文来看，黄先生的解释符合文意。

[2]修：治。此句意思是说，以善立、善守而修身，其德方可谓之朴真。

[3]余：多。

[4]长：长久。

[5]邦：王弼本作"国"。《韩非子·解老》引文为"邦"。汉人避汉高祖刘邦讳，所以本章"邦"字均改为"国"。今据郭店简本《老子》《韩非子·解老》及马王堆帛书《老子》甲本改正为"邦"。

丰：丰厚，丰盛。

[6]观：检验，察看。王弼注："彼皆然也。以天下百姓心，观天下之道也。天下之道，逆顺吉凶，亦皆如人之道也。"（王弼《老子道德经注》）

① 黄克剑：《老子疏解》，第507页。

[7] 以此：就因为以上所说的这些道理。此句意思是：我何以知晓治理天下的相宜路径呢？凭着这“善建”“善抱”的修德。

王弼注：“言吾何以得知天下乎？察己以知之，不求于外也。所谓不出户以知天下者也。”（王弼《老子道德经注》）

《老子》第四十七章：“不出户，知天下；不窥牖，见天道。”

第五十五章

【题解】

此章论厚德之人，重在修身。老子用赤子比喻厚德之人，就像婴儿般纯真柔和。只有这样，才可以避免灾祸，违反“道”，则自促死亡。

这里，有一点需要说明，就是初生的婴儿，蜂蝎毒蛇不咬伤他，凶鸟猛兽不搏击他。事实上，这不足信，这是神话。我们不能从字面去机械理解老子的思想，不要死于老子的词语之下。其实，老子是在告诉我们，要像赤子一样质朴纯真。

老子是一位对人性、社会和政治洞察深刻的思想家，他深知人世间的一切纷争、冲突和仇恨，甚至战争，大多源于人们的贪欲、机心、算计和逞强好胜。总之，就是失去了人类初始时婴儿般的质朴纯真。

所以，老子反复说，希望人性、社会和政治回归到像婴儿般质朴纯真的状态。《老子》第十章说：“专气致柔，能如婴儿乎？”第二十章说：“我独泊兮，其未兆，如婴儿之未孩。”第二十八章说：“为天下谿，常德不离，复归于婴儿。”

所以，在老子看来，最好的社会，最好的时代，最好的人，最好的执政者，就像婴儿状态。婴儿状态是老子所向往的一种精神境界，甚至是最高境界。老子反复以婴儿、赤子作比喻，以表达他内心的向往。

赤子意味着质朴纯真，同时，赤子也意味着生机。这里不妨引用德国哲学家尼采称颂赤子的一段话，赤子既是纯真的，又充满着生机："孩童天真善忘，是一个新的开始，一种游戏，一个自转的轮，一个最初的运动，一个神圣的肯定。"① 这体现了东西方两位哲人对人生社会的共同感悟和共同向往。

【原文】

含德之厚，比于赤子。[1]蜂虿虺蛇不螫，攫鸟猛兽不搏。[2]骨弱筋柔而握固。[3]未知牝牡之合而朘作，精之至也。[4]终日号而不嗄，和之至也。[5]

知和曰常，知常曰明。[6]益生曰祥，心使气曰强。[7]物壮则老，谓之不道，不道早已。[8]

【译文】

德性修养淳厚的人，就像是初生的婴儿。蜂蝎毒蛇不咬伤他，鸷鸟猛兽不搏击他。他筋骨柔弱，拳头却握得很牢固。他还不知道男女交合，但小生殖器却自动勃起，这是精气充足的缘故。他整天号哭，但是他的喉咙不会沙哑，这是元气淳和的缘故。

认识淳和的道理叫作"常"，认识常道的叫作"明"。贪生纵欲就会有灾殃，欲念主使和气就是逞强。事物过分强壮就趋于衰老，这叫作不合于道，不合于道很快就会衰亡。

---

①［德］尼采：《查拉图斯特拉如是说》，转引自陈鼓应《悲剧哲学家尼采》，中华书局，2015年，第149页。

【注释】

［1］含德之厚：含德，蓄养德性。厚，淳厚。

赤子：初生婴儿。儒家孟子亦有相同的思想，孟子曰："大人者，不失其赤子之心者也。"(《孟子·离娄下》)

［2］虿：蝎类毒虫。

虺：蝮蛇类毒蛇。

螫：毒虫或毒蛇刺咬。

攫鸟：鸷鸟，鹰、雕一类凶猛的鸟。

［3］握固：曲指成拳而牢固。

［4］牝牡：雌雄，指女性、男性。

朘作：婴孩生殖器勃起。朘，婴孩的生殖器。作，挺举，翘起。

［5］嗄：哑。

和：(元气)淳和。"和"在这里指不强不弱、不刚不柔、自然而恰到好处。《老子》第四十二章："万物负阴而抱阳，冲气以为和。"

［6］常：常则，常道。指万物运动变化中的永恒规律。

明：万物的运动和变化都依循着循环往复的法则，对于这种法则的认识和了解，叫作"明"。《老子》第十六章："复命曰常，知常曰明。"

［7］益生：纵欲求长生。指以不顺自然、违反自然的方式企求长生，与《老子》第五十章"生生之厚"意义相同。

祥：作不祥解释。此处不作"吉祥"解释。

使气：恣逞意气，意气用事。

强：逞强，暴。此"强"谓刚强，与"柔弱胜刚强"的"强"的意思相同，却不是"守柔曰强"的"强"之意。

[8] 壮：强壮。根据上下文的语境，这里的“壮”应指上句“心使气曰强”的“强”（逞强）而言。所以，《老子》第三十章王弼注云：“壮，武力暴兴。”这三句同样见于《老子》第三十章，参见第三十章注。

第五十六章

【题解】

本章之旨，在阐发不言之教，以达到“玄同”之境，“玄同”是本章的要点。前半章指出通往“玄同”之境的路径，即塞兑、闭门、挫锐、解纷、和光、同尘。后半章称述“玄同”之德的可贵，即坚守大道，纯任自然，超越世俗的亲疏、利害、贵贱，因此为天下所尊贵。仔细体悟其意，老子主要还是针对执政者说的，是说一个理想的统治者要如何修养“玄同”之境，又如何施行“玄同”之政。

【原文】

知者不言，言者不知。[1]

塞其兑，闭其门，挫其锐，解其纷，和其光，同其尘，是谓“玄同”。[2]故不可得而亲，不可得而疏；不可得而利，不可得而害；不可得而贵，不可得而贱。[3]故为天下贵。[4]

【译文】

有智慧的人是不多言说的，多话的人就不是智者。

塞住嗜欲的孔窍，闭起嗜欲的门径，不露锋芒，消解纷扰，含敛光耀，混同尘世，这就是玄妙齐同的境界。所以就不分亲，不分疏；不分利，不分害；不分贵，不分贱。所以为天下所尊贵。

【注释】

[1] 此两句，郭店简本《老子》作：“智之者弗言，言之者弗智。”

知者：智者。“知”通“智”。严灵峰说：“此二‘知’字疑并当作‘智’。”①

不言：指执政者要少发号施令。言，指声教政令。

蒋锡昌说：“是‘言’乃政教号令，非言语之意也。”（蒋锡昌《老子校诂》）

林语堂说：“智者晓得道体精微，所以不任意向人民施加政令，好施加政令的人就不是智者。”（林语堂《老子的智慧》）

这句话的实际意思是说“智者是不多发号施令的，多发号施令的就不是智者”。老子是在告诫执政者要少发号施令，以免政令烦苛，干扰百姓。这里的“不言”与《老子》第二章“是以圣人处无为之事，行不言之教”中的“不言”、第十七章“悠兮其贵言”中的“贵言”、第二十三章“希言自然”中的“希言”意思相同。“不言”，不是不说话，而是少说话，也即尽可能地少发号施令。

[2] 塞其兑，闭其门：这二句已见于《老子》第五十二章，有注家认为此处是错简重出，当删。可参看第五十二章注释。

挫其锐，解其纷，和其光，同其尘：这四句重见于《老子》第四章，应移于此。马叙伦说：“挫锐解纷和光同尘，正说玄同之义，不得无此四句。”②

玄同：玄妙齐同的境界，即道的境界。陈鼓应说：“‘玄同’的境界是消除个我的固蔽，化除一切的封闭隔阂，超越于世俗褊

---

① 严灵峰：《老子达解》，第五十六章“校议”一，第 292 页。

② 马叙伦：《老子核诂》，见于《老子集成》第 12 卷，宗教文化出版社，2011 年，第 818—819 页。

狭的人伦关系之局限，以开豁的心胸与无所偏的心境去待一切人物。”①

王道说：“玄同者，与物大同，而又无迹可见也。”（王道《老子亿》）

黄克剑说：“‘玄同’，谓与相异之物同之于道。”②

[3] 其意是指“玄同”的境界超出了亲疏、利害、贵贱的区别。林希逸说：“言其超出于亲疏利害贵贱之外也。”（林希逸《道德真经口义》）

[4] 释德清注：“以其圣人迹寄寰中，心超物表，不在亲疏利害贵贱之间，此其所以为天下贵也。”（憨山德清《老子道德经解》）

黄克剑说：“达于‘玄同’之境，必至超然于世俗之亲疏、利害、贵贱，其不以众人之所贵为贵反倒‘为天下贵’。”③

---

① 陈鼓应：《老子注译及评介》（修订增补本），第274页。

② 黄克剑：《老子疏解》，第528页。

③ 黄克剑：《老子疏解》，第532页。

第五十七章

【题解】

本章是《老子》第三十七章思想的继续和发挥，第三十七章云："道常无为而无不为。侯王若能守之，万物将自化。化而欲作，吾将镇之以无名之朴。无名之朴，夫亦将不欲。不欲以静，天下将自正。"其主旨是继续阐述和发挥无为而治的治国思想，无事、好静、无欲都是"无为"的同义语，所规诫的对象自然是执政者。

这两章的思想对中国乃至对世界影响都是很大的。

一、老子反对统治者"有为"，他不相信统治者的"有为"会把国家治理好。老子认为，统治者所谓的"有为"（有事），即妄为、乱作为、胡作非为，是人间动乱不安的根源。所以说"法令滋彰，盗贼多有"。

二、老子主张人民"自为"，他相信人民有能力自为，有能力把自己的事情办好。统治者与其"有为"而搞乱天下，还不如"无为"，让百姓"自为"，是让百姓自化、自正、自富、自朴，这才是最好的，也是最可靠的。

注意老子的思路：统治者"有为"坏事，故主张"无为"；统治者"无为"，而让百姓自为。如此，则天下太平，民风淳朴，百姓丰衣足食，安居乐业。

这一统治者无为、人民自为的思想，到了中国近代，得到了一些启蒙思想家的继承与发扬，比如史华慈（Benjamin Isadore Schwartz）说严复就是这样的思想，史华慈说："严复也将老子关于统治者'无为'的思想解释为：好的统治者应使人民自为。在人民的体力、智力和道德力充分发展的地方，富强必将实现，而用不着统治者费尽心机去积极努力。"①

此外，老子"法令滋彰，盗贼多有"这一思想，对后世影响也很大。比如明清之际思想家黄宗羲对这一点分析得十分深刻，他说："法愈密而天下之乱即生于法之中，所谓非法之法也。"黄宗羲分析了"三代之法"是为天下人的法，故简单明了，其效果是"法愈疏而乱愈不作"，法疏而乱不生。后世之法，是为一己之私的法，故法愈来愈密，其结果是法愈密而乱愈生。②而且，这一思想与古罗马历史学家塔西佗的思想相一致，老子说："法令滋彰，盗贼多有。"塔西佗说："国家愈糟，法网愈密。"③两位思想家分别从正反两方面进行了深入的思考，角度不同，但有异曲同工之妙。

【原文】

以正治国，以奇用兵，以无事取天下。[1]吾何以知其然哉？[2]以此：

天下多忌讳，而民弥贫[3]；民多利器，国家滋昏[4]；人多伎巧，奇物滋起[5]；法令滋彰，盗贼多有[6]。

故圣人云："我无为，而民自化；我好静，而民自正；我无事，而民自富；我无欲，而民自朴。"[7]

---

①［美］施沃茨：《严复与西方》，滕复等译，职工教育出版社，1990年，第239页。

②［明］黄宗羲：《明夷待访录》，中华书局，2011年，第22页。

③［美］乔万尼·萨托利：《民主新论》，冯克利、阎克文译，上海人民出版社，2009年，第328页。

【译文】

以清静之道治国，以诡奇的方法用兵，以不搅扰人民来治理天下。我怎么知道是这样的？从下面这些事端上可以看出：

天下的禁忌越多，人民就越陷于贫困；人主的权谋越多，国家就越陷于昏乱；人主的智巧越多，邪恶的事情就连连发生；法令越烦苛，盗贼反而不断增加。

所以圣人说："我无为，人民就自我化育；我好静，人民就自然安定；我不搅扰，人民就自然富足；我没有贪欲，人民就自然朴实。"

【注释】

［1］以正治国：正，指清静之道。释德清说："天下国家者，当以清静无欲为正。"（憨山德清《老子道德经解》）

以奇用兵：奇，奇巧，诡秘。用兵讲求临机应变，出奇制胜。

老子是反对战争的，但老子生活在春秋末期，战争频繁，有不得已而应战的无奈。在老子看来，用兵与治国不同，用兵讲究出奇制胜、随机应变，而治国讲究清静无为、立国以信。

《孙子兵法》也讲到"奇正"。《孙子兵法·势》说："凡战者，以正合，以奇胜。故善出奇者，无穷如天地，不竭如江河。终而复始，日月是也；死而复生，四时是也。声不过五，五声之变，不可胜听也。色不过五，五色之变，不可胜观也。味不过五，五味之变，不可胜尝也。战势不过奇正，奇正之变，不可胜穷也。奇正相生，如循环之无端，孰能穷之？"

不过孙子讲的"奇正"，都是讲的用兵，其意是以正兵合战，以奇兵制胜。这与老子"以奇用兵"是相同的，但与老子"以正治国"是不同的。

以无事取天下：无事，即无为，与"有事"相对。取，即治理的意思。朱谦之说："取天下者，谓得民心也。……盖观有事不足以得民心，即知无事者之能得民心而取天下也。"[①]《老子》第四十八章："取天下常以无事，及其有事，不足以取天下。"第六十章："治大国，若烹小鲜。"

[2] 然：这样。指上文"以正治国""以无事取天下"。

[3] 郭店简本《老子》作"天（下）多忌讳，而民弥畔（叛）"。简文优于各本。彭浩说："畔借作'叛'。这两句意为：人主的禁忌越多，而人民多背叛。与下文的'邦滋昏'为对文。"[②]忌讳，禁忌，指禁令。弥，更加。

[4] 民：此"民"字，注家多作"人"，指君主、人主。蒋锡昌说："'民'当从诸本作'人'。盖'天下多忌讳'，'人多利器'，'人多伎巧'，'法令滋彰'四句皆指人主而言，以明有事之不足以取天下也。三十六章'国之利器，不可示人'，亦指人主而言，可为证也。"（蒋锡昌《老子校诂》）

利器：比喻权谋。王道说："利器，即国之利器，智慧权谋之类也。"（王道《老子亿》）

滋昏：越来越昏乱。滋，更加；昏，指昏乱，政治黑暗，社会混乱。《老子》第十八章："国家昏乱，有忠臣。"

林语堂说："人间的权谋愈多，为政者互相钩心斗角，国家就愈陷于混乱。"（林语堂《老子的智慧》）

[5] 伎巧：技巧，有智巧、机诈的意思。

奇物：邪事，怪事。

[6] 法令滋彰：法令愈加烦苛。滋，愈加；彰，盛，烦。《淮南子·主术训》："智诈萌兴，盗贼滋彰。"

① 朱谦之：《老子校释》，第230页。

② 彭浩校编：《郭店楚简〈老子〉校读》，湖北人民出版社，2001年，第59页。

王弼注《老子》第四十九章“圣人皆孩之”说：“若乃多其法网，烦其刑罚，塞其径路，攻其幽宅，则万物失其自然，百姓丧其手足，鸟乱于上，鱼乱于下。”王弼此注，用于注释“法令滋彰，盗贼多有”也是非常合适的。

蒋锡昌认为，“天下多忌讳”“人多利器”“人多伎巧”“法令滋彰”四句都是指人主而言。蒋先生说得有理，故四句翻译时，主语都是人主。（参见蒋锡昌《老子校诂》）

[7] 无为、好静、无事、无欲都是老子无为政治思想的表述，“好静、无事、无欲”是“无为”的内容和同义语。老子借圣人之口，指出治理天下应清静无为，也以此教导现实的统治者要这样做。老子一方面要消解统治者对人民的干预和强制性，另一方面要发挥人民的自发性和自主性。

这一无为思想，后来在《淮南子》一书中从另一个角度得到了继承和发挥。《淮南子·主术训》说：“上多故则下多诈，上多事则下多态，上烦扰则下不定，上多求则下交争。”

第五十八章

【题解】

本章之旨在继续上一章“我无为，而民自化”之意，阐述自然无为的治国思想。“其政闷闷”是指清静无为之政，“其政察察”是指烦苛有为之政。

一、以清静无为的政风影响民风。老子崇尚“无为”之政，认为宽宏（“闷闷”）的政风，可使社会风气淳厚，人民生活朴实，以政风带动民风，社会才能走向安宁平和的道路。

二、勾画了圣人政治家的政治人格。老子描述了圣人政治家的理想人格，就是：“圣人方而不割，廉而不刿，直而不肆，光而不耀。”方、廉、直、光正是圣人政治家的政治人格，这是对圣人政治家本人而言的。不割、不刿、不肆、不耀是说圣人政治家本着方、廉、直、光的政治人格而施政，但他纯任自然，清静无为，对百姓不造成伤害和压迫，这是对百姓而言的。

三、此章“祸兮，福之所倚；福兮，祸之所伏”的道理，成为后世格言，对中国人影响十分深远。也可从政治的角度解读这句话，即权力是把双刃剑，权力既可造福，也可造祸，祸福相倚，因而权力当以少用、慎用为佳。

老子称述“道德”意在救世，这救世之法的根本还在于“守道”“复朴”，着意点还在于以此引导人达于“自然无为”之境。

【原文】

其政闷闷，其民淳淳[1]；其政察察，其民缺缺[2]。

祸兮，福之所倚，福兮，祸之所伏。[3]孰知其极？其无正。[4]正复为奇，善复为妖。[5]人之迷，其日固久。[6]

是以圣人方而不割，廉而不刿，直而不肆，光而不耀。[7]

【译文】

政治宽厚，人民就淳朴；政治烦苛，人民就狡黠。

灾祸啊，幸福隐藏在里面；幸福啊，灾祸潜伏在里面。谁知道它们的究竟？它们并没有一个定准！正又转变为邪，善又转变为恶。人们的迷惑，已经有很长的时日了。

因此，圣人方正而不割伤人，锐利而不伤害人，直率而不放肆，光亮而不刺眼。

【注释】

[1] 闷闷：含有宽厚的意思，喻政治的清静无为。《老子》第二十章曰："俗人察察，我独闷闷。"

淳淳：淳厚、淳朴的意思。谓执政者无为而治，则人民淳厚朴实。

王弼注："言善治政者，无形、无名、无事、无政可举。闷闷然，卒至于大治。故曰'其政闷闷'也。其民无所争竞，宽大淳淳，故曰'其民淳淳'也。"（王弼《老子道德经注》）

河上公注："其政教宽大，闷闷昧昧，似若不明也。政教宽大，故民醇醇富厚，相亲睦也。"（《老子道德经河上公章句》）

王弼和河上公的注释，甚合老子无为而治之旨。

[2] 察察：烦苛的样子，与"闷闷"的意思相反。喻政令烦苛，法

禁严苛。林希逸说："察察者，烦碎也。"

缺缺：狡诈。蒋锡昌："'缺缺'，机诈满面貌。"另一解释"缺缺"为"不满足"。在烦苛政治下，人民不满足，不太好理解。在烦苛政治下，人民就狡诈，比较好理解。一般来讲，在烦苛政治下，会产生三种民：一是顺民，二是狡诈之民，三是暴民。故注释取狡诈之意。

[3] 倚：依凭。

伏：隐藏，潜伏。

此句意思是祸福无定，灾祸中有福祉相依，福祉中隐藏着灾祸。老子这一祸福相倚的思想，几千年来影响着中国人的心灵。当人们不幸时，使人想到幸福，给人以慰藉，不致绝望；当人们幸福时，使人想到不幸，给人以警示，不致放肆。

[4] 极：终极，究竟。

其无正：指祸福变换无端，没有定准。其，指祸福；正，定准。范应元说："无正犹言不定也。"

[5] 正：方正。

奇：邪。与"正"相反。

妖：不善。与"善"相反。

[6] 指人们长久以来迷惑不知祸福相倚的道理。严灵峰说："言世人之迷惑于祸、福之门，而不知倚、伏之理者，其为时日必已久矣。"①

[7] 方而不割：方，方正，正直。割，割伤。《老子》第二十八章："大制不割。"第四十一章曰："大方无隅。"因为"无隅"，所以"不割"。

① 严灵峰：《老子达解》，第五十八章"句解"，第300页。

廉而不刿：廉，锐利；刿，刺伤。蒋锡昌说："《礼记·聘义》郑注：'刿，伤也。''廉而不刿'，言利而不伤也。"

光而不耀：耀，有刺眼、炫耀之意。

老子主张当政者应该有方正刚直（方）、棱角分明（廉）、率真耿直（直）、光明磊落（光）的品质和修养，但老子赋予了这些品质新意：内方外圆，以不伤害人、自然无为为前提。

第五十九章

【题解】

此章主旨在一个“啬”字。在这里，“啬”不是今日“吝啬”之意，吝啬是贬义词，老子的“啬”是褒义词，与老子称之为“三宝”之一的“俭”意义相同。

“啬”不仅指财物上的节省，还指精神上的培蓄能量、厚藏根基、充实生命力，也指治国方面的反对有为而崇尚无为。“啬”是一种境界，达到了“啬”的境界，那么对于修身和治国，就是“深根固柢，长生久视之道”。

从开篇“治人事天，莫若啬”来看，老子劝导的对象主要是“治人”者。治人者须治人有道，此道即“啬”；治人者又必得治身，治身亦有道，此道亦是“啬”。治人治身皆在于因任自然，反对肆意妄为，也就是“啬”。小到个人修身，大到治理国家，都离不开“啬”这条原则。

【原文】

治人事天，莫若啬。[1]

夫唯啬，是谓早服[2]；早服谓之重积德[3]；重积德则无不克[4]；无不克则莫知其极[5]；莫知其极，可以有国[6]；有国之母，可以长久[7]。是谓深根固柢，长生久视之道。[8]

【译文】

治理国家、养护身心，没有比爱惜民力、爱惜精力更重要的。

爱惜精力，乃是早作准备；早作准备，就是不断地积德；不断地积德，就没有什么不能胜任的；没有什么不能胜任，就无法估计他的力量；无法估计他的力量，就可以担负治理国家的责任；掌握治理国家的道理，就可以长久维持。这就是根深柢固、长生久立之道。

【注释】

[1] 事天：保养天赋之身，即养生，保养身心。

啬：爱惜、保养。在这里不是贬义词，而是褒义词，有着积极意义，有爱惜民力和爱惜精神、积蓄力量的意义，有无为施政的政治意义，与《老子》第六十七章的“俭”的意义相同。

河上公注：“治国者当爱〔惜〕民财，不为奢泰。治身者当爱〔惜〕精气，不〔为〕放逸。”(《老子道德经河上公章句》)

奚侗说：“啬以治人，则民不劳。啬以治身，则精不亏。”(奚侗《老子集解》)

[2] 服：通“备”，准备。

[3] 重积德：不断地积蓄德。重，多，厚，含有不断增加的意思。德，指啬之“德”。

[4] 克：胜。

[5] 极：极限。王弼注：“道无穷也。”(王弼《老子道德经注》)

[6] 有国：治国，含有“保国”的意思。

[7] 有国之母：母，喻“道”，根本，譬喻治国、保国的根本之道。《老子》第二十章：“我独异于人，而贵食母。”第五十二章：

“既知其子，复守其母。”

[8] 柢：树根。

长生久视：长久维持，长久存在。视，活之意。《老子》第三十三章：“死而不亡者寿。”

第六十章

【题解】

此章之旨是说为政之要，在顺应自然，清静无为，不扰民，不生事。这就如同煎小鱼，反复扰动则小鱼会支离破碎，国家会因为烦苛之政而趋于危乱。只要以道治国，百姓就可安享太平。此章上承《老子》第五十九章“治人事天，莫若啬”之“啬”义，下启第六十一章“以静为下”之“静”义，主旨都是指治理天下要清静无为。

“治大国，若烹小鲜”已成为治国名言，超越时空，影响中外。美国前总统里根在1988年的《国情咨文》中，引用了《道德经》这句话，一时引得美国多家出版社争相出版《道德经》。

里根的原话是：“让每个人的智慧发挥到极致，自由市场是经济增长的动力，如同中国古代哲人老子所言：‘治大国，若烹小鲜，不要过多干涉它。’”（Ideas like the individual's right to reach as far and as high as his or her talents will permit，the free market as an engine of economic progress，and as an ancient Chinese philosopher，Lao-tzu，said，Govern a great nation as you would cook a small fish，do not overdo it.）

【原文】

治大国，若烹小鲜。[1]

以道莅天下，其鬼不神[2]；非其鬼不神，其神不伤人[3]；非其神不伤人，圣人亦不伤人。夫两不相伤，故德交归焉。[4]

【译文】

治理大国，就好像煎小鱼。

用道治理天下，鬼怪起不了作用；不但鬼怪起不了作用，神祇也不烦扰人；不但神祇不烦扰人，圣人也不烦扰人。鬼神、圣人与人不相伤害，所以德会归于民。

【注释】

[1] 这是老子的治国名言，是说治理一个大国犹如烹煎小鱼，不可多翻动，以此比喻治理大国须清静无为、清简审慎。小鱼在烹煎时会因为翻动而支离破碎，国家在治理中会因为烦苛之政而趋于危乱。以下注家和学者都很准确地理解了这一点。

王弼注："不扰也。躁则多害，静则全真。故其国弥大，而其主弥静，然后乃能广得众心矣。"（王弼《老子道德经注》）并在《老子》第四十五章王弼注云："静则全物之真，躁则犯物之性。"

傅山说："不多事琐碎也。"（傅山《老子解》）

林语堂说："治大国好像烹小鱼，不能常常翻动，常常翻动小鱼就会破碎；不可以朝令夕改，过于多事，否则人民不堪其扰，便会把国家弄乱。"又说："老子一向认为，政府干涉民生终归是伤民，所以极力主张'无为而治'。"（林语堂《老子的智慧》）

萧公权说："'治大国若烹小鲜'，此老子之语妙天下，最能描画清简之政治。”[①]

陈鼓应说：“‘治大国，若烹小鲜。’这个警句，在传统中国的政治思想上产生了重大的影响。它喻示着为政之要在安静无扰，扰则害民。虐政害民，灾祸就要来临。若能‘清静无为’，则人人可各遂其生而相安无事。”[②]

刘泽华说：“《老子》讲‘治大国若烹小鲜’。这句话应该说是无为政治最形象的说明和概括。这句话包含两层意思：一是要吃鱼，而不是不吃，在政治上就是要治，而不是不治；二是要谨慎小心，莫乱挑乱动，否则鱼就会烂。”[③]

［2］莅：治理。

其鬼不神：鬼不起作用。古人常用阴阳和顺来说明国泰民安，以阴气过盛称“鬼”。神，灵验。其鬼不神，是说鬼不灵验。

［3］非：不仅，不但。

伤：伤害，也有扰攘、烦扰的意思。

［4］两不相伤：是说鬼神、圣人与人不相伤害。“两”指鬼神、圣人与人。（参见余培林《新译老子读本》）

德交归焉：交，即俱、共之意。交归，即会归之意。

这句话如何理解？解说纷纭。我根据老子“道”与“德”的整体思想以及本章上下文意，对“德交归焉”作如下理解：此谓鬼神、圣人皆不烦扰百姓，这样百姓就保持了自己的自然天性，顺其自然天性，于是就都回到了“德”的自然自为、安宁无事状态。

“德”是指得之于“道”的一种自然自为状态和禀赋。这

---

① 萧公权：《中国政治思想史》，第 174 页。

② 陈鼓应：《老子注译及评介》（修订增补本），第 287 页。

③ 刘泽华：《刘泽华全集·先秦政治思想史》（下），第 383 页。

与《老子》第五十七章的意思是相同的："圣人云：'我无为，而民自化；我好静，而民自正；我无事，而民自富；我无欲，而民自朴。'"只要执政者清静无为，不烦扰百姓，百姓就能自主自为，就能自然上轨道，纯朴自然，安居乐业。这都反映了老子主张执政者的无为、百姓自为的政治思想和政治理想。

第六十一章

【题解】

此章旨在反对战争，希望各国和平共处，达到天下太平。那么，怎样才能和平共处呢？老子提出了两条原则：

一、谦下。国与国要做到和平相处，大国小国都得谦下，但主要取决于大国的态度。“大邦者下流”“大者宜为下”，本章开头和结语一再强调大国尤其应该谦下包容，尊重小国，平等对待小国，不可自恃强大而霸凌弱小。

二、雌静。谦下以外，老子还说到雌静，雌静是针对逞强黩武、轻举妄动而说的，而战争往往是强权者在贪欲的驱使下的轻举妄动。老子由牝、牡的比喻，启示大国“知其雄，守其雌”，清静无为、少私寡欲，这样就能不启干戈，天下太平。

这对于今天的国际关系，仍然具有现实意义，各国遵守好了，就可以避免许多冲突甚至战争。

本章可与《老子》第六十六章和第六十八章结合起来读，第六十六章说：“江海之所以能为百谷王者，以其善下之，故能为百谷王。”第六十八章说：“善用人者，为之下。”

【原文】

大邦者下流，天下之交也。[1]天下之牝，牝常以静胜牡，以静为下。[2]

故大邦以下小邦，则取小邦[3]；小邦以下大邦，则取大邦。故或下以取，或下而取。[4]大邦不过欲兼畜人，小邦不过欲入事人。[5]夫两者各得所欲，大者宜为下。[6]

【译文】

大国要像居于江河的下流，成为天下交汇的地方。自处天下雌柔之地，雌柔常以静定而胜过雄强，因为静定而又能处下的缘故。

所以大国能对小国谦下，就可以取得小国的信赖；小国能对大国谦下，就可以取得大国的保护。所以大国谦下以取得小国的信赖，小国谦下以取得大国的保护。大国只不过要团结保护小国，小国只不过要大国见容接纳。这样大国小国都可以达到愿望，大国尤其应该谦下。

【注释】

[1] 邦：本章中的“邦”都是国家的意思。

下流：江河的下游，由于地势低下而为众水所汇集。

天下之交：天下江河交汇的地方。此指众多小国归附大国之意。

此句意思是：大国宜谦下自处犹如江河的下游，为众多小国所归往。这与《老子》第六十六章“江海之所以能为百谷王者，以其善下之”的意思相同。王弼注：“江海居大而处下，则百川流之；大国居大而处下，则天下流之。故曰‘大国者下流’也。”（王弼《老子道德经注》）王弼“居大而处下”的解读，深得老子大国尤其应该谦下之旨。

［2］牝：雌性。

牡：雄性。

老子上文雌、雄并举，颇有用意。在老子看来，雄性的特点为刚，雌性的特点为柔，而柔胜刚。老子在告诫各国统治者，尤其是大国强国的统治者要持守雌静，不可恃强凌弱，妄动干戈，以武力逞强。

［3］以：能。“大邦以下小邦”和下句“小邦以下大邦”中的两个“以”字，都作“能”解释。

下：谦下，谦让。

取：得，取得。

［4］句中两“或”字，第一个“或”字指大国，第二个“或”字，指小国。张默生曰：“大国如能对小国谦下有礼，自然就可取得小国的信仰，而甘心归服他。小国如能对大国谦下有礼，自然就可取得大国的信任，而平等看待他。”①

［5］兼畜人：把人聚在一起加以保护。“兼”是聚起来。“畜”是饲养，有保护之意。

入事人：入事他人。入事，见容而被接纳。

［6］意即大国谦下以团结小国，小国谦下以见容于大国，两相达到愿望。但比较而言，强势在大国，主动性在大国，因此，要处理好大国与小国的关系，大国尤其应该谦下，尊重包容小国，平等对待小国。

---

① 张默生：《老子章句新释》，见于《老子集成》第15卷，宗教文化出版社，2011年，第417页。以下引用张默生的注文，皆引自此书。

第六十二章

【题解】

全章都在称述“道”的重要性和好处。善人贵道，不善人依赖道得以保全；如果把道作为立天子、置三公的礼物，道是最好最贵重的礼物；有了道，有求即可得到，遇到灾祸也能避免。总而言之，道庇荫万物，天下人贵重道。老子更希望天下人尤其是执政者体悟道、贵道、践行道。

【原文】

道者万物之奥。[1]善人之宝，不善人之所保。[2]

美言可以市尊，美行可以加人。[3]人之不善，何弃之有？[4]故立天子，置三公，虽有拱璧以先驷马，不如坐进此道。[5]

古之所以贵此道者何？不曰：求以得，有罪以免邪？故为天下贵。[6]

【译文】

道是万物的庇荫。善人珍贵道，不善的人也依赖道得以保全。

美好的言辞可以获得人的尊敬，美好的行为可以使人高尚。人有不善之行，岂能置之不顾而不予拯救呢？所以立位天子，设置三公，虽然进奉拱璧在先、驷马在后的礼仪，还不如用道来作为献礼。

古时候重视道的原因是什么呢？岂不是说有求的就可以得到，有祸殃的就可以免除吗？所以道被天下人所贵重。

【注释】

[1] 奥：藏，含有庇荫的意思。

[2] 保：保持、依赖的意思。河上公注："道者，不善人之保倚也。"(《老子道德经河上公章句》) 参见《老子》第二十七章："故善人者，不善人之师；不善人者，善人之资。"

[3] 市尊：获得尊敬。

加人：使人高尚。

王弼本及其他各本均作"美言可以市，尊行可以加人"。《淮南子·道应》与《淮南子·人间》两引都作"美言可以市尊，美行可以加人"。是各本"尊"字下皆脱一"美"字，今据《淮南子》补。(参见余培林《新译老子读本》)

[4] 参见《老子》第二十七章："是以圣人常善救人，故无弃人。"

[5] 置：设置。

三公：辅助国君掌握军政大权的最高官员。周代以太师、太傅、太保为三公。

拱璧以先驷马：拱璧，即大璧。拱璧在先，驷马在后，这是古时进献的礼仪。

坐进：坐，古人席地而坐，双膝着席，臀部压在脚跟上，此坐姿庄重有节。进，古代地位低的人送给地位高的人东西，叫作"进"。

[6] 求以得：有求就有得。

有罪以免邪：罪，这里是祸殃的意思，不是功罪或罪恶的意思。

马王堆帛书《老子》曰："罪莫大于可欲，祸莫大于不知足，咎莫憯于欲得。”其中的“罪”正作“祸殃”解释。邪，疑问语气词，相当于现代汉语的“吗”“呢”。

这句正是前面“不善人之所保”一句的说明，即有祸殃的人得到道可以免除祸殃，所以不善的人也依赖道得以保全。

第六十三章

【题解】

本章主旨是“为无为”，重在治国。无事、无味也是无为的不同表述。无为并不是不为，而是顺自然而为，不肆意妄为。“为无为”意味着“道法自然”之为。

为此，老子特别提醒，为政须处理好大与小、难与易的关系，尤其不可轻诺人民。这些警示发人深思。这固然可以看作是老子对所有人而说的一般道理，但更可看作是对统治者而说的治国之道。

一、天下大事，必作于细。想要干成大事，须从一件件小事做起，化整为零，积少成多，由量变到质变。这是一种方法论，这种方法论运用于国家治理，就是要求渐进的和平的改革，这种改革容易掌控，扎扎实实往前走。不主张暴风骤雨式的施政，因为这种施政方式容易失控，结果是欲速则不达。老子在告诫人们，干大事须从大处着眼，小处入手，小步快走，日积月累，一步一步达到目标。

二、天下难事，必作于易。老子提醒人们处理难事，须先从容易处入手。把事情看得太容易一定会遇到更多困难。面对任何事情，都不可掉以轻心。“难之”是一种慎重的态度，缜密周思，细心而为。这与孔子所说的“临事而惧”的慎重态度是相同的。（《论语·述而》）

三、轻诺必寡信。老子看到统治者经常对人民轻易许诺，但往往兑不了现，兑不了现就撒谎，撒谎又怕暴露，那就继续撒谎，于是一个谎言掩盖另一个谎言，一个谎言比一个谎言大，最后变成弥天大谎，其结果就是造成灾难。所以，老子警示统治者不要轻易许诺人民，轻易许诺如兑不了现，就会失去人民的信任。

【原文】

为无为，事无事，味无味。[1]

大小多少，〔报怨以德。〕图难于其易，为大于其细[2]；天下难事，必作于易；天下大事，必作于细[3]。是以圣人终不为大，故能成其大。[4]

夫轻诺必寡信，多易必多难。[5]是以圣人犹难之，故终无难矣。

【译文】

以无为的态度去作为，以不搅扰的方式去做事，以恬淡无味当作味。

大生于小，多起于少，〔用德来报答怨恨。〕解决困难要从容易处入手，干大事要从细微处入手；天下的难事，必从容易而来；天下的大事，必从细小而来。所以，圣人不自以为伟大，才能成就其伟大。

凡轻易许诺的人必定很少守信，把事情看得太容易就一定会遇到更多困难。所以圣人总把事情看得困难，因此终究没有困难。

【注释】

[1] 味无味：以无味为味，道是"淡乎其无味"的，所以"无味"是指道而言。

王弼注："以无为为居，以不言为教，以恬淡为味，治之极也。"（王弼《老子道德经注》）

陈鼓应先生说："'为无为'——立身处事应依客观情状而为之，不宜主观强制地妄为，这是老子一再提示的治世宗旨。"①

[2]"大小多少"，注家解释不一，不少注释家疑有脱字或误文。其实，如果结合本章上下文意以及《老子》第六十四章来理解"大小多少"，意思还是不难理解的，也就是严灵峰先生所说的"言大必生于小，多必起于少"②之意。

严先生的解释与下文"图难于其易，为大于其细；天下难事，必作于易；天下大事，必作于细"的文意可以相联，而且与《老子》第六十四章所说的意思也相通，第六十四章云："合抱之木，生于毫末；九层之台，起于累土；千里之行，始于足下。"这也就是"大生于小，多起于少"之意。

报怨以德：这句和上下文意不相关联，依据严灵峰先生之说，将此句移入《老子》第七十九章"必有余怨"句下。③参看《老子》第七十九章注释。

[3] 作：兴起。

[4] 此句亦见于《老子》第三十四章。任继愈翻译此句为："因此'圣人'做事总是不从大处入手，所以能办成大事。"（参见任

① 陈鼓应：《老子注译及评介》（修订增补本），第295页。
② 严灵峰：《老子达解》，第六十三章"句解"，第325页。
③ 严灵峰：《老子达解》，第六十三章"校议"三，第328页。

继愈《老子绎读》）任先生之说可供参考。

[5] 夫：凡，所有的。

多易：过易，即把事情看得过分容易。

第六十四章

【题解】

此章承上章“为无为”之意，再度借圣人之口劝诫君主之施政在自然无为，在辅助万物，而非主宰万物。老子从不同角度阐述了这个道理。

他告诫执政者施政须有防患于未然的预见力，须有管中窥豹、一叶知秋的洞察力；须积小成大，由近至远，扎扎实实，一步一个脚印，行稳致远；不强作妄为，不执意把持；须慎始慎终。总之一句话，一切顺其自然，审慎小心，如此则无败事。

此章中的“以辅万物之自然，而不敢为”，是很关键的一句话，关键词是“辅”，一个辅字，道尽了老子无为而治的思想：辅助、依循万物自我生长，而不是反客为主。就像一棵树，其生长需要阳光、雨露、土壤，但能否长成参天大树，应顺天致性，由它自然生长，人们不能拔苗助长。阳光、雨露、土壤就是“辅”，树的自我生长、自然生长才是“主”。

【原文】

其安易持，其未兆易谋。[1]其脆易泮，其微易散。[2]为之于未有，治之于未乱。[3]

合抱之木，生于毫末[4]；九层之台，起于累土[5]；千里之行，始于足下。

〔为者败之，执者失之。是以圣人无为故无败，无执故无失。[6]〕

民之从事，常于几成而败之。[7]慎终如始，则无败事。[8]

是以圣人欲不欲，不贵难得之货[9]；学不学，复众人之所过[10]。以辅万物之自然，而不敢为。[11]

【译文】

局面在安稳时容易持守，事变在没有苗头时容易图谋。脆弱的东西容易分解，微细的东西容易散失。要在事情还没有发生以前就早作准备，要在祸乱还没有产生以前就处理妥当。

合抱的大树，是从细小的萌芽生长起来的；九层的高台，是从一筐筐泥土建筑起来的；千里的远行，是从脚下一步一步走出来的。

〔强作妄为就会败事，执意把持就会失去。所以圣人不妄为就不会败事，不把持就不会丧失。〕

一般人做事，常常在快要成功时招致失败。审慎面对事情的终结，一如开始时那样慎重，那就不会失败。

因此，圣人的欲望就是无欲，不看重世俗眼中的难得之货；圣人效法众人未能效法的大道，复归于众人所失去的自然之朴。以辅助万物的自然发展，而不加干预。

【注释】

［1］安：安稳，安定。

持：守。

未兆：尚未出现的苗头。兆，征兆，苗头。

［2］泮：分。

微：隐微，事情的征兆。陈鼓应先生说："郭店简本作'幾'。'幾'，《说文》：'微也。'《易传·系辞》：'知幾'、'极深研幾'，'幾'成为先秦哲学重要概念，或本于《老》学。"①

"知幾"的意思是见微知著，是根据事物细微迹象，预知事态和动向。"极深研幾"的意思是穷极幽深，研核幾微。中国古代哲人、政治家很重视"知幾"的能力，"知幾"是一种悟性，是一种明察秋毫的洞察力，是一种一叶知秋的判断力。

[3] 未有：指变故尚未发生。此句与"防患于未然"的意思相同，只不过侧重于政治之意。

[4] 合抱之木：双臂合抱的大树。木，树。

毫末：毫毛的梢儿，此指萌芽。

[5] 累土：一说是低土、地的低处；一说是一筐土。两说都通，此取第二说，即"一筐土"。

[6] 这几句见于《老子》第二十九章，此处应是错简重出，当删。见《老子》第二十九章注。此外，陈鼓应先生认为本章从"为者败之"开始，以下文字与上面文意不相联，疑是别章文字。

[7] 几成而败之：功败垂成。几成，接近成功。

[8] 慎终如始：意谓慎始慎终。做任何事情就怕有始无终。《诗·大雅·荡》："靡不有初，鲜克有终。"

[9] 欲不欲：以不欲为其所欲，就是说圣人的欲望就是无欲。《老子》第五十七章："我无欲，而民自朴。"

[10] 学不学：学，效法，与"道法自然"的"法"同义。郭店简本《老子》甲组简文作"教不教"。学不学，以不学为其所

① 陈鼓应：《老子注译及评介》（修订增补本），第297页。

学，就是说圣人所学的就是众人所不学的，指学道法自然的“道”。

复：返。

过：失，失去。

[11] 辅：辅助，依循。此句反映了老子无为而治思想的真谛。

第六十五章

【题解】

本章之旨在强调执政者治理国家在于返璞归真。老子极力反对统治者以权谋治国，他认为这样会败坏政风，政风败坏又会导致民风伪诈，社会将无宁日，这是国家之祸。因此，他极力主张统治者要有真诚质朴的政治品质，以此带动整个社会风气趋向真诚质朴，这是国家之福。可见，这是老子针对当时奸诈虚伪的政治和社会现实，以真朴矫正时弊，提出回归到质朴纯真的自然状态。这与《老子》第十九章“见素抱朴，少私寡欲”的思想是一致的。

对本章的普遍误解就是“非以明民，将以愚之”这句话，认为老子主张愚民政策。其实，老子这里所说的“愚”是真朴之意。老子要求执政者首先应该真朴，也期望通过执政者的真朴引导人民真朴。“真朴”既是老子所向往的心灵境界，所以《老子》第二十章有“我愚人之心也哉”的话；同时，也是老子所向往的社会状态，所以《老子》第五十七章说：“我无欲，而民自朴。”

【原文】

古之善为道者，非以明民，将以愚之。[1]

民之难治，以其智多。[2]故以智治国，国之贼；不以智治国，国之福。[3]

知此两者亦稽式。[4]常知稽式，是谓“玄德”，“玄德”深矣，远矣，与物反矣，然后乃至大顺。[5]

【译文】

从前善于治理国家的人，不是教人民智巧，而是使人民淳朴。

人民之所以难治，乃是因为他们使用太多的智巧心机。所以，用智巧心机去治理国家，是国家的灾祸；不用智巧心机去治理国家，是国家的福祉。

辨别以智巧机心治国与不以智巧机心治国这两种差别，也就懂得治国的法则了。常守住这个法则，就是“玄德”，“玄德”好深好远啊！亲和万物而复归于真朴，然后才能走上国家大治之路。

【注释】

[1] 道：理，治理。高延第说：“道，理也。谓理天下。”（高延第《老子证义》）“道”作治理解释的，还可举出几例，如《广雅·释诂》：“道，治也。”《论语·学而》：“道千乘之国，敬事而信，节用而爱人，使民以时。”何晏《论语集解》引包咸曰：“道，治也。”

明民：让百姓多智巧诈。王弼注：“明，谓多智巧诈，蔽其朴也。”河上公注：“明，智巧诈也。”

愚之：使百姓质朴敦厚。此“愚”字如何解释？不少注家将此“愚”视为如《汉书·艺文志》所说，秦“燔灭文章以愚黔首”之“愚”，即愚民之“愚”，认为老子主张愚民政策。其实，老子所主张的“愚之”与秦的“愚黔首”的意思是完全不同的。“愚黔首”是一种愚民政策，是一种统治权术，包含了权谋与机诈。而老子的“愚之”之“愚”则是那种“婴儿”“赤子”式的浑纯与朴真。老子之“愚”是在“法自然”而“复归于朴”的价值取向下，其所谓“愚之”原只是“朴”之，也就是使天下人复归其天性的淳素浑朴。[①]

其实，有不少注家就是以“淳朴、朴质”来理解老子的“愚之”之意的。比如：

王弼注：“愚，谓无知守真、顺自然也。”

河上公注：“使质朴不诈伪。”

范应元说：“将以愚之，使淳朴不散，智诈不生也。所谓愚之者，非欺也，但因其自然，不以穿凿私意导之也。”

高延第说：“愚之，谓反朴还淳，革去浇漓之习，即为天下浑其心之义，与秦人燔《诗》《书》、愚黔首不同。”

[2] 智多：多智巧诈伪。“智多”，有作“多智”的。老子心目中的“智”，有特殊的含义，多有智巧心机之意，这是老子很反对的，老子一心向往的是天真淳朴。

王弼注：“多智巧诈，故难治也。”

范应元说：“不循自然而以私意穿凿为明者，此世俗之所谓智也。”

徐复观说：“智多，即多欲；多欲则争夺起而互相陷于危险。他始终认为人民的所以坏，都是因为受了统治者的坏影响。人民的智多，也是受了统治者的坏影响。”[②]

[3] 贼：祸害。王弼注“以智治国，国之贼”曰：“以智术动民，邪心既动，复以巧术防民之伪，民知其术，随防而避之。思惟密巧，奸伪益滋，故曰‘以智治国，国之贼’也。”王弼的解读深得老子之旨。

[4] 知：分辨，辨别。

① 黄克剑：《老子疏解》，第613—614页。

② 徐复观：《中国人性论史》，第215页。

两者：指上文“以智治国，国之贼；不以智治国，国之福”而言。

稽式：治理的法则。稽，治，治理；式，法式，法则。

[5] 玄德：最深远的“德”。深奥、玄远，看不见，摸不着，非感官所能直接感受，故称“玄德”。“玄德”一词还见于《老子》第十章、第五十一章，可参看。

与：亲近，亲和。

与物反矣：（玄德）亲和万物而复归于真朴。“反”借为返，返回。王弼注：“反其真也。”即返归于真朴。

大顺：大治。顺，即理、治之意。

第六十六章

【题解】

本章主旨在借圣人之口，劝诫统治者对待人民要谦卑处下，退让不争，包容大度，有如大海。

“以其不争，故天下莫能与之争”，这句话容易引起人们的误解，认为这是老子的一种权谋，用“不争”作为手段，以获得他想要达到的目的。但我认为老子不是这个意思。可以从两个方面来理解老子这一“不争”的思想。

一、从《老子》一书的整体上来理解“不争”思想。“不争”是老子的重要思想，《老子》第八章：“上善若水，水善利万物而不争。”第二十二章：“夫唯不争，故天下莫能与之争。”实际上，“不争”是老子无为思想的一种表述。

二、根据上下文意，对这句话应这样来解读：“以其不争”的“不争”主要在于不与民争利，不起与民争夺之心。“莫能与之争”的“争”应指领导之位。一个不与民争利、谦卑处下、无为施政的圣人政治家，一定会得到众人的拥护，众人会推戴他为领导，所以说，“天下乐推而不厌”。相反，人民是不会推戴一个与己争利、高高在上、盛气凌人、干扰自己生活的人来当领导的。

【原文】

江海之所以能为百谷王者，以其善下之，故能为百谷王。[1]

是以圣人欲上民，必以言下之；欲先民，必以身后之。[2]是以圣人处上而民不重，处前而民不害。[3]是以天下乐推而不厌。[4]以其不争，故天下莫能与之争。[5]

【译文】

江海所以能成为众多河流所归往的地方，因为它善于处在低下的地位，所以能为众多河流所归往。

所以，圣人要为人民的领导，必须对人民谦下；要居人民之前，必须把自己的利益放在他们的后面，不与人争。所以，圣人居于上位而人民不会认为是什么负担，居于前面而人民不会认为有什么妨碍。所以天下人民乐于推戴（圣人）而不厌弃。因为他（圣人）不跟人争，所以天下没有人能和他争。

【注释】

[1] 百谷王：百川所归往。百谷，即百川。这里的“王”有归往之意，《说文解字·王部》：“王，天下所归往也。”

善下之：善，有甘愿之意。下，处低下之地，引申为“谦下”。

可参看《老子》第八章：“上善若水。水善利万物而不争，处众人之所恶，故几于道。”第三十二章：“譬道之在天下，犹川谷之于江海。”第六十一章：“大者宜为下。”

[2] 上民：君临民众，居上以治理民众。

先民：领导民众，居前以引导民众。

此句之意，可与《老子》第七章、第六十七章联系起来理解。第七章云：“是以圣人后其身而身先，外其身而身存。非以其无私邪？故能成其私。”第六十七章云：“不敢为天下先，故能成器长。”

[3] 重：累，有压迫之意。高亨说：“民戴其君，若有重负以为大累，即此文所谓重。故重犹累也。而民不重，言民不以为累也。”（高亨《老子正诂》）

害：妨害。

老子的政治思想的核心是无为而治，以不治为治。最理想的执政者是让人民对权力没有压迫感，甚至不知道有执政者或权力的存在，老子认为这才是最好的政治，所以《老子》第十七章说：“太上，不知有之。”

[4] 推：推戴。

厌：厌弃，嫌弃。

[5] 不争：其意是指不起与民争夺之心。

第六十七章

【题解】

本章的关键词是“慈”“俭”“不敢为天下先”，老子称之为“三宝”。

从“故能成器长”来看，老子主要是针对执政者来说的，老子在为执政者代言，劝诫执政者要修持“三宝”，其落脚点还在于治国治民：对待民众要慈，要有爱心、同情心；治理天下要俭，不奢靡浪费，不肆意妄为；治理天下要“谦让”“不争”，即“不敢为天下先”。

“三宝”中，老子特别强调“慈”。“慈故能勇”，“夫慈，以战则胜，以守则固”，可见“慈”在老子心目中的重要位置。这与《孙子兵法·地形》所说有相同之处：“视卒如婴儿，故可与之赴深溪；视卒如爱子，故可与之俱死。”

老子身处战乱时代，目睹暴力横行，民不聊生，对战乱的残酷有切肤之痛，他深切地感到人与人之间慈爱心的缺失，因而极力对“慈”加以阐扬。

先秦的不少思想家对惨烈的现实有着相同的体验，这就是社会和政治要有爱，不能缺失爱。孔子、孟子倡导仁爱和仁政，说仁者爱人，仁者无敌。墨子倡导兼爱，说“兼相爱，交相利”，主张“非攻”，反对战争。老子倡导慈爱，说“慈故能勇”，“天将救之，以慈卫之”。这些都反映出爱的精神。这是中华文化的优秀传统，值得我们继承和发扬。

此外，人们对“不敢为天下先”有不少误解。有人据此批评老子保守，认为老子是在鼓励人们不思进取、不敢创新，人们应该反其道而行之，要敢为天下先。这是误解了老子，人们的批评所指与老子所指不是同一语境。笔者认为可从三方面来理解“不敢为天下先”：

第一，这句话是对执政者而说的，不是对一般人而说的，这从“不敢为天下先，故能成器长”中的“器长（君长）”可以证明。

第二，人君治国要无为而治，要“谦让”，要“不争”，不要咄咄逼人，不要使人民对政治权力有压迫感和紧逼感，如《老子》第六十六章云：“是以圣人欲上民，必以言下之；欲先民，必以身后之。”也就是“不敢为天下先”，老子在告诫人君施政要谦卑、审慎，有敬畏之心。

第三，不可贪天之功，以为己力。这是曾国藩对“不敢为天下先”的理解。他说：“天下事焉能尽如人意？古来成大事者，半是天缘凑泊，半是勉强迁就。金陵之克，亦本朝之大勋，千古之大名，全凭天意主张，岂尽关乎人力？天于大名，吝之惜之，千磨百折，艰难拂乱而后予之。老氏所谓‘不敢为天下先’者，即不敢居第一等大名之意。”①

曾国藩这段话的意思是说成大事者，一半在天意，一半在人事。一半在人事是说，你成功了，当然有你的功劳，但不能说都是你一个人的功劳，或者把自己的功劳居于第一位，而应该想到这是众人帮助了你，为你的成功作出了巨大牺牲，尤其是政治家和军事家。

---

①［清］曾国藩：《冰鉴 挺经》，李飞跃、蒲宏凌评注，中华书局，2014年，第235页。

政治家离开民众的支持和拥护，就是孤家寡人，何以成功？军事家离开将士的浴血奋战和牺牲，何以取胜？所谓“一将功成万骨枯”者是也。一半天意是说，成功者更应该知道，你的成功有一半是天意，是天帮助了你，所以，不可贪天之功，以为己力。如此，不管是从人事来看，还是从天意来看，都要想到人助和天助，在算功劳时，要“不敢为天下先”。这与老子反复劝诫执政者要“功成而弗居”的思想是一致的。

曾国藩对“不敢为天下先”的理解是准确而深刻的，对执政者有启发意义。

【原文】

〔天下皆谓我：“‘道’大，似不肖。”夫唯大，故似不肖。若肖，久矣其细也夫！[1]〕

我有三宝，持而保之。[2]一曰慈，二曰俭，三曰不敢为天下先。[3]

慈故能勇，俭故能广，不敢为天下先，故能成器长。[4]

今舍慈且勇，舍俭且广，舍后且先，死矣！[5]

夫慈，以战则胜，以守则固。[6]天将救之，以慈卫之。[7]

【译文】

〔天下人都对我说：“‘道’广大，却不像任何具体的东西。”正因为它的广大，所以不像任何具体的东西。如果它像的话，早就渺小了！〕

我有三件宝贝，持守而保全着。第一件叫作慈爱，第二件叫作俭啬，第三件叫作不敢居于天下人的前面。

慈爱所以能勇武，俭啬所以能厚广，不敢居于天下人之前，所以能成为天下人的君长。

如果舍弃慈爱而求取勇武，舍弃俭啬而求取厚广，舍弃退让而求取争先，那就是走向死路！

慈爱，用来征战就能胜利，用来守卫就能巩固。天要救助谁，就用慈爱来卫护他。

【注释】

［1］肖：像。

细：细小，渺小。

陈鼓应先生认为，此章是谈“慈”的，这一段与下文的意义似不相应，疑是他章错简。饶尚宽说，这一段当为《老子》第三十四章错简，可移至第三十四章“故能成其大”之后。可供参考。①

［2］三宝：指下文的慈、俭、不敢为天下先。

［3］慈：慈爱，爱心加上同情心。

俭：有而不尽用。《老子》第五十九章：“治人事天，莫若啬。”俭与啬字同义。这里的“俭”“啬”既指物质方面，也指精神方面。

［4］慈故能勇：仁者有勇、仁者无敌之意。《论语·宪问》：“仁者必有勇。”蒋锡昌说：“是勇谓勇于谦退，勇于防御，非谓勇于争夺，勇于侵略。‘慈故能勇’，言唯圣人抱有慈心，然后士兵能有防御之勇也。”（蒋锡昌《老子校诂》）蒋锡昌对“勇”的解释，符合老子的自然无为之旨。

俭故能广：俭以足用。《韩非子·解老》说：“智士俭用其财则家富，圣人爱宝其神则精盛，人君重战其卒则民众，民众则国

① 饶尚宽、骈宇骞译注：《老子·孙子兵法》，中华书局，2010 年。以下引用饶先生的引文，均引自此书。

广。是以举之曰：‘俭故能广。’”王弼注：“节俭爱费，天下不匮，故能广也。”（王弼《老子道德经注》）韩非、王弼从人君的角度解读，符合老子无为而治的政治思想。

器长：万物之长。器，万物，这里“物”指人，万物即众人、天下人。长，君长。

[5]今：若，如果。

且：三个“且”字，均是“取”的意思。王弼注：“且，犹取也。”（王弼《老子道德经注》）

[6]《孙子兵法·地形》曰：“视卒如婴儿，故可与之赴深溪；视卒如爱子，故可与之俱死。”

[7]救：助。此句谓天将助人，必给予慈爱的本性，使之自卫自助。河上公注：“天将救助善人，必与慈仁之性，使能自营助也。”（《老子道德经河上公章句》）

第六十八章

【题解】

此章阐述“不争”之德，意在慎战、反战。可看作上章“夫慈，以战则胜，以守则固”的申述。不武、不怒、不与、谦下皆可归结为“不争”。武、怒、与，乃是侵略、争斗的行为，是暴烈的表现。老子要将帅不武、不怒，意即不可逞强，不可暴戾。老子认为这“不争之德”就是谦下之德，是合于天道的，且是自古以来的最高准则。

“不争”是老子一贯的思想，贯穿于《老子》全书。战争是把“争”发挥到极致的暴力行动，而老子主张在战争中“不争”，其意在劝诫人们不可逞强，不可嗜杀。这一点又与《老子》第六十七章所说的“慈”是一致的。

【原文】

善为士者，不武；善战者，不怒；善胜敌者，不与；善用人者，为之下。[1]是谓不争之德，是谓用人，是谓配天，古之极也。[2]

【译文】

善于做将帅的，不逞勇武；善于作战的，不轻易被激怒；善于战胜敌人的，不用争斗；善于用人的，对人谦下。这叫作不争的品德，这叫作善于用人，这叫作合于天道，这是自古以来的最高准则。

【注释】

［1］士：这里指将帅。王弼注："士，卒之帅也。"

不武：不逞勇武。河上公注："言贵道德，不好武力也。"

不与：不争，不战。王弼注："与，争也。"与下文"不争之德"意思相通。这也与《孙子兵法·谋攻》所说相通："是故百战百胜，非善之善者也；不战而屈人之兵，善之善者也。"

为之下：谦下待人。王弼注："用人而不为之下，则力不为用也。"

这一段话反映的是老子的慎战、反战思想，这与军事家孙子的慎战、反战思想有异曲同工之妙。不过，孙子是从安国全军之道的视角而主张慎战、反战，老子是从天道的视角而主张慎战、反战。《孙子兵法·火攻》云："非利不动，非得不用，非危不战。主不可以怒而兴师，将不可以愠而致战。合于利而动，不合于利而止。怒可以复喜，愠可以复悦，亡国不可以复存，死者不可以复生。故明君慎之，良将警之，此安国全军之道也。"

［2］不争之德：不与人争的德行。在战争中讲"不争"，是要人们不可逞强，不可嗜杀。此与上文所言"不武""不怒""不与"相应。《老子》第七十三章："天之道，不争而善胜。"

配天：符合天道。配，合。

极：最高准则。

第六十九章

【题解】

细玩此章之旨，意在慎战、反战，只有迫不得已才应战。把本章和《老子》第五十七章、第六十七章、第六十八章联系起来理解，都在阐扬老子慎战、反战、哀慈为怀，以明“不争之德”。

纵观《老子》一书，老子是主张慎战、反战的。但在春秋时期，战争频繁，你不想打，逼得你不得不打，老子深知这一点。在如此战乱时代，不得已而卷入战争，怎么办？老子并不迂腐，他主张谨慎应战，但需做到以下几点：

第一，不侵略。也就是“不敢为主，而为客；不敢进寸，而退尺”，迫不得已而应战，应采取守势。

第二，不挑衅。无意挑起争端，所谓“行无行，攘无臂，扔无敌，执无兵”，即意指有制敌的力量，但不逞强，不轻易使用。

第三，不轻敌。老子警告应战者，如果迫不得已而应战，则不可轻敌，轻敌是好战的表现，出师轻敌则多死伤，多死伤则伤慈，所以老子说：“几丧吾宝。”

第四，以奇用兵。《老子》第五十七章说：“以奇用兵。”用兵讲究随机应变。有人据此认为老子是主张战争的，我认为要注意讲这句话的前提。老子并不迂腐，他希望没有战争，天下太平，但在迫不得已的情况下，还得应战，既然应战，就得遵循战争规律和战争艺术，也就是“以奇用兵”，这并非老子主张战争。迫不得已而应战，与主张战争是两回事。

【原文】

用兵有言：“吾不敢为主，而为客；不敢进寸，而退尺。”[1]是谓行无行，攘无臂，扔无敌，执无兵。[2]

祸莫大于轻敌，轻敌几丧吾宝。[3]

故抗兵相若，哀者胜矣。[4]

【译文】

用兵的曾说：“我不敢进犯，而采取守势；不敢前进一寸，而要后退一尺。”这就是说，虽然有阵势，却像没有阵势可摆；虽然要奋臂，却像没有臂膀可举；虽然面临敌人，却像没有敌人可赴；虽然有兵器，却像没有兵器可持。

祸患没有比轻敌更大的了，轻敌则丧失了我的“三宝”。

所以，两军相当时，悲愤的一方可获得胜利。

【注释】

[1] 为主：挑起战端，兴兵伐人。

为客：不得已而应敌。《孙子兵法·火攻》：“非危不战。”

河上公注：“主，先也。我不敢先举兵。”(《老子道德经河上公章句》)

吴澄说：“为主，肇兵端以伐人也。为客，不得已而应敌也。”(吴澄《道德真经注》)

苏辙注：“主，造事者也。客，应敌者也。”(苏辙《道德真经注》)

进、退：进为争，退为不争。

这句话的意思是说：我不敢挑起战端，以兵伐人，只是在不得已的情况下，起兵应战；在作战时，我也不敢逞强躁进，以扩大战祸，而宁愿退避让人，以消弭战祸。这就是上章所谓“不与”的意思。

[2] 行无行：下“行”字是名词，即行列、阵势；上“行”字是动词，排列行阵。这句是说虽有行阵，但作战时好像无行阵可列。

攘无臂：攘臂是发怒而奋臂的意思。意思是说虽有臂膀，但奋臂时好像无臂可举。

扔无敌：扔敌是就敌的意思。扔，因就。意思是说虽有敌人，但扔敌时好像无敌可扔。

执无兵：兵，指兵器。意思是说虽有兵器，但持用时好像无兵器可持。

范应元说：“苟无意于争，则虽在军旅，如无臂可攘，无敌可扔，无兵可执，而安有用兵之咎邪！”范应元的解读很符合老子“不争”的思想。

[3] 几：则。

宝：《老子》第六十七章所说的“三宝”：慈、俭、不敢为天下先。

[4] 抗兵相若：两军对垒而兵力相当。

哀：沉痛，悲愤。

第七十章

【题解】

此章之意，表达了老子喟叹自己的思想不被人理解、不被人践行而感到的寂寞与苦闷，也表达了老子借圣人之口对自我的勉励（被褐怀玉），同时也反映了这位隐者始终不渝、无法释怀的拳拳救世之心。

《老子》五千言，阐述道法自然，一再申言无为、致虚、守静、见素抱朴、守柔、不争等思想。老子认为，自己的话很容易懂，也很容易实行。但人们却不能明白，不能实行。为什么呢？就在于世人尤其是有权者多惑于躁进，迷于荣利，痴于贪婪，和自己所讲的道理背道而驰，越走越远。所以他感叹说“知我者希”，“天下莫能知，莫能行”。

老子曾几次感叹自己的思想不被人理解、不被人践行。除此章外，还有《老子》第四十一章说：“下士闻道，大笑之。”对于道，下士不但听不懂，还会嘲笑。第四十三章说：“不言之教，无为之益，天下希及之。”就是说，不言的教导，无为的益处，天下人很少能够听得进、做得到的。这都是老子对自己的思想不被人理解、不被人践行的感叹。

这是哲人常有的孤寂心情，古今如此。他们的思想和境界超越了时代，超越了当时人们的认知水平和精神境界，很难被人理解。

孔子一生遭遇也很不顺利，被嘲笑，被围攻，有“道不行，乘桴浮于海”之叹。墨子到处游说，宣传他的“兼爱”“非攻”等学说，相信并践行他学说的人也不多。

在人类历史中，这些哲人虽然很少，但不能没有他们。他们的思想是空谷足音，是荒原中的一声呐喊，是黑夜中的一道闪电。他们使人类看到了前进的道路，看到了希望，看到了未来！

【原文】

吾言甚易知，甚易行。[1]天下莫能知，莫能行。[2]

言有宗，事有君。[3]夫唯无知，是以不我知。[4]

知我者希，则我者贵。[5]是以圣人被褐怀玉。[6]

【译文】

我的话很容易理解，也很容易实行。大家却不能明白，不能实行。

言论有主旨，行事有根据。正由于不了解这个道理，所以不了解我。

了解我的人很少，效法我的人就很难得了。因此，圣人穿着粗布衣服而内怀美玉。

【注释】

[1] 知：懂，理解。

[2] 天下：此指天下的执政者。

[3] 宗：宗旨，主旨。

事有君：君，有根据的意思，“有君”指有所根据。

[4] 夫唯：正因为。

无知：指别人的不理解。

不我知：不知我，不了解我。

[5] 知我者希：希，少。王弼注："知我益希，我益无匹。"（王弼《老子道德经注》）

则我者贵：则，效法；贵，难得。

[6] 圣人被褐怀玉：指圣人虽与寻常百姓一样衣着粗陋，却藏宝玉于其身。被褐，穿着粗布衣服。被，即"披"，穿着。褐，粗布或粗布衣服，这里指粗布衣服，古代贫苦人穿的衣服。玉，喻指老子的思想主张，尤其用以隐喻老子一再称述的法自然之道。此句喻大道不行，圣人只有外同其尘，内守其真。

第七十一章

【题解】

此章讲知与不知。“知”指自知之明，有两层意思：一是知道自己有所不知道。老子认为这样的“知”达到了上乘之境，是最好的。二是知道自己有缺点，并把缺点当作缺点。老子认为这样的缺点就不算是缺点了。而“不知”就是不知道却自以为知道，这就是没有自知之明，或者是不懂装懂。

老子讲的这些道理是古今中外哲人的共识。

孔子说：“知之为知之，不知为不知，是知也。”（《论语·为政》）

古希腊哲学家苏格拉底说：“知道自己不知道。”苏格拉底认为知道自己无知，是最智慧的人。

西方著名经济学家、政治哲学家，诺贝尔经济学奖得主哈耶克认为：人类的自以为无所不知的自负，是导致人类灾难的主要原因之一。承认人类的无知，是人类达致自由的前提条件。（参看哈耶克《致命的自负》）

在“知”的问题上，还有两点值得注意：

第一，“熟知并非真知。”这是德国哲学家黑格尔的话。人类的弱点是：容易把熟知的东西当作真知。熟知就是真知吗？这不一定，熟知有时可能是真知，但有时不是真知。这就涉及熟知与真知的关系问题。熟知与真知有别。熟知只是对于眼前事物熟悉而未加深思。

黑格尔在《精神现象学》序言中，提出了“熟知非真知”的名言。他说：“一般说来，熟知的东西所以不是真正知道了的东西，正因为它是熟知的。有一种最习以为常的自欺欺人的事情，就是在认识的时候先假定某种东西是已经熟知了的，因而就这样地不去管它了。这样的知识，既不知道它是怎么来的，因而无论怎样说来说去，都不能离开原地而前进一步。”①

第二，知道自己有所不知道（“知不知”），对于当权者来说尤其重要。因为当权者拥有权力，权力使人产生幻觉。尤其是一个掌握了绝对权力的人，会认为自己无所不知、无所不能。阿克顿说过：“权力导致腐败，绝对权力导致绝对腐败。”②我说：“权力使人愚蠢，绝对权力使人绝对愚蠢。”

对此，我们还需从更高的角度来看这个问题。当权者承认自己的无知或有所不知，才有可能尊重别人的意见，才不至于压制别人的意见。假如认为自己什么都行，无所不知，无所不能，就不会在乎别人的意见，甚至压制别人的意见。这样就很难形成民主、自由的氛围，更难形成民主、自由的制度。

【原文】

知不知，尚矣[1]；不知知，病也[2]。圣人不病，以其病病。[3]夫唯病病，是以不病。[4]

---

①［德］黑格尔：《精神现象学》上卷，贺麟、王玖兴译，商务印书馆，1979年，第20页。

②［英］阿克顿：《自由与权力：阿克顿勋爵论说文集》，侯健、范亚峰译，商务印书馆，2001年，第342页。

【译文】

知道自己有所不知道，最好；不知道却自以为知道，这是缺点。圣人没有缺点，是因为他把缺点当作缺点。正因为圣人把缺点当作缺点，所以他是没有缺点的。

【注释】

[1] 知不知：这句话可以有好几种解释，最通常的解释是：一、知道却不自以为知道；二、知道自己有所不知道。两说都通。《老子》第三十三章："知人者智，自知者明。"

尚：上，最好。

[2] 不知知：不知而自以为知。

病：毛病，缺点。

[3] 病病：把病当作病，即把缺点当作缺点。前一个"病"为动词，以之为病；后一个"病"为名词，毛病，缺点。下文"病病"，同义。

[4] 夫唯：正因为。

第七十二章

【题解】

本章之意在反暴政，哪里有压迫，哪里就有反抗，人民有反抗暴政的权利。

第一，反对使用暴力手段压制、威胁人民，暴政会导致人民铤而走险，大祸乱就会爆发。这是对统治者实行暴政所提出的警告。

第二，人民有两条底线是不可触碰的：一是安居，二是安生。一旦突破这两条底线，人民就会厌弃你。这是对统治者提出的警示。

第三，暴政是不符合道法自然的精神的，主张当政者向圣人学习，有自知之明，有自爱之道，不自我炫耀，不自显高贵，以清静无为治国，则可导民于安定、淳朴之境。

本章反映了老子是一位反对暴政、为人民呐喊的思想家，也体现了老子一贯的无为治国思想。

【原文】

民不畏威，则大威至。[1]

无狎其所居，无厌其所生。[2]夫唯不厌，是以不厌。[3]

是以圣人自知不自见，自爱不自贵。[4]故去彼取此。[5]

【译文】

人民一旦不畏惧统治者的威压，则更大的祸乱就要发生了。

不要逼迫人民的居处，不要压榨人民的生活。正因为统治者不压榨人民，人民才不厌恶统治者。

因此，圣人但求自知而不自我炫耀，但求自爱而不自显高贵。所以舍去后者而取前者。

【注释】

[1] 威："畏威"的"威"作威压解释，指苛政暴刑。"大威"的"威"指可怕的事，作祸乱解释，指人民的反抗行为，如暴动、造反等。（参见余培林《新译老子读本》）

此句意思是说，如果人民对可畏之事不再畏惧，那么更大的令人可怕的事情就会发生。《老子》第七十四章云："民不畏死，奈何以死惧之？"死对于人来说，是最可怕的事，如果人民连死都不怕了，他们还怕什么呢？因此，大祸乱必将爆发。

不少注家看到了这一点，对这句话作了政治性的解读，很准确。如：

王弼注："威不能复制民，民不能堪其威，则上下大溃矣，天诛将至。"（王弼《老子道德经注》）

陈柱说："民孰不乐生而畏死？然压制之力愈强，则反抗之力愈猛，此专制政体之下，所以多暴也。"①

张默生说："这是说的专制政府用威权压制人民，人民到了不能忍受的时候，便不惜轻死作乱。"（张默生《老子章句新释》）

[2] 无狎：不要逼迫。狎，借为"狭"，狭窄，这里作动词，作

① 陈柱注释：《老子》，商务印书馆，2018年，第117页。

“逼迫、压迫”解释。

厌：压迫的“压”。

奚侗对此句注释说：“此言治天下者无狭迫人民之居处，使有能安舒，无厌笮人民之生活，使不能（笔者按，“不能”疑为“有能”）顺适。”（奚侗《老子集解》）奚侗解读准确到位。

这是老子在告诫统治者，对人民有两条底线是不可触碰的：一是人民的安居，二是人民的安生。突破底线，人民不能安居安生，就会铤而走险，反抗将起，大乱将至。

［3］夫唯：正因为。

厌：前一个“厌”通“压”，压榨之义，与上文“无厌其所生”中的“压”同义。后一个“厌”是厌恶之义，与《老子》第六十六章“是以天下乐推而不厌”中的“厌”同义。

高亨说：“言夫唯君不厌（压）迫其民，是以民不厌恶其君也。”（高亨《老子正诂》）

［4］自见：自我表现，自我炫耀。“见”同“现”，有炫耀之意。《老子》第二十二章：“不自见，故明。”

自爱不自贵：体现了老子的自然无为思想。蒋锡昌说：“‘自爱’即清静寡欲，‘自贵’即有为多欲。此言圣人清静寡欲，不有为多欲。”（蒋锡昌《老子校诂》）

［5］去彼取此：去彼，指舍去“自见”“自贵”。取此，指取“自知”“自爱”。

第七十三章

【题解】

本章主旨借助“天”“天道”“天网”以规劝世人“勇于不敢”，这与“不敢为天下先”的思想是相通的，也与老子一贯强调的“守雌”“守柔”“不争”之说相呼应。体味本章之意，其针对性主要还是统治者。

老子并不反对“勇”，但他认为“勇”有两种：一种叫“勇于敢”，一种叫“勇于不敢”。世俗看重“勇于敢”，敢才是勇；而老子主张“勇于不敢”，不敢才是勇。这体现了老子一贯的柔弱胜刚强的思想，也反映了老子一贯的谦卑和敬畏精神。

孔子说：“暴虎冯河，死而无悔者，吾不与也。必也临事而惧，好谋而成者也。”（《论语·述而》）

“临事而惧”，就是勇于不敢之勇敢，统治者不可把鲁莽无知看作勇敢，更不可把暴政看作勇敢，要心存敬畏之心，敬畏天道，敬畏人民。这一点，孔子与老子的思想有相通之处。

“天网恢恢，疏而不失”这一观念，深深地影响了中国人几千年，今日尚有“苍天有眼”“人在做，天在看”“举头三尺有神明”之说。

【原文】

勇于敢则杀，勇于不敢则活。[1]此两者，或利或害。[2]天之所恶，孰知其故？[3]〔是以圣人犹难之。[4]〕

天之道，不争而善胜，不言而善应，不召而自来，繟然而善谋。[5]天网恢恢，疏而不失。[6]

【译文】

勇于刚强就会死，勇于柔弱就可活。这两种勇的结果，有的得益，有的遭害。天道所厌恶的，谁知道是什么缘故？〔所以，圣人还以知天为难，何况一般人呢！〕

自然的规律，是不争攘而善于得胜，不说话而善于回应，不召唤而自动来到，宽缓而善于筹策。自然的范围广大无边，稀疏而不会有一点漏失。

【注释】

［1］敢：有刚强的意思，刚强在这里是贬义词。

杀：死，致死。

不敢：有柔弱守静的意思。

蒋锡昌说：“七十六章：‘坚强者死之徒，柔弱者生之徒。’‘敢’即‘坚强’，‘不敢’即‘柔弱’。”（蒋锡昌《老子校诂》）“坚强”即刚强，有逞强的意思，在老子的语境中，坚强、刚强大多不是褒义词。

河上公注：“勇于敢有为，则杀其身。勇于不敢有为，则活其身。”（《老子道德经河上公章句》）

此句还可与《老子》第六十七章结合起来读：“今舍慈且勇，舍俭且广，舍后且先，死矣。”

[2] 根据上文之意，此句意指勇于柔弱则有益，勇于刚强则有害。

[3] 天：指天道，自然的规律。

所恶：厌恶刚强。

孰：谁。

[4] 高亨认为此句乃后人引六十三章以注此文，宜删。(见高亨《老子正诂》)

[5] 不争而善胜：《老子》第二十二章："夫唯不争，故天下莫能与之争。"

不言而善应：《论语·阳货》云："天何言哉？四时行焉，百物生焉。""四时行，百物生"，就是"善应"。

不召而自来：王弼注："处下则物自归。"(王弼《老子道德经注》)又六十一章王弼注："江海居大而处下，则百川流之；大国居大而处下，则天下流之。"《老子》第三十五章曰："执大象，天下往。"

繟然：舒缓，宽缓。河上公注："天不与人争贵贱，而人自畏之；天不言，万物自动以应时；天不呼召，万物皆负阴而向阳。繟，宽也。天道虽宽博，善谋虑人事，修善行恶，各蒙其报也。"(《老子道德经河上公章句》)

[6] 天网：自然的范围，上天布下的罗网。

恢恢：宽广。

失：漏失。

陈荣捷说："天网的比喻加强了中国人报应的信仰，而且成为民间道教善书如《太上感应篇》等的基础。"[①]

这句话与"繟然而善谋"相呼应，是说天网浩大无边，看

① 陈荣捷编著：《中国哲学文献选编》，第161页。

似稀疏却不会遗漏。那么，不会遗漏什么呢？根据本章上下文意来看，不会遗漏指的是“勇于敢则杀，勇于不敢则活”。浩大无垠的天网看去稀疏宽缓，但对于“勇于不敢”的成全和对于“勇于敢”的惩处都是不会有所遗漏的。

第七十四章

【题解】

本章旨在反对统治者对百姓滥施刑杀，同时，也肯定了人民有反抗暴政的权利。

人的生死本是顺应自然的，人生在世，理应享尽天赋寿命，然而不少统治者却滥施刑杀，使得许多人本应属于自然死亡的，却在年轻力壮时，而遭受刑戮。对此，老子向这样的统治者提出了严重警示：

第一，滥施刑杀，逼使人民走向死途，老子对此提出了沉痛的抗议。

第二，滥施刑杀，逼得人民无路可走时，人民必将以死相拼，无所畏惧。

第三，滥施刑杀，固然受害最重的是百姓，而统治者也将受害，因为百姓会奋起反抗，会进行报复。

这些都反映了老子对百姓苦难的同情，对暴政的痛恨。表明老子是一位有悲悯情怀、有正义感、为百姓呐喊的思想家。

【原文】

民不畏死，奈何以死惧之？[1]若使民常畏死，而为奇者，吾将得而杀之，孰敢？[2]

常有司杀者杀。[3]夫代司杀者杀，是谓代大匠斫。[4]夫代大匠斫者，希有不伤其手矣。[5]

【译文】

人民不怕死，为什么用死来吓唬他们呢？如果人民果真怕死，对于捣乱的人，我就可以把他们抓来杀掉，谁还敢再捣乱呢？

经常有专管杀人的去执行杀的任务。那代替专管杀人的去执行杀的任务，就如同代替技艺高超的木匠去砍木头一样。那代替木匠砍木头的，很少会有不砍伤自己手的。

【注释】

[1] 奈何：为何。河上公注："治国者刑罚酷深，民不聊生，故不畏死也。"(《老子道德经河上公章句》)《老子》第七十二章："民不畏威，则大威至。"

[2] 为奇者：指捣乱、为邪作恶的人。奇，正之反，诡异不正，邪恶。

孰：谁。

根据此章上下文意，这句话老子是说假如人民怕死，一旦有捣乱的人，就抓来杀掉，那么还有谁敢再捣乱呢？但事实上并不如此，国家严刑峻法何其多，犯法的人反而增加，所谓"法令滋彰，盗贼多有"。因此，用死亡来吓唬百姓，是不管用的。

[3] 司杀者杀：司杀者，专管杀人的，指天道、自然规律。人的自然死亡就是"司杀者杀"，也叫"天杀"。

[4] 夫：文中两"夫"字，都是指示代词，那，那些。

代司杀者杀：代司杀者，指暴君。人的死亡应该由自然规律决定，也就是人的自然死亡，但世间的暴君却滥施暴政，严刑峻法，甚至发动战争，导致无数人的非自然死亡，这就是“代司杀者杀”，即由暴君所造成的非自然死亡代替了人的自然死亡。

大匠：技艺高明的木匠。《孟子·告子上》：“大匠诲人，必以规矩。”

斫：砍，削。

一些注家对此作了很好的注释，可以结合这些注释，细细体悟老子的思想。如：

蒋锡昌说：“人君不能清静，专赖刑罚，是代天杀。”（蒋锡昌《老子校诂》）

黄克剑说：“天道司杀犹如高明的木匠斫木，其于生杀裁处合度，分毫不爽；倘世间的权势者好刑嗜杀，恃刑杀以为治，则是代天道司杀。然世间权势者代天道行生杀之权，却不啻拙夫代大匠操斧，其必至于戕木废材，亦必至于伤手害己。世间拙夫与天之大匠在操理生杀上的悬殊自非可以道里计，倘一言以蔽之，其乃是有为与无为的相去。”①

蒋、黄的解读符合老子思想，而黄先生认为“司杀者杀”是无为之治，“代司杀者杀”是有为之治，其解读更是符合老子的政治思想。

［5］饶尚宽说：“人的生死顺应自然，寿命长短靠天道自然掌握，而统治者却要越俎代庖，主宰百姓命运，‘代司杀者杀’，以暴政置人于死地，就必定受到百姓的报复。”②

① 黄克剑：《老子疏解》，第683页。

② 饶尚宽、骈宇骞译注：《老子·孙子兵法》，第113页。

第七十五章

【题解】

本章揭示人民的饥饿、难以治理和不怕死都是统治者造成的，是对《老子》第七十四章思想的进一步发挥。

一、人民之所以饥饿，就是由于统治者税赋太多，因此陷于饥饿。人民之所以难治，就是由于统治者强作妄为，因此难治。人民之所以不怕死，就是由于统治者穷奢极欲，压迫太重，因此不怕死。王弼对此注释说："言民之所以僻，治之所以乱，皆由其上，不由下也。"（王弼《老子道德经注》）王弼的注释很准确，就是乱由上作。

二、老子奉劝统治者不管是养身，还是治国，都要清静恬淡。这里所反映的还是老子一贯的清静无为、少私寡欲的修身和施政之道。

在先秦诸子中，老子对百姓生活最关心，批评当时的统治者最激烈。老子对百姓有温情之心，对统治者有警惕之心。孔子、孟子也同情百姓，他们劝告国君发善心、施仁政。孔、老殊途同归。法家纯粹把百姓当作种地、打仗的工具，与老子、孔子有根本的区别，不可同日而语。

百姓的苦难主要是统治者造成的，老子这一思想对后世影响深远，尤其是不少有良知的知识分子，他们对百姓给予深深的同情，对统治者给予强烈的抨击。他们既受孔孟思想影响，也受老子思想影响。不妨举两首唐诗为例：

又呈吴郎

唐·杜甫

堂前扑枣任西邻，无食无儿一妇人。
不为困穷宁有此，只缘恐惧转须亲。
即防远客虽多事，便插疏篱却甚真。
已诉征求贫到骨，正思戎马泪盈巾。

山中寡妇

唐·杜荀鹤

夫因兵死守蓬茅，麻苎衣衫鬓发焦。
桑柘废来犹纳税，田园荒后尚征苗。
时挑野菜和根煮，旋斫生柴带叶烧。
任是深山更深处，也应无计避征徭。

征求者，征敛、剥削也；戎马者，战争也。这两首诗指出苛捐杂税与战争给百姓带来的苦难，而苛捐杂税、战争与苦难又往往联系在一起，越是打仗，苛捐杂税就越多，兵役、徭役就越多；赋税、兵役、徭役越多，人民就越苦难。

可以说，追根溯源，杜甫、杜荀鹤这种看法主要源于儒家孔子，也源于道家老子，而这种看法实际上成为中国古代有良知的士人的共识，是中华优秀传统文化。

【原文】

民之饥，以其上食税之多，是以饥。[1]

民之难治，以其上之有为，是以难治。[2]

民之轻死，以其上求生之厚，是以轻死。[3]

夫唯无以生为者，是贤于贵生。[4]

【译文】

人民之所以吃不饱，就是由于统治者收取赋税太多，因此吃不饱。

人民之所以难治，就是由于统治者强作妄为，因此难治。

人民之所以敢于犯法不怕死，就是由于统治者奉养奢厚，穷奢极欲，因此才敢于犯法不怕死。

只有清静恬淡的人，才胜于奉养奢厚的人。

【注释】

[1] 饥：饥饿，吃不饱。

食税：指收取赋税。

[2] 有为：政令烦苛，强作妄为。有为、无为是老子思想中的重要概念。老子反对统治者有为施政，认为人民之所以难于治理，是由统治者的有为造成的。有为的反面是无为，即清静自然，老子极力主张统治者要无为施政。《老子》第十章："爱民治国，能无为乎？"第五十七章："我无为，而民自化。"第六十三章："为无为。"

[3] 轻死：以死为轻，就是不怕死。

求生之厚：朱谦之先生认为应作"生生之厚"，即过度养生，也就是穷奢极欲。《老子》第五十章："夫何故？以其生生之厚。"

此句完整的意思是：人民之所以敢于犯法，不怕死，就是由于统治者只顾榨取民众，奢华享受，因此才逼得人民铤而走险，不怕死。

[4] 无以生为：不把厚生奢侈作为追求的目标，即生活要能清静恬淡。为，谋求。

贤于贵生：贤，胜。贵生，厚养生命。此章的“贵生”与《老子》第五十章的“生生之厚”的意思相同，都是指过度养生，违反自然之道。

范应元说：“秦皇、汉武焚书坑儒，反道败德，恣情纵欲，苦万民以自贵其生，适以轻死。及至末年，招来方术，东游海上，求不死药，望遇神仙，贻万世之诮。观二君者，是殊不知恭俭清静，修己以安百姓，而享天年之道也。”（范应元《老子道德经古本集注》）

高亨说：“无以生为者，不以生为事也，即不贵生也。君贵生则厚养，厚养则苛敛，苛敛则民苦，民苦则轻死，故君不贵生，贤于贵生也。”（高亨《老子正诂》）

范应元、高亨的解读切合老子的政治思想。

在此需要说明的是，老子在《老子》第四十四章讲到“贵身”，此章讲到“贵生”，而老子反对“贵生”，主张“贵身”。这两者有何不同？在老子看来，“贵身”是贵重生命，“贵身”在于少私寡欲、清静质朴、纯任自然，故老子赞同。而“贵生”是指违反自然而过度养生，声色犬马，穷奢极欲，且统治者的过度养生，必加重百姓的赋税，使百姓不得安生，故老子反对。这体现了老子一贯的自然无为思想，也反映了老子的民本思想。

第七十六章

【题解】

这一章的主旨是贵柔戒刚。老子从对大自然、人类社会的观察中悟出一条普遍原理：柔弱的东西最强大，刚强的东西最脆弱。凡是刚强的，反而居于劣势；凡是柔弱的，反而居于优势。

这里还需领会以下几点：

一、老子这里的柔弱，不可用今日软弱无力的词义来理解。在老子的语境中，“柔”“柔弱”含有柔韧、充满生机和力量的意思；而坚强或刚强也不是今日的坚强有力的意思，而是逞强、脆弱的意思。

二、反战思想。老子认为发动战争是逞强的极端表现，与他的贵柔戒刚思想相悖。老子告诫战争的发动者，“兵强则灭”，用兵逞强是会遭受灭亡的。这一思想被历史反复证明，比如：二战时期，希特勒自恃强大，发动第二次世界大战，最后自取灭亡。日本军国主义者也是自恃强大，发动太平洋战争，最后也是自取灭亡。

三、“柔弱胜刚强”的思想，是老子一贯的思想，贯穿于《老子》全书，可以结合全书来理解。比如，第三十六章说：“柔弱胜刚强。”第四十三章说：“天下之至柔，驰骋天下之至坚。”“至柔”驾驭“至坚”。第七十八章说：“天下莫柔弱于水，而攻坚强者莫之能胜，以其无以易之。弱之胜强，柔之胜刚，天下莫不知，莫能行。”

水至柔，却很有力量，能无坚不摧，无攻不克。

“柔弱胜刚强”这一思想，在后世得到了继承和发扬，形成了柔能克刚、刚柔相济的思想，深深地影响了中国文化和中国人，甚至造就了中国人的性格。

【原文】

人之生也柔弱，其死也坚强。[1]

草木之生也柔脆，其死也枯槁。[2]

故坚强者死之徒，柔弱者生之徒。[3]

是以兵强则灭，木强则折。[4]

强大处下，柔弱处上。[5]

【译文】

人活着时身体是柔软的，死了就变得僵硬了。

草木活着时枝干是柔软的，死了就变得干枯了。

所以，坚强的东西属于死亡的一类，柔弱的东西属于生存的一类。

因此，用兵逞强就会遭到失败，树木强大了就会遭到摧折。

刚强的居于劣势，柔弱的居于优势。

【注释】

[1] 柔弱：指人体的柔软。

坚强：指人体的僵硬。

[2] 柔脆：指草木的柔软。

枯槁：形容草木的干枯。

[3] 死之徒：属于死亡的一类。徒，即属、类。

生之徒：属于生存的一类。

《老子》第五十章："生之徒，十有三；死之徒，十有三。"

[4] 兵强则灭：军队逞强就会失败。王弼本作"兵强则不胜"。参见《老子》第三十章："物壮则老，是谓不道，不道早已。"

木强则折：树木长大就会被砍伐或被风吹断。这句话不能理解为我们平时所说的"木秀于林，风必摧之"。"木强则折"是比喻"兵强则灭"的。

[5] 强大：指以强大自恃。

下、上：劣势、优势。

柔弱胜刚强是老子的重要思想，贯穿于《老子》一书之中，并被后世所继承和发扬，如《列子》说："天下有常胜之道，有不常胜之道。常胜之道曰柔，常不胜之道曰强。二者亦知，而人未之知。"① 今日尚有"以柔克刚"之说。

① 叶蓓卿译注：《列子》，中华书局，2011年，第61页。

第七十七章

【题解】

本章把天道与人道进行对比，针砭人道的不公平，而主张效法天道的公平，使社会达到一种相对均平和谐的状态。

老子将自然规律（天道）与社会现象（人道）作对比，他认为天道是公平的，有余的加以减少，不足的加以补充；而人道是不公平的，是剥夺不足、供奉有余的。老子敏锐地看到了当时的社会存在危机，也引起了老子深深的不安。

如何解决这个问题？老子的解决方案还是取法天道的无为、均平。他告诫统治者要遵循天道来行人道，向有道者、圣人学习，不要居功，不要自我表现，把有余的拿来供给天下不足的人。

【原文】

天之道，其犹张弓与？高者抑之，下者举之；有余者损之，不足者补之。[1]

天之道，损有余而补不足。人之道，则不然，损不足以奉有余。[2]

孰能有余以奉天下，唯有道者。[3]

是以圣人为而不恃，功成而不处，其不欲见贤。[4]

【译文】

自然的规律，岂不就像拉开弓弦一样吗？弦位高了，就把它压低，弦位低了，就把它升高；有余的加以减少，不足的加以补充。

自然的规律，减少有余，用来补充不足。人世的行径，就不是这样，而要剥夺不足，用来供奉有余。

谁能够把有余的拿来供给天下不足的？只有有道的人才能做到。

因此圣人成全人而不自恃己能，有所成就而不以功自居，因不想表现自己的聪明才智。

【注释】

[1] 天之道：指自然的规律。

张弓：上弦于弓。

与：语助词，后作“欤”，跟“吗”相同。

[2] 人之道：指社会现象。

奉：供奉。

[3] 有道者：指有道之君。河上公注：“言谁能居有余之位，自省爵禄以奉天下不足者乎？唯有道之君能行之也。”（《老子道德经河上公章句》）

[4] 为：有成全之意。

不处：不居。

其：以，因为之意。

见贤：见，即“现”，表现；贤，指聪明才智，也有解释为“多财”的。如蒋锡昌说：“《说文》：‘贤，多财也。’三章‘不尚贤，使民不争’，谓不尚多财，使民不争也。此‘贤’亦训多财，即指上文之‘有余’而言。此言圣人为而不恃有余，功成而不处有余，以其根本不欲见自己之有余也。三句正承上文而言。”（蒋锡昌《老子校诂》）

冯达甫说："贤，常训为聪明才智，通观全章，以蒋（蒋锡昌）说为胜，本章先讲自然规律，次说人世常情，再看有道者的选择，末谈圣人的自处。识得天之道，应知所去取。"（冯达甫《老子译注》）

还可参见《老子》第三章注释，蒋锡昌、冯达甫两位先生的解释值得参考。

第七十八章

【题解】

本章主旨是老子以水为喻以及借圣人之言，阐述“柔弱胜刚强”之道，既是修身，也是治国，主要是针对君主说的。

有以下几点需要把握：

一、老子从大自然的观察中，看到最柔弱的水却具有坚韧的品质和强大的力量。水能无坚不摧，无攻不克。于是，老子得出结论：柔弱胜刚强。

二、合格的君主能谦卑、能承担起全国的屈辱和祸难。老子由观察水性的趋下居卑，引申到政治，即君主的品质修养，君主须以谦卑、不争的姿态治国，能把全国的屈辱和祸难，由自己一人承担。

我们可以从三个方面来理解老子这一思想：

第一，一国之君能有忍辱负重的精神和担当，能有归过于己、代民受难的大度和情怀。老子认为，能承担全国的屈辱者，才配称国家的君主；能承担全国的祸难者，才配做天下的君王。所以，河上公注云：“人君能受国之垢浊者，若江海不逆小流，则能长保其社稷，为一国君主也。人君能引过自与，代民受不祥之殃，则可以王天下。”（《老子道德经河上公章句》）河上公注解很准确。

第二，一国之君忍辱负重、代民受难是符合道的。这一段话可与《老子》第八章结合起来理解，第八章云：“水善利万物而不争，处众人之所恶，故几于道。”国君“受国之垢”“受国不祥”就是“处众人之所恶”，这恰好是符合道的。

第三，一国之君要能忍辱负重是春秋时期比较普遍的政治理念。《左传·宣公十五年》记载：“川泽纳污，山薮藏疾，瑾瑜匿瑕，国君含垢，天之道也。”宣公十五年，老子尚未出世。由此可见，“受国之垢，是谓社稷主；受国不祥，是为天下王”的政治理念，并非老子借“圣人”之口的杜撰，老子之前就有此说。这是老子对理想中的君主的呼唤。可惜的是，这呼唤在中国几千年历史中，几乎无人回应。老子知道自己的理想难于实现，所以他说：“天下莫不知，莫能行。”

三、正言若反。正道说出来就好像是相反的一样。这提示上文“若反”的言辞终究乃是“正言”。对于老子来说，道其非可道之“道”、名其非可名之“名”，原是出于不得已，这不得已的言说在《老子》五千言中多采取两种方式来表达：一是“强为之容”。如《老子》第十五章所说，也就是勉强来形容、描述和表达。二是“正言若反”。老子之所思多与世俗不合，因而反被看作与当然之理相反。就此而言，老子所言几乎无一不是若反之言。

从这里，可以看出《老子》的语言特色，掌握了老子的语言特色，对于读懂老子是很有帮助的。

【原文】

天下莫柔弱于水，而攻坚强者莫之能胜，以其无以易之。[1]

弱之胜强，柔之胜刚，天下莫不知，莫能行。

是以圣人云：“受国之垢，是谓社稷主；受国不祥，是为天下王。”[2]正言若反。[3]

【译文】

世间没有比水更柔弱的，冲击坚强的东西却没有能胜过水的，因为没有什么能代替水。

弱胜过强，柔胜过刚，天下没有人不知道，但是没有人能实行。

因此，圣人说："承担全国的屈辱，才配称国家的君主；承担全国的祸难，才配做天下的君王。"正道之言好像反话一样。

【注释】

[1] 易：取代，代替。

老子经常用水作比喻，来阐述自己的柔弱胜刚强、以柔性治国的思想。水最柔弱，水又最强大，这看似矛盾，其实并不矛盾，水集柔弱和强大于一体。因为，在老子看来，柔弱并非软弱无力，而是蕴含着一种无比强大的韧性和力量。这是老子从大自然的水中，体悟到的哲理。

[2] 垢：污秽的东西，引申为屈辱、耻辱。

社稷：土地神和谷神，代指国家。

不祥：不吉利，这里指灾祸。

此段话的意思是要做一国之君就要有忍辱负重、代民受难的精神和担当。

[3] 正言若反：意思是说，与道相合的言论在习惯世俗思维的人们听来，好像是在说反话。可以理解为老子的一种提示语，提示上文以及整部《老子》"若反"的言辞终究乃是"正言"。正言，指与道相契或相应之言。

河上公注："此乃正直之言，世人不知，以为反言。"(《老子道德经河上公章句》)

释德清说："乃合道之正言，但世俗以为反耳。"(憨山德清《老子道德经解》)

高延第说："凡篇中所谓致虚守静，曲则全，枉则直，洼则盈，敝则新，柔弱胜坚强，不益生则久生，无为则有为，不争莫与争，知不言，言不知，损而益，益而损，言相反而理相成，皆正言也。"（高延第《老子证义》）

第七十九章

【题解】

本章之旨，在提示为政者不可结怨于民，要以“清静无为”治国。

一、与民相处，不可与民结怨。用苛捐杂税来榨取百姓，用严刑峻法来摧残大众，都足以与民构怨。理想的政治是以“德”化民，辅助人民，给予而不索取，绝不骚扰百姓。老子认为，一旦与百姓结怨，再以德来和解怨，也仍不免有余怨，不是好办法，最好是根本不与人民结怨。

如何才能不和人民结怨呢？莫若行“清静无为”之政，即后文所说的“执左卷而不责于人”，这样就不至于构怨于民。根本不与百姓结怨，也就无所谓用德来调解百姓的怨恨了。

二、与民相处，要让人民自为，有如天道。

老子主张人道效法天道，天道在于顺万物自然生长，不加干预。你看野外的草木生长、动物繁衍、生机盎然，从来就是自足自为、自然而然的。天道对万物的生长，只提供阳光、雨露、土壤、空气，只是辅助性的，不是主宰性的。

天道落实于人道，落实于政治之域，当政者也应当行清静无为之政，不干预、不干扰人民，顺任人民自我生长、自我发展、自我完善，也就是让人民自主自为。

【原文】

和大怨，必有余怨；〔报怨以德，〕安可以为善？[1]

是以圣人执左契，而不责于人。[2]有德司契，无德司彻。[3]

天道无亲，常与善人。[4]

【译文】

调解深重的怨恨，必然还有余留的怨恨；〔用德来报答怨恨，〕这怎能算是妥善的办法呢？

因此，圣人虽保存借据的存根，而不强迫人家偿还。有德的人就像持有借据的人那样从容，无德的人就像掌管税收的人那样计较。

天道没有偏爱，往往佑助那些有善德之人。

【注释】

[1] 和：调和。

怨：指当政者与人民结下的怨恨。

报怨以德：这句原是《老子》第六十三章文字，陈鼓应先生根据陈柱、严灵峰之说移入此处。

怎样理解“和大怨，必有余怨；报怨以德，安可以为善”？以下两位注家的解读，能帮助我们理解：

范应元以儒家的德政、仁政思想来解读，他说：“为政以德，则民自无怨。苟不以德，而刚强多欲，取之不以度，使之不以时，则民怨。及其有祸乱大作，方且抚绥而和释之，则亦必有余怨矣，安可以为善，不若无怨之为善也。”（范应元《老子道德经古本集注》）

陈鼓应先生是从老子“清静无为”的思想来解读的，他说：“本段的意思是说：和解大怨，必然仍有余怨，所以老子认为以德来和解怨（报怨），仍非妥善的办法，最好是根本不和人民结怨。如何才能不和人民结怨呢？莫若行‘清静无为’之政——即后文所说的‘执左卷而不责于人’，这样就不至于构怨于民。如行‘司彻’之政——向人民榨取，就会和人民结下大怨了。到了那时候，虽然用德来和解，也非上策。”①

［2］契：即券契，就像现在的合同、协议。古时借债，在一块木板或竹板上，刻上借贷双方姓名、借贷额度、借还日期等文字，从中间劈为左右两半，左边的一半叫“左契”，由借出钱物的一方收存。右边的一半叫“右契”，由借债人收存。到还债时，放债人拿出左边的一半，向借债人讨还。

责：讨还欠债，即债权人凭借据向负债人讨还欠债。

这句话的意思是说，圣人政治家的施政是辅助人民而不喧宾夺主，施与人民而不求索取。

［3］司契：掌管券契（合同）。司，掌管之意。

司彻：掌管税收。“彻”是周代的田税制度，征收十分之一的田税。

［4］天道无亲：与《老子》第五章“天地不仁”的意思相同。

与：帮助，佑助。

在先秦时代，“天道无亲，常与善人”的思想比较流行，如《尚书·蔡仲之命》说：“皇天无亲，惟德是辅。”

怎样理解老子“天道无亲，常与善人”这一思想呢？既然天道佑助有善德之人，那天道就有所偏爱，这似乎与“天道无亲”是矛盾的。陈鼓应先生对此解释说：“所谓‘天道无亲，常与善人’，并不是说有一个人格化的天道去帮助善人，而是

① 陈鼓应：《老子注译及评介》（修订增补本），第340—341页。

指善人之所以得助，乃是他自为的结果。”[1]陈先生的解释有道理。这个思想一直影响着中国人，到今天，我们还经常说“自助者天助”。

① 陈鼓应：《老子注译及评介》（修订增补本），第343页。

第八十章

【题解】

在本章中，老子描绘了他所向往的小国寡民的理想社会。这样的理想社会图景是十分单纯清晰的，但细细品味，却有着很丰富的思想内涵。

值得注意的是，一说起老子的“小国寡民”的理想，人们往往嗤之以鼻，不以为然，认为这是老子乌托邦式的幻想。的确，老子所设想的“小国寡民”的社会有很多问题：它只看到物质文明的负面影响，似乎没有看到物质文明给人们带来的好处；也不理解人们的相互交往可以增进了解，扩大视野，促进自身素质的提高；而且，人们实际生活很苦，但要让人们自我感觉良好，这也是靠不住的，不可持续的；甚至主张回到结绳记事的原始状态，这是完全不可能的，也是不应该的。凡此种种，让人们认为，老子是反物质文明的和社会进步的。这种批评，当然是有依据的。

但我们要从这些描述的背后，看出老子为什么要设想出这样一个社会？特别是要看出老子这种设想背后的痛苦选择和人道关怀。

第一，老子对当时强权和战乱给人民带来的苦难，是激愤和悲愤的。他认为，这些苦难是人祸，他想消除这种人祸，因此，他设想出这样的“小国寡民”社会。他认为，这样的“小国寡民”社会，社会结构简单，没有强权，没有战争，人们无私无欲，民风淳朴，自然就没有这些苦难。

第二，物质文明虽然给人们带来了益处，但也带来了坏处。先进的器械有利有弊，老子甚至认为弊大于利。先进的武器，使战争杀人更多。这已经被古今中外几千年的文明历史所证明。到如今，先进的物质文明的弊端毋庸讳言，先进的核武器足以毁灭地球、毁灭人类。老子看到了物质文明的弊端，是深刻的，也给我们当代人很大的启发和思考：物质文明是一把双刃剑，怎样防止物质文明对人类的危害，确保物质文明对人类的有益无害，是人类面临的一个大问题。

第三，“小国寡民”的社会设想，给后人很多启迪，它使我们在现实之外有一种理想追求，提升了中华民族的精神境界。比如，陶渊明的“世外桃源”，一直到现代的林语堂先生在《奇岛》中所向往的单纯而淳朴的生活。

中国知识分子总有一种对理想社会的向往，这也是中国士大夫精神的特点。西方人向往的是伊甸园，但那是天上的。中国人向往的桃花源，则是人间的。但共同的特点都是人们向往一种简单纯朴的生活，启迪我们过另一种生活的可能。

第四，“小国寡民”的设想，也向我们提出了一个大问题，就是政府权力施之于民众的边界在哪里？西方思想家和政治家对此想得很深。中国从近代以来，也有一批思想家在思考，如梁启超先生就说过：“政府之义务虽千端万绪，要可括以两言：一曰助人民自营力所不逮，二曰防人民自由权之被侵而已。率由是而纲维是，此政府之所以可贵也。苟不尔尔，则有政府如无政府，又其甚者，非惟不能助民自营力而反窒之，非惟不能保民自由权而又自侵之，则有政府或不如其无政府。数千年来，民生之所以多艰，而政府所以不能与天地长久者，皆此之由。”①

梁先生的思考是深刻的，能有这样的思考，西方的政治思想当然对他有影响，但老子的无为而治思想以及“小国寡民”思想，应该对他也是有一定启发的。

【原文】

小国寡民。[1]使有什伯人之器而不用[2]；使民重死而不远徙。[3]虽有舟舆[4]，无所乘之；虽有甲兵，无所陈之。[5]使民复结绳而用之。[6]

甘其食，美其服，安其居，乐其俗。[7]邻国相望，鸡犬之声相闻，民至老死，不相往来。

【译文】

国土狭小，人民稀少。即使有十倍百倍人工的器械却并不使用；使人民怕死而不向远方迁移。虽然有船只车辆，却没有必要去乘坐；虽然有铠甲武器，却没有机会去陈列显示。使人民回复到结绳记事的状况。

人民觉得自己的饮食甘甜，自己的衣着漂亮，自己的居所安适，自己的习俗快乐。邻国之间可以互相看得见，鸡鸣狗吠的声音可以互相听得着，人民从生到死，互相不往来。

【注释】

[1] 国：国家。任继愈先生说“国”是指城镇，我认为应该是指老子心目中的国家。

① 梁启超：《论政府与人民之权限》，见《中国人的启蒙》，中国工人出版社，2013年，第79页。

寡：少。

对“小国寡民”如何理解，现举出童书业先生、冯友兰先生的解读，从中领悟老子“小国寡民”的思想。

童先生说：“这实际上是一种理想化的小农农村，保持着古代公社的形式。有人说：老子企图恢复到原始社会，这种说法并不妥。因为老子还主张有‘国’，有统治；这种社会里还有‘甲兵’，而且能够‘甘其食，美其服’，这些都不像是原始社会的现象。老子只是企图稳定小农经济，要统治者不干扰人民，让小农经济自由发展，这就达到了他的目的。”[①]

冯先生说：“《老子》第八十章描绘了它的理想社会的情况。从表面上看起来，这好像是一个很原始的社会，其实也不尽然。它说，在那种社会中，‘虽有舟舆，无所乘之。虽有甲兵，无所陈之。使人复结绳而用之。’可见，在这种社会中，并不是没有舟舆，不过是没有地方用它。并不是没有甲兵，不过是用不着把它摆在战场上去打仗。并不是没有文字，不过是用不着文字，所以又回复到结绳了。《老子》认为，这是‘至治之极’。这并不是一个原始的社会，用《老子》的表达方式，应该说是知其文明，守其素朴。《老子》认为，对于一般所谓文明，它的理想社会并不是为之而不能，而是能之而不为。

有人可以说，照这样理解，《老子》第八十章所说的并不是一个社会，而是一种人的精神境界。是的，是一种人的精神境界，《老子》所要求的就是这种精神境界。”[②]

冯先生又说：“此即《老子》之理想的社会也。此非只是原始社会之野蛮境界；此乃包含有野蛮之文明境界也。非无

① 童书业：《先秦七子思想研究》，第150页。

② 冯友兰：《中国哲学史新编》，见于《冯友兰文集》第七卷，第218页。

舟舆也，有而无所乘之而已。非无甲兵也，有而无所陈之而已。‘甘其食，美其服’，岂原始社会中所能有者？可套《老子》之言曰：‘大文明若野蛮’。野蛮的文明，乃最能持久之文明也。”①

[2] 什伯：什，十倍；伯，通“佰”，百倍。

高明说：“‘十百人之器’，系指十倍百倍人工之器，非如俞樾独谓兵器也。经之下文云：‘虽有舟舆，无所乘之；虽有甲兵，无所陈之，使人复结绳而用之。’‘舟舆’代步之器，跋涉千里可为十百人之工；‘甲兵’争战之器，披坚执锐可抵十百人之力。可见‘十’乃十倍，‘百’乃百倍，‘十百人之器’系指相当于十、百倍人工之器。”②

[3] 重死：怕死。与“轻死”相对，轻死是不怕死。

徙：迁徙，搬家。

[4] 舟舆：船和车。

[5] 甲兵：铠甲和兵器，泛指武备。

陈：陈列，列阵。

[6] 结绳：文字产生前的一种记事方法。有事情怕忘记，用绳打结，帮助记忆。此句谓人民淳朴，事务简单，可不用文字而治。

[7] 这段话的意思是说，在老子“小国寡民”的理想社会里，人民心中有一种对生活的满足感和幸福感。反映了老子一再强调的少私寡欲、知足常乐的生活态度，以及自然无为、返璞归真的社会理想。

黄克剑说：“非食以求甘、服以求美、俗以求佚乐、居以

① 冯友兰：《中国哲学史》上，见于《冯友兰文集》第二卷，第 143 页。

② 高明：《帛书老子校注》，第 152 页。

求安适之谓；此‘甘’、‘美’、‘乐’、‘安’皆有自足以随遇而安之义，因此其所述略可作如是诠释：自甘其饮食，自美其衣着，自乐其习俗，自安其居所，知足而足，无所奢求。”[①]黄先生的解读很契合老子思想。

① 黄克剑：《老子疏解》，第737页。

第八十一章

【题解】

本章在讲当政者如何治国。前面三句格言在于提示执政者治国要信实、讷言、专精。后面几句，在于勉励执政者要“利民而不争”。

第一，治国之言，首先是信言。信言就是真话，由衷之言，说话算数。反对“美言”，即反对巧言，华美之言，说话不算数。这是老子鉴于现实的不少统治者，主要靠两点统治着人民，一是暴力，二是谎言。暴力在于使民众恐惧，谎言在于欺骗民众。老子提出了解救之道，为了消解暴力，他提出无为、不争、慈；为了消解谎言，他提出“信言”。其次善者不辩，反对巧辩，实际上是主张为政讷言、少言，也就是老子反复申言的行不言之教，为政不在多言。再次“知者不博，博者不知”，治国讲究专精。治国之道，是一项专门活，不是什么人都可以承担治国之任的，也不是随随便便就可以把国家治理好的，治国之道在于专精。老子在告诫统治者，治国要广用人才，要谦虚，要集思广益，形成专精的治国之道。

老子一方面是希望执政者能理解并践行五千言的《道德经》，这五千言是依据道法自然的由衷之言。这也是老子的夫子自道，就是说我讲的话都是由衷的“信言”，是简明扼要的“讷言”，是深思熟虑的“专精”之言。这夫子自道带有总结全书五千言的意味。

第二，利民而不争。首先是向天道学习。天之道，利物而不害物。这里的为而不争，本就是天道。当政者要向天道学习，其施政就是为而不争。其次，执政者对于民众，是给予而不索取。“圣人不积，既以为人己愈有，既以与人己愈多。”老子的“为人”“与人”便是给予能力的一种表现。“圣人”的伟大，就在于他不断帮助别人，而不私自占有，这也就是“为而不争”的意义。

利民而不争，是老子谆谆告诫执政者的肺腑之言，在《老子》最后一章再次提出，带有总结全书的意味。

【原文】

信言不美，美言不信。[1]

善者不辩，辩者不善。[2]

知者不博，博者不知。[3]

圣人不积，既以为人己愈有，既以与人己愈多。[4]

天之道，利而不害[5]；圣人之道，为而不争[6]。

【译文】

真实的言辞不华美，华美的言辞不真实。

行为良善的人不巧辩，巧辩的人不良善。

真正懂得的人并不繁文浮辞，烦琐于文辞的人并不真正懂得。

圣人不私自积藏，他尽量帮助别人，自己反而更充足；他尽量给予别人，自己反而更丰富。

自然的规律，利物而不害物；圣人的施政，施与而不争夺。

【注释】

［1］信言不美：信言，真话，由衷之言。河上公注："信言者，如其实也。不美者，朴且质也。"（《老子道德经河上公章句》）

美言：巧言。《论语·卫灵公》："子曰：'巧言乱德。'"

［2］善者：善良的人。

辩者：巧辩的人。河上公注："辩者，谓巧言也。"（《老子道德经河上公章句》）

［3］博：这里指繁称文辞，即广泛征引文辞去说。《鬼谷子·权》："繁称文辞者，博也。"司马贞《史记索隐》释《史记·老子韩非列传》"泛滥博文，则多而久之"云："谓人主志在简要，而说者务于浮辞泛滥，博涉文华，则君上嫌其多迂诞，文而无当者也。"

对这句话有多种不同的翻译，此处采取了黄克剑先生《老子疏解》中的翻译。

［4］积：蓄积钱物。《左传·襄公五年》："君子是以知季文子之忠于公室也。相三君矣，而无私积，可不谓忠乎？"

既：两"既"字，都作"尽、全部"解释。

为：帮助。

对这句话，河上公有恰当的注释："圣人积德不积财，有德以教愚，有财以与贫也。"（《老子道德经河上公章句》）

［5］此与老子的"生而不有，为而不恃，长而不宰"的思想是一致的。并参见《老子》第七十七章："天之道，损有余而补不足。"河上公注："天生万物，爱育之，令长大，无所伤害也。"（《老子道德经河上公章句》）

［6］圣人之道：陈鼓应先生根据马王堆帛书《老子》乙本改为"人之道"，并翻译为"人间的行事"。我意仍以"圣人之道"为好。理由是："圣人"是老子所预设的最理想的治者，根据陈

鼓应先生《老子注译及评介》后面附《老子重要概念索引》，《老子》一书“圣人”一词出现三十次之多。老子主张圣人政治，《老子》一书贯穿着老子的圣人政治理想，而“为而不争”正是圣人的政治施为，也是圣人政治的重要内容。

此句可参看河上公注：“圣人法天所施为，化成事就，不与下争功名，故能全其圣功也。”（《老子道德经河上公章句》）

后 记

写书是件苦差事，费力不讨好，除非你有兴趣和毅力，否则难以坚持。

我写这本小书，是花了不少工夫和心血的，事非经过不知难，对此，我有着切身的体会。

写书，始于读书。比如读《老子》原文，要认真阅读，反复琢磨，不仅要读出《老子》字面的意思，更要读出文字背后的意思，就是说，既要读出言中之意，还要读出言外之意。

为了读懂《老子》一书，我反复读了大量的前人研究成果，获益匪浅。比如，熊铁基、陈红星两位先生主编的十五卷本《老子集成》，我就从中吸取了许多注家的研究成果。也吸取了当代学者的研究成果，尤其是陈鼓应先生的研究成果，陈先生的书给我启发很大。

为了读懂《老子》，我觉得必须要从世界思想文化的视角看《老子》。为此，我读了不少国外思想家的著作，比如读了徐大同先生主编的五卷本《西方政治思想史》，读了德国古典哲学家康德的“三大批判”，看了英国经济学家、思想家，诺贝尔经济学奖获得者哈耶克的《通往奴役之路》和《致命的自负》，看了英国思想家波普尔的《历史决定论的贫困》，以及印度经济学家、诺贝尔经济学奖获得者阿马蒂亚·森的《以自由看待发展》等书。这些书对我深入领悟《老子》一书的整体思想，是很有帮助的。

没有思考，就没有写作。这就得对《老子》深入思考，力图准确、到位，唯恐误解了老子。我有时半夜三更突然得到一个想法，马上爬起来记在本子上，唯恐瞬息即逝。

至于写作，从我准备写此书开始，断断续续，已经十几年了，连续写作就整整花了我三年时间。至于修改，就不知道有多少遍了。

这样夜以继日，真可谓是殚精竭虑，呕心沥血。

王国维说古今之成大事业、大学问者，罔不经过三重境界。第一重境界："昨夜西风凋碧树，独上高楼，望尽天涯路。"第二重境界："衣带渐宽终不悔，为伊消得人憔悴。"第三重境界："众里寻他千百度，蓦然回首，那人却在、灯火阑珊处。"

诚哉斯言！我想做学问就是这样，这是一种学问境界，也是一种精神境界。我虽不能至，但心向往之。

此外，这本小书中，融入了我几十年对政治权力的思考和认识，同时，也融入了我自己三十多年的行政管理经验和体悟。加之，我从大学本科、硕士、博士，学历史没有间断过，且偏重政治思想史和政治制度史，深知权力是一把双刃剑：权力可以造福，也可以为祸；而且，从传统的政治史上看，不受约束的权力，更有可能为祸，人类的苦难大多与权力的滥用紧密相联。

我无意在汗牛充栋的《老子》的研究成果中，再重复一点什么，而是想增添一点新的东西，对传承和发扬中华优秀传统文化尽一点责任。

至于这本小书，是否能得到学界和读者的认可，就不得而知了。但不管怎样，我写作此书是认真的，也尽了力。认不认真，是态度问题；写得好不好，是水平问题。

最后，我要感谢湖南师范大学蒋冀骋先生为此书作序，使此书增色不少。蒋先生是大学者，著名教授，著名汉语言文字学家。我之前在岳麓书社出版的《权力向善：我读〈孙子兵法〉》一书，也是他作的序。十分感谢岳麓书社前总编辑曾德明先生，以及责任编辑刘书乔主任，他们为此书的出版付出了辛勤劳动和智慧，他们的学识水平、专业能力和敬业精神，令人感佩。我要感谢一切为我写作此书而给我帮助的老师和朋友，谨以此书献给他们，一切谢意和敬意都在不言之中。